U0627805

北京市版权局著作权合同登记号
图字：01-2010-5240

韩国本地旅行专家的
一站直达式推荐！

徒步玩首尔

郑敏镛 著

中国旅游出版社

Contents

首尔

大漢門

京畿道

首尔推荐线路

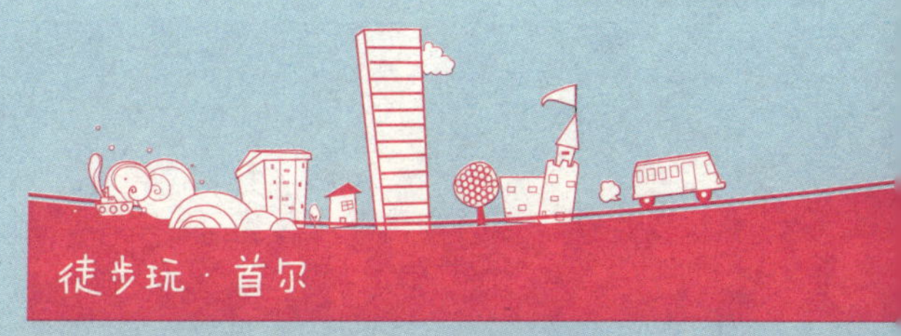

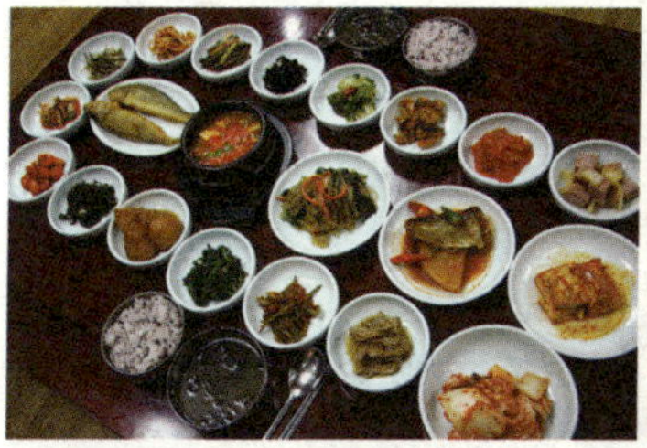
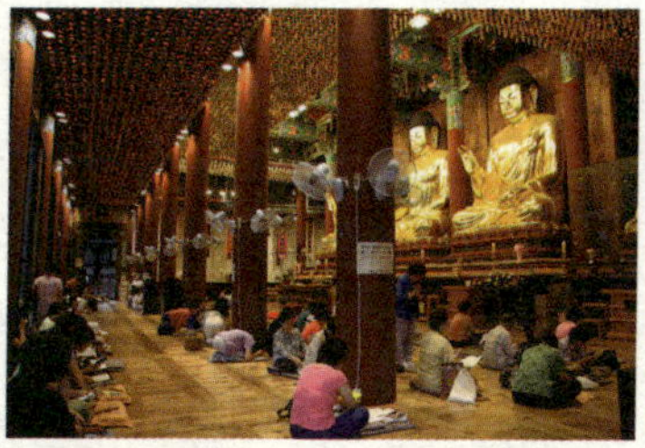
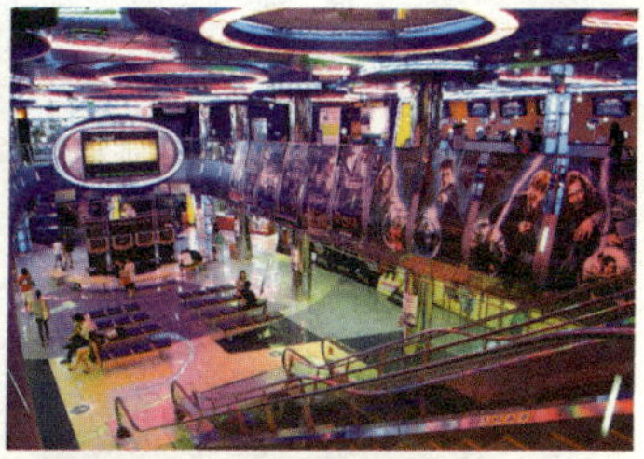
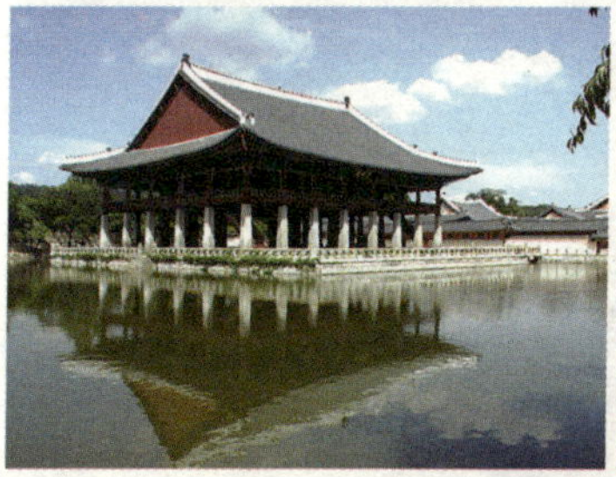
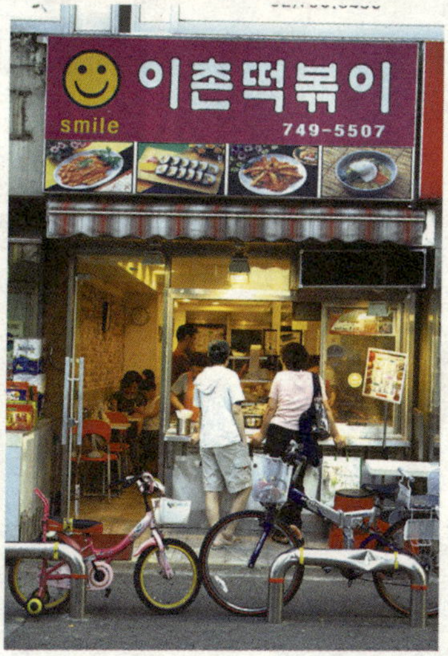
이촌떡볶이
smile
749-5507
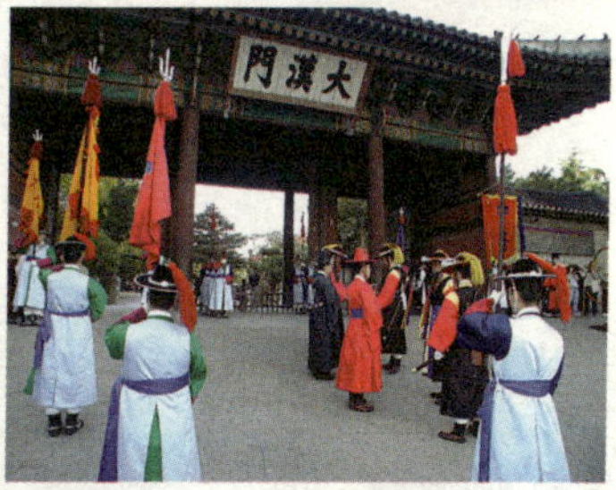
大漢門
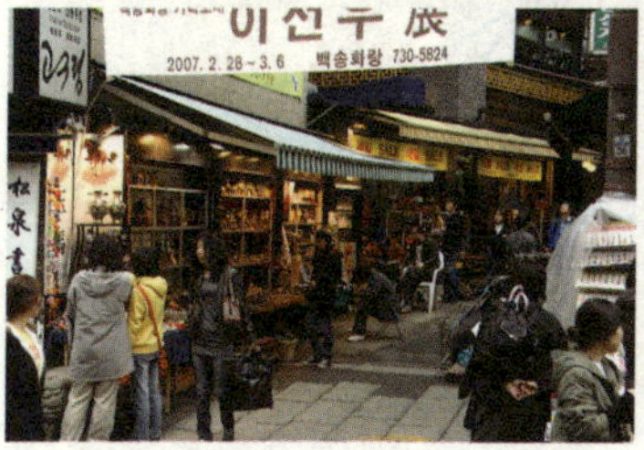
이선우展
2007. 2. 28 ~ 3. 6 백송화랑 730-5824
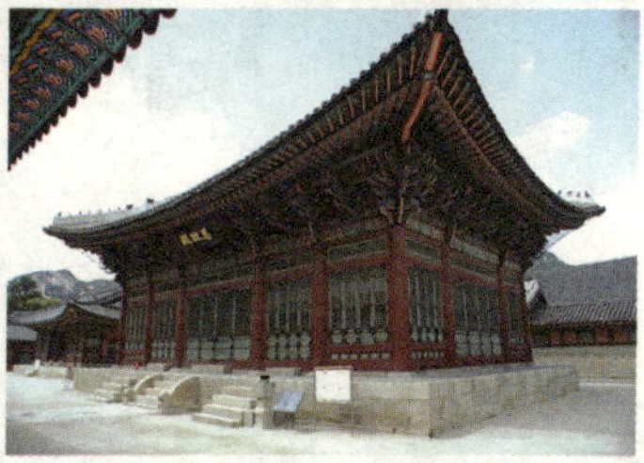

本书的阅读方法

索引地图

这是哪里？
可以了解你所处的位置（以中央为基准），
以及周边相连的徒步旅行地点。

涵盖旅游有关场所的介绍

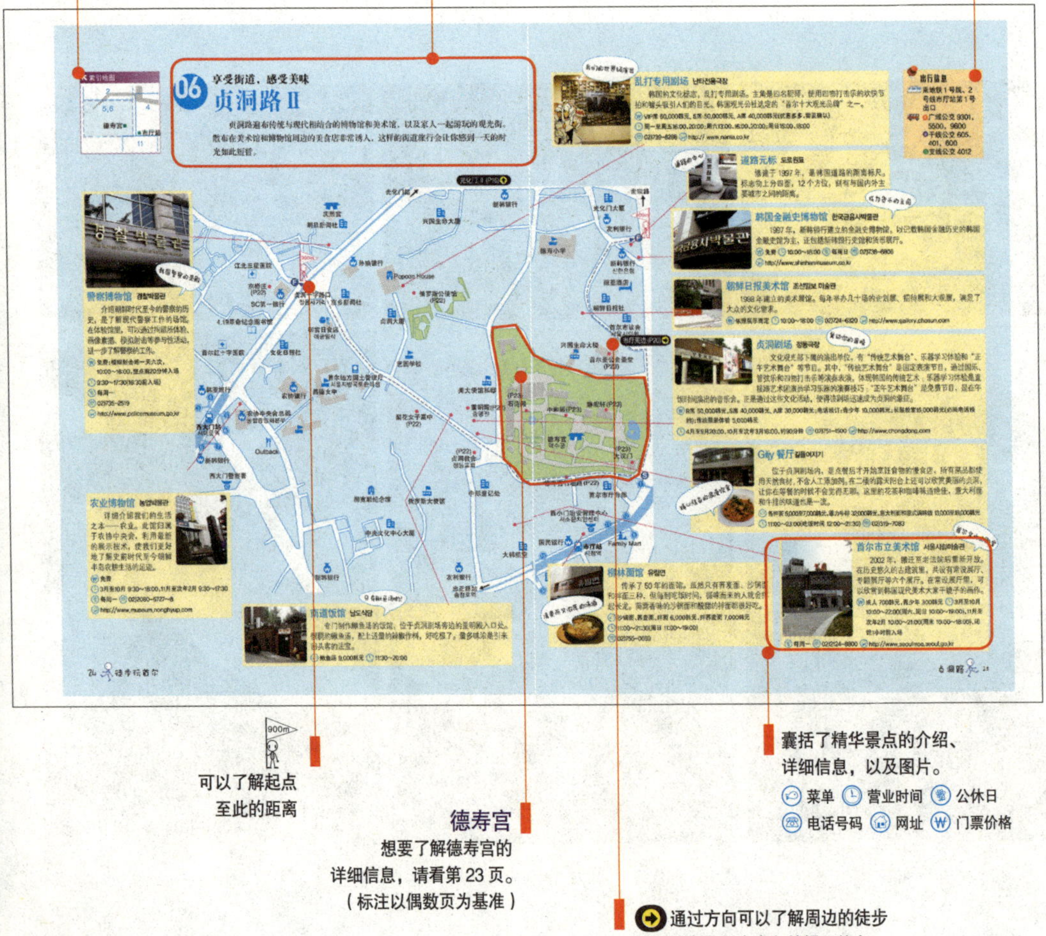

出行信息

可以了解出行的交通工具情况

可以了解起点至此的距离

德寿宫

想要了解德寿宫的详细信息，请看第 23 页。（标注以偶数页为基准）

囊括了精华景点的介绍、详细信息，以及图片。

菜单　营业时间　公休日
电话号码　网址　门票价格

通过方向可以了解周边的徒步旅行地点和所去方向的提示信息，有助于决定出行目的地。

地图标志

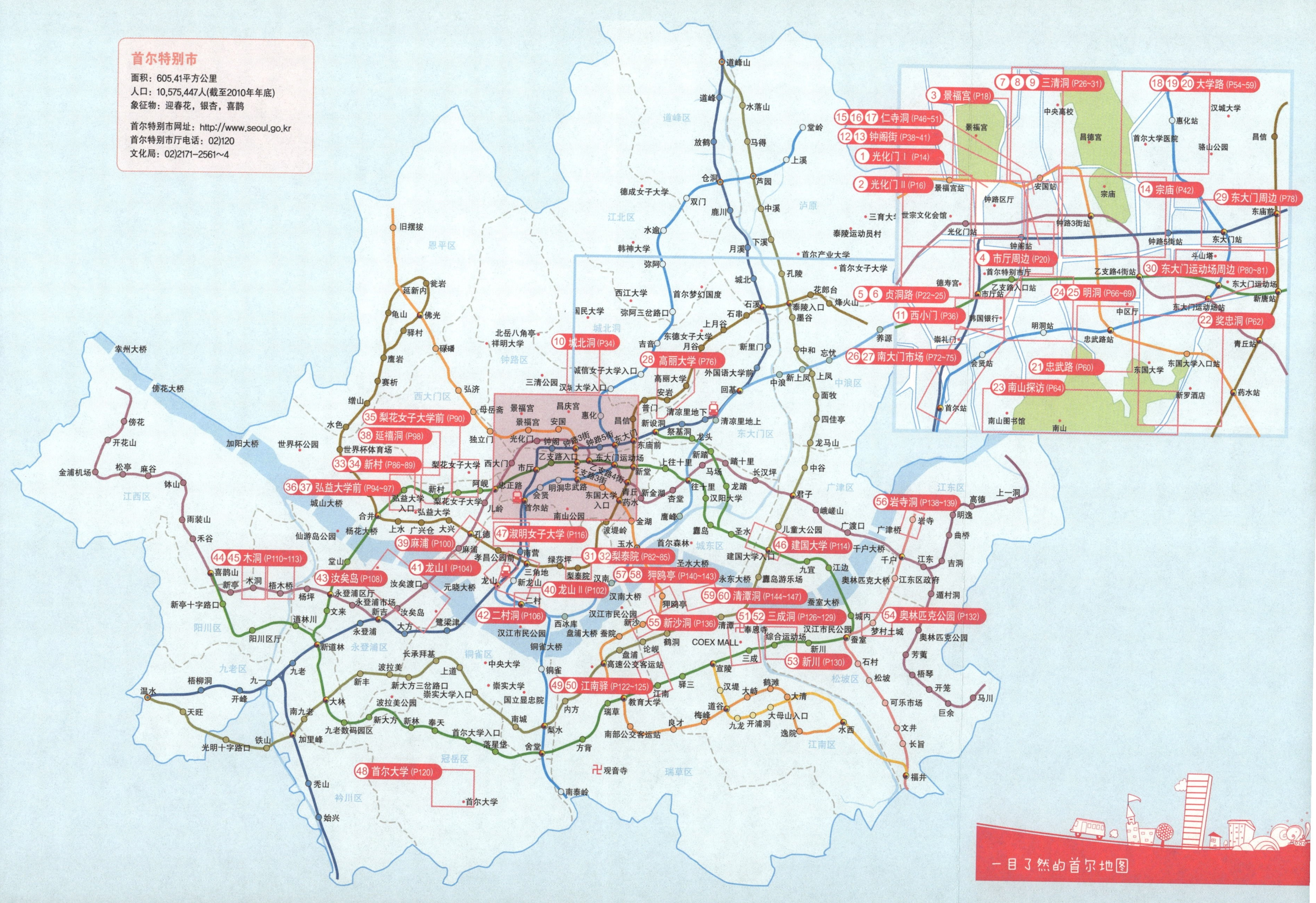

首尔特别市
面积：605.41平方公里
人口：10,575,447人(截至2010年年底)
象征物：迎春花，银杏，喜鹊
首尔特别市网址：http://www.seoul.go.kr
首尔特别市厅电话：02)120
文化局：02)2171-2561~4
1 光化门 I (P14)
2 光化门 II (P16)
3 景福宫 (P18)
4 市厅周边 (P20)
5 6 贞洞路 (P22~25)
7 8 9 三清洞 (P26~31)
10 城北洞 (P34)
11 西小门 (P36)
12 13 钟阁街 (P38~41)
14 宗庙 (P42)
15 16 17 仁寺洞 (P46~51)
18 19 20 大学路 (P54~59)
21 忠武路 (P60)
22 奖忠洞 (P62)
23 南山探访 (P64)
24 25 明洞 (P66~69)
26 27 南大门市场 (P72~75)
28 高丽大学 (P76)
29 东大门周边 (P78)
30 东大门运动场周边 (P80~81)
31 32 梨泰院 (P82~85)
33 34 新村 (P86~89)
35 梨花女子大学前 (P90)
36 37 弘益大学前 (P94~97)
38 延禧洞 (P98)
39 麻浦 (P100)
40 龙山 II (P102)
41 龙山 I (P104)
42 二村洞 (P106)
43 汝矣岛 (P108)
44 45 木洞 (P110~113)
46 建国大学 (P114)
47 淑明女子大学 (P116)
48 首尔大学 (P120)
49 50 江南驿 (P122~125)
51 52 三成洞 (P126~129)
53 新川 (P130)
54 奥林匹克公园 (P132)
55 新沙洞 (P136)
56 岩寺洞 (P138~139)
57 58 狎鸥亭 (P140~143)
59 60 清潭洞 (P144~147)
道峰区
恩平区
芦原
江北区
城北洞
钟路区
西大门区
中浪区
东大门区
广津区
江东区
城东区
江西区
阳川区
九老区
永登浦区
铜雀区
冠岳区
衿川区
瑞草区
江南区
松坡区
一目了然的首尔地图

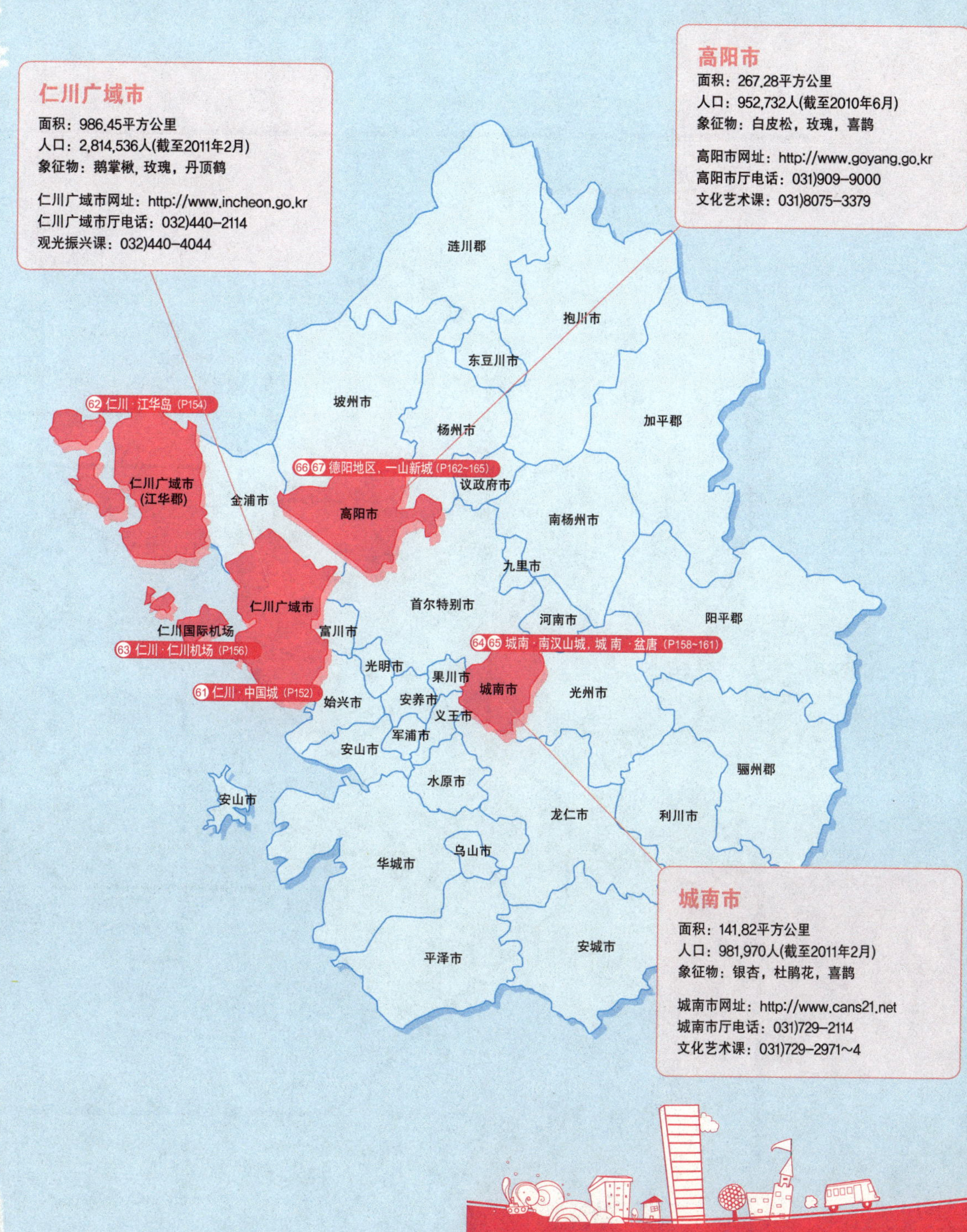

仁川广域市
面积：986.45平方公里
人口：2,814,536人(截至2011年2月)
象征物：鹅掌楸，玫瑰，丹顶鹤
仁川广域市网址：http://www.incheon.go.kr
仁川广域市厅电话：032)440-2114
观光振兴课：032)440-4044
高阳市
面积：267.28平方公里
人口：952,732人(截至2010年6月)
象征物：白皮松，玫瑰，喜鹊
高阳市网址：http://www.goyang.go.kr
高阳市厅电话：031)909-9000
文化艺术课：031)8075-3379
涟川郡
抱川市
东豆川市
坡州市
杨州市
加平郡
62 仁川·江华岛（P154）
66 67 德阳地区，一山新城（P162~165）
仁川广域市
(江华郡)
金浦市
议政府市
高阳市
南杨州市
九里市
仁川广域市
首尔特别市
河南市
阳平郡
仁川国际机场
富川市
63 仁川·仁川机场（P156）
64 65 城南·南汉山城，城南·盆唐（P158~161）
光明市
果川市
城南市
61 仁川·中国城（P152）
始兴市
安养市
光州市
义王市
军浦市
安山市
骊州郡
水原市
安山市
龙仁市
利川市
乌山市
华城市
安城市
平泽市
城南市
面积：141.82平方公里
人口：981,970人(截至2011年2月)
象征物：银杏，杜鹃花，喜鹊
城南市网址：http://www.cans21.net
城南市厅电话：031)729-2114
文化艺术课：031)729-2971~4

一目了然的京畿道地图

首尔地铁线路图

逍遥山
东豆川
保山
东豆川中央
纸杏
德亭
州内
绿杨
佳陵
议政府
回龙
望月寺
道峰山
道峰
长岩
大化
注叶
鼎钵山
马头
白石
大谷
花井
元堂
三松
纸杻
旧摆拔
延新内
独岩
龟山
佛光
碌磻
鹰岩
驿村
弘济
赛析
母岳斋
光化门
景福宫
安国
增山
水色
世界杯体育场
麻浦区厅
望远
合井
弥阿
弥阿三岔路口
吉音
诚信女子大学
首尔大学入口
惠化
东大门
钟路5街
钟路3街
钟阁
光化门
西大门
乙支路入口
乙支路4街
乙支路3街
东大门运动场
新堂
梨花女子大学
忠正路
阿岘
新村
弘益大学入口
市厅
忠武路
青丘
儿岭
首尔站
会贤
明洞
东国大学入口
药水
大兴
孔德
南营
波堤岭
汉江镇
上水
广兴仓
麻浦
孝昌公园
三角地
绿莎坪
梨泰院
堂山
永登浦区厅
永登浦市场
汝矣渡口
新龙山
龙山
新吉
汝矣岛
汉南
狎鸥亭
文来
大方
鹭梁津
二村
西冰库
新沙
永登浦
新道林
崇实大学
铜雀
高速公交客运站
蚕院
傍花
开花山
金浦机场
松亭
麻谷
钵山
雨装山
禾谷
喜鹊山
新亭
木洞
梧木桥
杨坪
新亭十字路口
道林川
阳川区厅
大林
新丰
波拉美
新大方三岔路口
长承伯伊
上道
南城
梨水
内方
仁川国际机场
机场货物大楼
云西
黔岩
桂阳
桔岘
朴村
林鹤
桂山
京仁教育大学入口
鹊田
葛山
富平区厅
富平市场
富平
驿谷
温水
梧柳洞
开峰
九一
九老
南九老
天旺
光明十字路口
铁山
加山数字园区
九老数字园区
新大方
新林
奉天
首尔大学入口
落星垈
舍堂
方背
瑞草
南泰岭
禅岩
赛马公园
大公园
果川
政府果川大楼
仁德院
坪村
凡溪
素砂
富川
中洞
松内
富开
白云
铜岩
间石
朱安
道禾
济物浦
桃源
东仁川
仁川
秀山
始兴
光明
石水
冠岳
安养
鸣鹤
衿井
军浦
义王
成均馆大学
华西
水原
细柳
饼店
洗马
乌山大学
山本
修理山
大夜味
半月
常绿树
汉大前
中央
古栈
工团
安山
新吉温泉
正往
东树
富平三岔路口
间石五岔路口
仁川市厅
艺术会馆
仁川公交客运站
文鹤体育场
仙鹤
新延寿
源仁斋
东春
东幕

失物中心&服务室电话号码

- 九老站(水原线) 02)869-0089
- 城北站(中央,京春线) 02)917-7445
- 宣陵站(盆唐线) 02)568-7715
- 市厅站(1,2号线) 02)753-2408~9
- 往十里站(5,8号线) 02)2298-6766~7 02)972-6766
- 富平区厅站(仁川1号线) 032)451-3650
- 大谷站(一山线) 031)965-8516
- 安山站(果川线) 031)491-7790
- 饼店站(天安线) 031)234-7788
- 忠武路站(3,4号线) 02)2271-1170~1
- 泰陵入口站(6,7号线) 02)949-6767
- 金浦机场站(机场铁路) 032)745-7777

失物中心服务时间

- 国有铁路1~4号线：
  工作日9:00~18:00。
  (冬季9:00~17:00),
  周六9:00~13:00,
  周日和公休日休息
- 5,6号线：
  周一至周五9:00~18:00,
  周六、周日和公休日休息
  (除服务时间外，请咨询失物中心下设的服务室)

公交线路

- R 广域公交
- B 干线公交
- G 支线公交

换乘

公交和地铁换乘折扣优惠：首尔和首都圈内所有换乘服务均可享受。下车时，请在终端机上刷乘车卡，30分钟内换乘其他公交或地铁均可享受折扣优惠。

도봉
수락산
당고개
방학
마들
상계
창동
노원
쌍문
녹천
중계
수유
하계
월계
태릉선수촌
서울산업대
서울여대
공릉
mesa
신대방
신림
봉천
서울대입구
낙성대
사당
이수
방배
남부터미널
양재
구룡
개포동
일원
수서
관음사
남태령
서울대학교

千万人的城市，绝美的面孔

首尔故事

从南山远眺的华丽夜景到香气怡人的芝麻油，从汉江吹来的凉爽清风到香辣可口的辣椒酱，一份美味的“首尔拌饭”就奉献在你的面前。快去游历名胜古迹，逛逛观光街和美食街吧，给你的爱人、亲友讲述美丽首尔的“一千零一夜”。

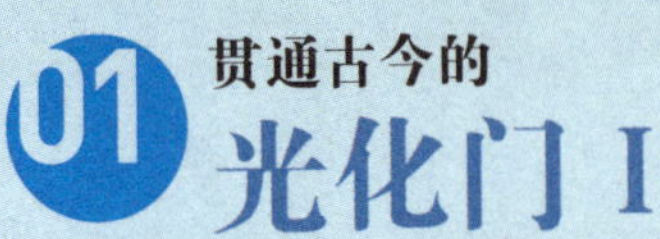

贯通古今的 光化门 I

光化门如同韩国的心脏，云集了韩国及其首都首尔的主要政府机关以及美国、日本等国的大使馆。此外，还有众多历史悠久的新闻机构。教保文库、KT olleh 艺术广场等文化场所提升了光化门的文化格调，德寿宫和景福宫等古宫增添了古都的情趣。

章鱼中心 낙지 센터

在武桥洞的章鱼胡同里，招牌上挂着老奶奶照片的那家章鱼店是最有名的，主要菜品有辣炒章鱼、蛤汤和鸡蛋卷等。如果点米饭的话，会再给你一个大碗，以便拌着炒章鱼和豆芽吃，这种又辣又爽的味道会让你爱不释手。

炒章鱼(1人份) 16,000韩元，蛤汤10,000韩元

9:30至夜间　全年营业　02)734-1226

用音乐展现爱

olleh 艺术广场 KT 아트홀

在 KT 总部一楼的综合艺术中心，花上 1,000 韩元就可以欣赏到韩国顶级音乐家的高水平演出。"1,000 韩元分享音乐会"是将所有的演出收入用于扶助社会受歧视群体的演出。此外，还有"真爱告白影像放映"等游客参与的有趣活动。

02)1577-5599

http://ollehsquare.kt.com/

教保文库（光化门店）

교보문고 광화문점

韩国书城的标志，共有十大类 230 万本书。此外，还包括文具、唱片、饰品、商店等，已由单纯的书店逐步演变成综合文化中心。书店入口周边的露天卖场是打折促销和举办各种文化活动的场所，因此首尔市中心也充满了书卷和文化气息。

9:30～22:00

02)1544-1900

http://www.kyobobook.co.kr

高宗继位40周年纪念碑展

고종 즉위 40 년 칭경 기념비전

矗立在教保生命大厦周边的石碑和篆刻。1902 年，为纪念朝鲜王朝高宗皇帝继位 40 年，并进入"耆老所"（相当于现代的国家元老会）而修建的。

国家元老俱乐部

出行信息

乘地铁 5 号线光化门站第 2、3、4 号出口

乘地铁 1 号线钟阁站第 1、2 号出口

Ⓡ广域公交 1000,9702,9301

Ⓑ干线公交 109,171,273,606,706,707

Ⓖ支线公交 0212,1020,7016,7018

韩国日报社

联合新闻社

安国站

400m

钟阁街 (P38~41)

韩亚银行

斗山We've pavilion大厦

佛教中央博物馆 불교중앙박물관

通过展示和演讲，弘扬韩国佛教文化。

9:00~18:00

每周一 02)2011-1960

http://www.buddhism.or.kr

曹溪寺 조계사

韩国佛教中心

韩国佛教曹溪宗的总寺，也是韩国佛教的中心。1910 年，始建觉皇寺，1954 年改名为曹溪寺，是曹溪宗的总务院和中央宗会等中央行政机构所在地。

02)731-2183

http://www.jogyesa.org

邮政纪念馆 우정 기념관

1884 年，朝鲜王朝设立的邮政总局，负责邮递业务。当时改革派借总局大厅落成之机，发动甲申政变，仅三天时间就宣告失败。这个地方见证了韩国闭关锁国时期的血和泪。

以荞麦面闻名于街

美进 미진

半个世纪以来，一直以丰盛又美味的荞麦面、煎饼以及泡菜而闻名。每到吃饭时间，门口就会排起长龙，因此很容易找到。

荞麦冷面、荞麦饭、荞麦煎饼 5,000韩元，包菜套餐 7,000韩元

10:00~22:30 02)730-6198

清进屋 청진옥

清进洞里醒酒汤的鼻祖，自 1937 年开业至今，已传三代。选用筛骨，配上牛小肠、牛腩、牛血，再加上豆芽、干菜等一起熬制，熬出来的醒酒汤既营养又美味。特别是加了干菜和土豆的排骨汤更是别有风味。

醒酒汤6,000韩元，排骨汤15,000元，绿豆煎饼9,000韩元

24小时 全年营业 02)735-1690

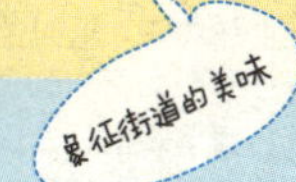

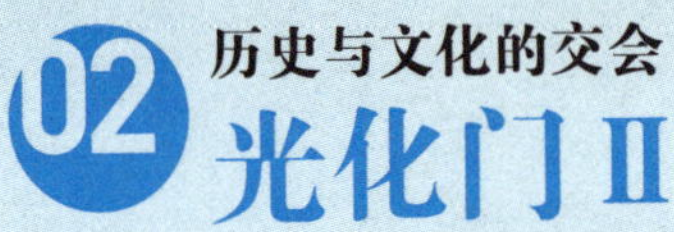

02 历史与文化的交会 光化门Ⅱ

去代表着韩国文化艺术的世宗文化会馆看一看，人们轻快的步伐伴着美妙的音乐飘然而至。青色的古代宫殿和诱人的美食让这片区域充满古典美和香甜味道。

祭拜天地的地方

社稷坛公园 사직단 공원

以社稷坛为中心修建的公园，社稷坛是用来祭拜创造土地和五谷的神灵的。此坛与朝鲜建国时期的宗庙都是最早期的建筑。

☎ 02)731-0412

香喷喷的韩国味

社稷面食店 사직분식

虽然店面不大，看起来较为破旧，菜单牌上也只有豆瓣酱、豆腐汤和炒猪肉这三样菜，但味道绝佳，10 余种饭菜口味一流。店铺较为拥挤，午饭时间不招待散客。

豆瓣酱、豆腐汤 4,500韩元，炒猪肉 20,000韩元(米饭 1,000韩元)

11:00~20:00 休 每周日 ☎ 02)736-0598

韩国的威康·退尔

黄鹤亭 황학정

1898 年，朝鲜高宗皇帝下旨修建的射箭场。现在成为人们练习韩国传统射箭技艺的地方。

☎ 02)732-1582

省谷美术馆 성곡미술관

1955 年开馆至今，对韩国现代美术的发展起到了至关重要的作用。雕塑园与绿色的树木相得益彰。美术馆的茶吧位于雕塑园内，手工制作核桃曲奇和红茶、柚子茶非常有特色。

₩ 成人5,000韩元，学生4,000韩元 10:00~18:00 休 每周一

☎ 02)737-7650，02)736-3993(茶吧) http://www.sungkokmuseum.com

700m

庆熙宫 경희궁

17 世纪修建的朝鲜王朝离宫，韩国国宝第 271 号，位于汉阳西面，又被称为西阙。1908 年，日本入侵时，日本人将京城中学迁到这里，大部分建筑被毁。近年来，兴化门和崇政殿等一部分主要殿阁被修复，首尔市立美术馆分馆就设立于此。

₩ 免费 工作日9:00~18:00，周六、周日及公休日10:00~18:00

休 每周一 ☎ 02)724-0274~6

沙特大使馆

想去逛逛的宫殿

首尔历史博物馆 서울역사박물관

2002 年，在古代庆熙宫原址上修建的博物馆，记载了首尔从朝鲜王朝开始至今的历史和文化。开放时间一直延续至晚上，上班族也能在下班后参观展厅，欣赏高水平的专题展。

首尔之行的出发地

₩ 成人700韩元、儿童300韩元(专题展门票另付)

工作日9:00~22:00(冬季9:00~21:00)，周六、周日及公休日10:00~19:00(冬季10:00~18:00)

休 每周一 ☎ 02)724-0114 http://www.museum.seoul.kr

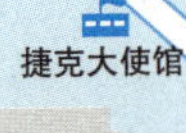

首尔特别市教育厅

西大门站

出行信息

乘地铁3号线景福宫站第1、6、7号出口

Ⓡ广域公交 9602, 9706,9710,9713

Ⓑ干线公交 160,171, 272,601,606

Ⓖ支线公交 7023

慕洛 모락

整洁的环境，高档的装修，可以尽享民俗饮食的地方。这里的特色菜是春天大麦饭，内含大麦饭、大酱汤、10种蔬菜和包菜。吃着铁板煎酱牛腩，再喝点酒就更美了。

春天大麦饭 7,000韩元，烤肉 17,000韩元，青花鱼包菜套餐 9,000韩元，牡蛎煎饼 15,000韩元

11:30～22:30 ☎ 02)722–5494

酱汤屋 깡장집

最出名的就是大酱汤，将鱿鱼、猪肉、辣椒等食材和酱汤一起放入沙锅中煮制而成。再吃着放了豆芽和蔬菜的拌饭，味道更美了。特色菜是辣乎乎的秋刀鱼沙锅。

酱汤 5,000韩元，海鲜酱、秋刀鱼沙锅 5,000韩元，大酱包菜 20,000韩元

8:30～22:30 休 每周日 ☎ 02)720–6152

拌出健康

光化门韩国料理 광화문집

泡菜汤的至尊

该店选用大块猪肉配上腌渍泡菜，制作出精美的泡菜汤。因量大味美，引得人们竞相品尝。刚烤出来的鸡蛋卷绝对是不可错过的美食。

猪肉泡菜汤、鸡蛋卷 5,000韩元 米饭 1,000韩元 9:00～22:00

休 每周日 ☎ 02)739–7737

世宗文化会馆 세종문화회관

韩国艺术第一位

始建于1978年，是韩国和首尔代表性的文艺演出场馆，主要有用于文艺演出和大型国际会议的3000人大礼堂，以及美术馆、展厅等，被认为是韩国顶级文艺综合场馆。以喷水池为中心的露天表演场常被用作市民的文化休闲场所。

☎ 02)399–1111 http://www.sejongpac.or.kr

珀茉朵意大利餐厅 뽐모도로

幸福的意大利面

并非著名的珀茉朵连锁店，而是自主经营的正宗意大利料理店，该店老板曾任某高级宾馆厨师长。丰盛美味的奶油沙司意大利面是这里的特色。

奶油沙司意大利面 13,000韩元，精选蔬菜沙司意大利面 14,000韩元，意大利饭 14,000韩元

午餐 11:20～15:00，晚餐 17:00～21:00 休 每周日

☎ 02)722–4675

清静豚屋 청정복집

清爽的豚鱼清汤深受附近上班族的喜爱。此店的推荐菜品就是囊括各式豚鱼料理的套餐。二楼是包间，非常适合会餐和重要聚会。

豚鱼清汤、辣味汤 23,000韩元，清静套餐 A套餐42,000韩元、B套餐31,000韩元

10:00～22:30

☎ 02)734–0714

豆史 콩 이야기

庆熙宫的晚餐

位于首尔历史博物馆内，以庆熙宫绿色的草坪为背景，建有宽敞的阳台。吃着茶点，喝着传统茶，还可以享受不限量啤酒套餐等各种料理。

虾仁豆腐炒饭 8,000韩元，菲力牛排 25,000韩元，啤酒套餐 25,000韩元(2人以上)

周一至周五10:00～22:00，周六、周日及公休日10:00～19:00

☎ 02)722–7002

03 朝鲜王朝的主殿
景福宫

朝鲜王朝时期朝鲜宫殿的主殿，堪称第一，于1395年迁都汉阳时修建。壬辰倭乱时期，因火灾而被完全焚毁，废弃了270余年，后由朝鲜王朝高宗的父亲兴宣大院君提议重新修建。到了日本侵略时期，大部分宫殿被毁。1980年至今，一直在复原主要的宫殿。

₩ 成人3,000韩元，青少年、儿童1,500韩元，参观庆会楼另收5,000韩元(庆会楼参观一天三次 11:00、14:00、16:00)

3月至10月 9:00~18:00(17:00后不得进入)，周六、周日、公休日 9:00~19:00，11月至次年2月 9:00~17:00

休 每周二 ☎ 02)732-1932 http://www.palace.go.kr

七宫 칠궁

这里安置着朝鲜时代为皇帝的亲生母亲，却没能成为王妃，不能在宗庙接受祭拜的七位侧室的牌位。七座祠堂面积虽小但高贵雅致，坐落于青瓦台内，不能单独参观，只有集体参观青瓦台时才能欣赏到。

孝子洞厢房 효자동 사랑방

作为总统秘书室室长的公馆，在重新装修后，于1993年开放参观，主要是展出韩国前任及现任总统收到的国外馈赠礼品。

9:00~17:00 休 每周六、周日

香远亭 향원정

修建于皇帝休息的后宫内。香远亭坐落在四方形香远池中，连着名为"醉香桥"的木桥，真是非常美丽的地方。在其北面有名为"冽上真源"的泉水，源源不断地流入香远池。

庆会楼 경회루

迎接外国使臣和举办国宴的地方。巨大的莲花池上48根支柱撑起的两层楼阁，犹如水上花园。在楼阁上可以欣赏到景福宫最美的百岳山景观。修政殿建于庆会楼前，是皇室召开大型会议和举办活动的地方。

兴礼门 흥례문

2001年，在朝鲜总督府原址上复原的宫殿第一道门。

思政殿 사정전

皇帝处理朝政事务的地方。其左右分别为万春殿、千秋殿，两处均有取暖设施，冬季皇帝在此办公。

国立古宫博物馆 국립고궁박물관

展示朝鲜王朝皇室和大韩帝国王室物品的博物馆。仔细观赏着这些物品，还能感受到王室生活的奢华。

₩ 国立古宫博物馆 2,000韩元，景福宫免费参观

3月至10月 9:00~18:00(17:00前入场)，11月至次年2月 9:00~17:00(16:00前入场)

休 每周一 ☎ 02)3701-7500

http://www.gogung.go.kr

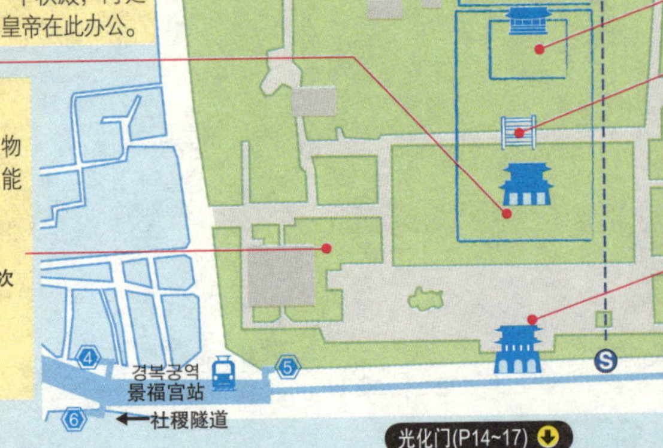

光化门(P14~17)

出行信息

乘地铁 3 号线景福宫站第 5 号出口

G 支线公交 11(循环公交)

三清洞(P26~31)

八判洞十字路口

青瓦台 청와대

韩国总统官邸，有总统办公室、迎宾楼和春秋馆等，是朝鲜王朝时期景福宫的后宫。前身为景武台，后被拆除，于 1990 年在原址上修建而成的。

10:00、11:00、14:00、15:00(一天四次)

周一、周六、周日、公休日 参观方法：参观前2周，通过网站预约或邮件预约

02)730-5800 http://www.president.go.kr

建春门，迎秋门，神武门

건춘문 , 영추문 , 신무문

景福宫的东、西、北三面门，其正门为南面的光化门。神武门后面与青瓦台相连，以前严禁参观，直到 2007 年才对公众开放。

集玉斋 집옥재

高宗皇帝接见外国使臣的地方，与景福宫其他建筑不同，极具中国建筑特色。

慈庆殿 자경전

高宗皇帝为神贞王后赵太妃所建。华丽的宫殿周边有刻满了花纹的墙壁和被称为“十长生”的烟囱。

康宁殿和交泰殿 강녕전과 교태전

康宁殿是皇帝的寝殿，交泰殿是皇后的寝殿，土黄色石块修葺的烟囱十分漂亮。白头大干（韩国人对白头山脉的称呼）的精气流经北汉山和百岳山后，都会聚于交泰殿后的小丘陵，人称“峨眉山”。

玉川桥 영천교

禁川是象征皇权内部与外界的分界线，此桥是连接禁川两端的桥梁，两侧放置着可驱赶晦气的瑞兽。

光化门 광화문

景福宫的正门，是有三个虹霓门的门楼，朝鲜战争时期被焚毁。为恢复历史原貌，韩国开始重建光化门，于 2010 年 8 月完工。

东十字阁 동십자각

位于光化门东侧墙根处的一座楼台。与光化门的位置不同，属于独立建筑。

安国站
안국역

国立民俗博物馆 국립민속박물관

收集和展示韩国传统民俗资料的博物馆，坐落于景福宫内，其外形融汇了佛国寺的青云桥、白云桥，法柱寺的捌相殿，金山寺的弥勒殿，华严寺的觉皇殿等传统建筑风格。其内还有儿童民俗博物馆。

成人(19岁至64岁) 3,000韩元，儿童、青少年(7岁至18岁) 1,500韩元；持有景福宫门票可参观国立民俗博物馆和国立古宫博物馆；儿童民俗博物馆每小时限定60人入馆参观，可从网站申请(http://www.kidsnfm.go.kr)。

3月至10月 9:00~18:00(17:00前入场)，11月至次年2月 9:00~17:00(16:00前入场)

每周二

02)3704-3114 http://www.nfm.go.kr

勤政门和勤政殿 근정문과 근정전

景福宫最主要的建筑，是举办新皇登基等重大庆典的地方。经过两层楼阁建筑的勤政门，左右两边有长长的耳房，沿着中央三道路就到了勤政殿，殿前有文武百官上朝按官职顺序排列的“品阶石”。勤政殿建于二重基座的月台之上，更增添了威武气势，月台栏杆上雕刻有包括十二属相在内的吉祥动物造型。勤政殿是韩国国宝第 223 号。

04 市民的，服务市民的场所
市厅周边

市厅广场的绿色象征着由“大型化”向“多样化”转变的首尔形象，周边各种美食街和观光街是服务首尔市民的。让我们通过各种文化活动一起来感受广场的快乐吧。

建筑也是艺术

一民美术馆 일민미술관

坐落于东亚日报社旧址的美术馆，将 1926 年建成的砖墙与玻璃墙完美地结合在一起，其本身就是一件艺术品。参观之余，还可以到 IMA 咖啡屋享受美食和茶品，其整洁的环境和清爽的味道相辅相成，令人回味。

一民美术馆 11:00～19:00 每周一 02)2020-2055 http://www.ilmin.org

IMA 咖啡屋 10:00～22:00(周日11:30～20:00) 全年营业 02)2020-2088

新闻博物馆 신문박물관

该馆主要展出世界各国新闻和有关新闻制作的许多资料，包括从老式印刷机到新式采访设备等。在新闻制作室里还可以通过电脑合成技术制作有关自己的新闻，十分有趣。

成人 3,000韩元，学生 2,000韩元；家庭票 3人5,000韩元，4人6,000韩元 10:00～18:00

每周一 02)2020-1830 http://www.presseum.or.kr

首尔金融中心地下卖场 서울파이낸스센트 지하 매장

世界的饮食

地下一层和地下二层汇集了世界各地的特色饮食。转一转这 30 余家饭店，看看今天吃什么吧。以广式中华料理为主的“兴凯”，电话：02)3783-0001；以意大利比萨而出名的“Mezzaluna”，电话：02)3783-0003；可以享受各种进口生啤的“buckmulligans”，电话：02)3783-0004；如同身处日本庭院一般的室内日食店“iki iki”，电话：02)3783-0002；出售新加坡自产咖啡和吐司的“yakun”，电话：02)775-1105；以唐多里烤鸡而闻名的印度咖喱专卖店“ganga”，电话：02)3783-0002。在这里可以尽享美食。

首尔市厅 서울시청

管理首尔的机构

韩国首都的行政管理机构，前身是修建于 1926 年日本侵略时期的京城府厅，现正计划修建与世界大都市身份相符的新办公大楼。市厅前的首尔广场是一块椭圆形的草坪，首尔市民无人不知，无人不晓，一般用于庆典活动和演出。

http://www.seoul.go.kr

圜丘坛 원구단

建于 1897 年大韩帝国时期，是祭天的祭坛，包括三层八角屋顶的皇穹宇，纪念高宗皇帝继位 40 年的古鼓以及石门。现在是朝鲜酒店的后院。

仰望上天的土地

大口汤店 원대구탕

最有名的是辣劲十足的大口汤。用大口鱼和各种蔬菜熬制出传承30年的原汁肉汤味让人终生难忘。

大口汤 6,000韩元，炖安康鱼(小份) 28,000韩元 10:30~22:00

每周日 02)732–7473

出行信息

乘地铁1号线、2号线市厅站第4、5号出口，乙支路入口站第1、2号出口

B干线公交 109,150,402,162,172

G支线公交 0014,1711,7016

武桥洞柳林章鱼店 무교동 유림낙지

1969年开业至今，一直专做章鱼料理，量大且辣味和作料味十足。清爽的蛤汤再配上炒章鱼简直就是极品。

章鱼拌饭 6,000韩元，炒章鱼 14,000韩元，蛤汤 9,000韩元，活章鱼16,000韩元

10:00~次日2:00 02)723–1720

永丰文库（钟路店）영풍문고 종로점

首尔书店的代表之一，地下一层和二层的卖场整齐有序地放置着各门类书籍。通过演讲会和作者见面会等各种活动，使其成为钟路传播文化的场所。

9:30~22:00(周日10:00开店)

02)399–5600 http://www.ypbooks.co.kr

韩国观光公社 한국관광공사

韩国国内外观光产业的管理机构。在地下一层观光指南展厅里，有旅游介绍服务，还有阅读旅游书籍的资料室，国内外人士均可享受。

9:00~20:00；9:00~18:00(资料室)，只在平时开放

02)1330(24小时观光介绍)；02)729–9497~9(展示馆介绍)

全年营业 http://www.knto.or.kr

南浦面馆 남포면옥

一进门，按日期存放的萝卜泡菜坛子就映入眼帘。这里的特色菜是平壤式冷面和鱼腹盘，平壤式冷面散发着肉汤和萝卜泡菜汤味，而鱼腹盘是一种北方料理，用肉汤把铜盘里的肉和蔬菜烫熟了吃。

冷面 8,000韩元，绿豆煎饼(2张) 12,000韩元，鱼腹盘 52,000韩元

11:30~22:00 02)777–3131

乐天百货商店 롯데 백화점

与附近的乐天大酒店、名品店Avenuel、时尚店YOUNG PLAZA一起构成了巨大的乐天城。剧场、文化中心等便利设施和位于商店内外的观光街成为人们前来消费的首选。

11:30~20:00 02)771–2500

http://www.lotteshopping.com

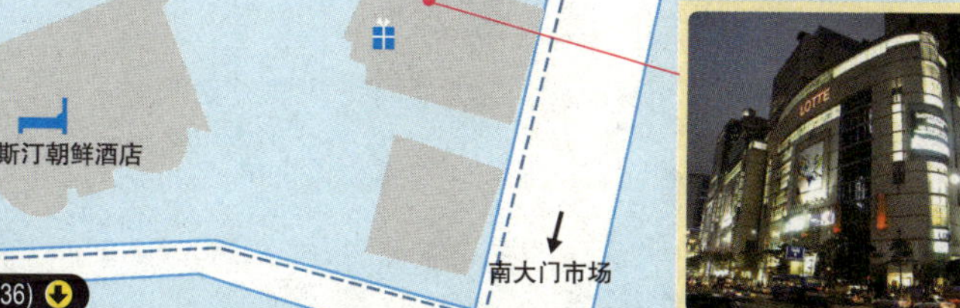

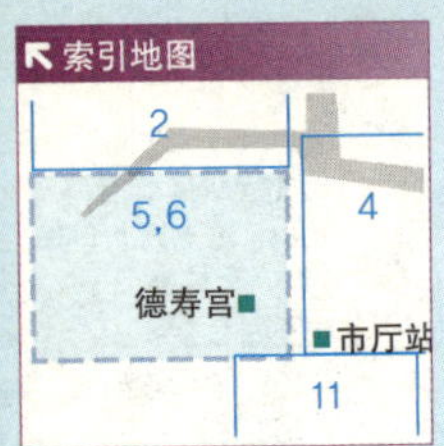

05 首尔最负盛名的散步路 贞洞路 I

德寿宫的城墙外有条首尔最有名的散步路——贞洞路，相邻的古建筑是这里的主角。经常能看到情侣们在这条路上行走散步，这条路的每个角落都隐藏着一段老故事，漫步其间可以感受怀旧的时光和静谧的氛围。

俄罗斯公使馆 러시아 공사관

1890 年竣工的文艺复兴建筑。明成皇后被害后，高宗皇帝在此避难 1 年，史称“俄馆避难”。朝鲜战争期间，几乎全部被毁，只保存下一座三层高的尖塔。

京桥庄 경교장

1939 年建成，是金九（号白凡）先生的住所，也是白凡暗杀事件的现场。1949 年，金九先生在二楼个人住所被杀害。现二楼有白凡纪念厅。

10:00~17:00(周六10:00~12:00)

每周日 02)2001-2781(江北三星医院宣传室)

重明殿 중명전

现位于德寿宫城墙外，贞洞剧场旁，一座破旧的两层俄式建筑，当年是高宗皇帝接见外国使臣的地方，也是签订丧权辱国的《乙巳条约》的地方。

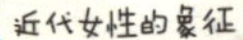

梨花女子高中 이화여고

1886 年创立至今，为韩国培养出许多的女领导。1915 年，由 Simson 女士投资兴建了梨花博物馆和百年纪念馆，保存了许多当年女学生使用的物品。

02)752-3353 http://www.ewha.hs.kr

贞洞教会 정동교회

福音的圣地

1897 年建成，韩国最早的改新教教会，素朴、端庄的监理教会建筑。“三一”运动时，成为基督教民族代表的中枢，也是民族运动的中心。

02)753-0001 http://www.chungdong.org

德寿宫石墙路 덕수궁 돌담길

约会的好地方

日本侵略时期修建的道路，直通宫殿内部，周边的林荫树是种植在宫殿内侧的树木。郁郁葱葱的树丛，传统风格的石墙路构成了一条美丽的散步路，深受人们的喜爱。“在德寿宫石墙路约会的恋人必定分手”，这个说法是由那些前往家庭法院提请离婚的人炮制出来的，因为家庭法院就位于现在的首尔市立美术馆，也就是德寿宫内。

爱的饭团

首尔圣公会圣堂 서울성공회 성당

1926年修建的英国圣公会韩国总堂，罗马式建筑风格。每个周三的正午，都会在大教堂院子里举办约1小时的饭团音乐会，一边吃着饭团一边欣赏知名音乐家的演出，同时还举行扶助社会受歧视群体的募捐活动。

☎ 02)722–1516 🏠 http://www.cathedral.or.kr

出行信息

🚇 乘地铁1号线、2号线市厅站第1号出口
🚌 Ⓡ广域公交9301，5500，9600
Ⓑ干线公交605，401，600
Ⓖ支线公交4012

德寿宫 덕수궁

朝鲜的宫殿，原名庆运宫。壬辰倭乱后，因当做先皇月山大君的临时住所而成为王宫。之后，大韩帝国高宗皇帝从俄罗斯公馆迁至这里，才修成了宫殿。经历了1904年火灾和日本侵略时期的大肆破坏，使这里的大部分设施被毁，只保存了中和殿，以及1910年修建的石造殿等部分建筑。

Ⓦ 成人1,000韩元，青少年(7岁至18岁) 500韩元，德寿宫美术馆参观门票另付

🕘 9:00~21:00(20:00前入场) 休 每周一 ☎ 02)771–9951

🏠 http://www.deoksugung.go.kr

石造殿 석조전

朝鲜王朝建造的最后一个宫殿，西洋式石造建筑。1909年，由英国和日本建筑师共同设计完成，中间是附带水池的欧式庭院，主楼与附楼通过走廊相连。现在是德寿宫现代美术馆。

Ⓦ 依照展示而定 🕘 9:00~20:30(20:00前入场)

休 每周一 ☎ 02)2022–0600 🏠 http://www.moca.go.kr(德寿宫现代美术馆)

静观轩 정관헌

1900年，由俄罗斯建筑师设计建造的宴会厅，起初只是供高宗皇帝喝茶休息的地方。

大汉门 대한문

现在德寿宫的正门。原先的正门是现在中和殿前的仁化门，因此门完全被毁，所以将东门作为正门。每天14:00都会有场景表演，重现当年皇宫禁军换岗时的情形。

中和殿 중화전

德寿宫的正殿，大韩帝国高宗皇帝处理朝政事务的地方。殿阁前的中和殿城墙和耳房已经全部被毁，只留下了殿阁。

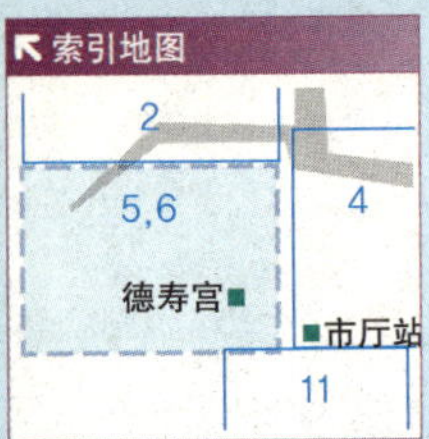

索引地图
2
5,6
4
德寿宫
市厅站
11

06 享受街道，感受美味

贞洞路 II

贞洞路遍布传统与现代相结合的博物馆和美术馆，以及家人一起游玩的观光街。散布在美术馆和博物馆周边的美食店非常诱人，这样的街道旅行会让你感到一天的时光如此短暂。

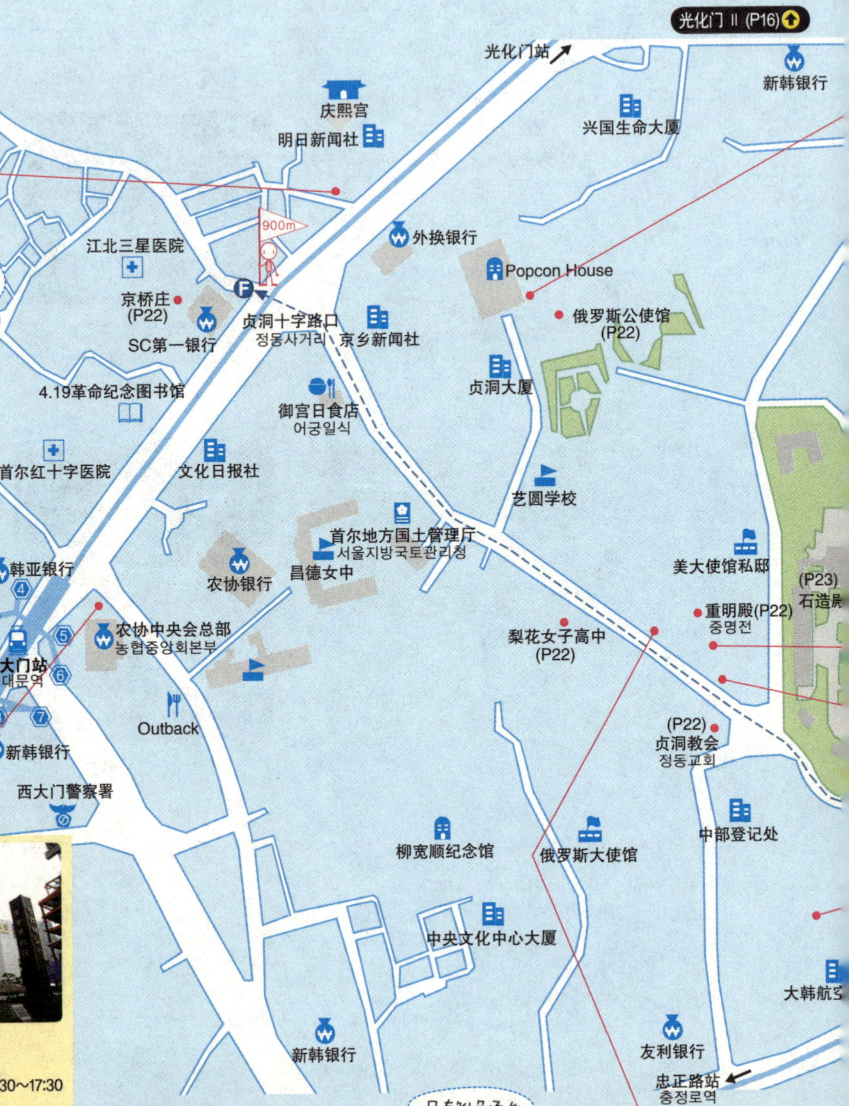

光化门 II (P16)
光化门站
新韩银行
庆熙宫
兴国生命大厦
明日新闻社
900m
外换银行
江北三星医院
Popcon House
京桥庄
(P22)
贞洞十字路口
정동사거리
京乡新闻社
俄罗斯公使馆
(P22)
SC第一银行
贞洞大厦
4.19革命纪念图书馆
御宫日食店
어궁일식
首尔红十字医院
文化日报社
艺圆学校
首尔地方国土管理厅
서울지방국토관리청
韩亚银行
农协银行
昌德女中
美大使馆私邸
(P23)
石造殿
重明殿(P22)
중명전
农协中央会总部
농협중앙회본부
梨花女子高中
(P22)
西大门站
서대문역
Outback
(P22)
贞洞教会
정동교회
新韩银行
西大门警察署
柳宽顺纪念馆
俄罗斯大使馆
中部登记处
中央文化中心大厦
大韩航空
新韩银行
友利银行
忠正路站
충정로역

경찰박물관
The Korean National Police Heritage Museum

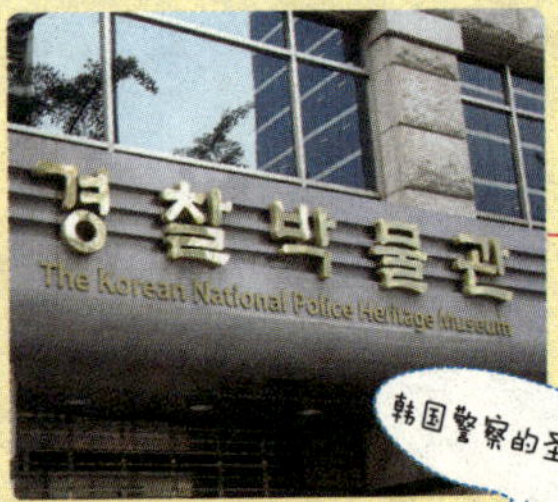

韩国警察的圣殿

警察博物馆 경찰박물관

介绍朝鲜时代至今的警察的历史，是了解现代警察工作的场馆。在体验馆里，可以通过拘留所体验、画像素描、模拟射击等参与性活动，进一步了解警察的工作。

- 免费；模拟射击场一天六次，10:00～16:00，整点前20分钟入场
- 9:30～17:30(16:30前入场)
- 每周一
- 02)735–2519
- http://www.policemuseum.go.kr

农业博物馆 농업박물관

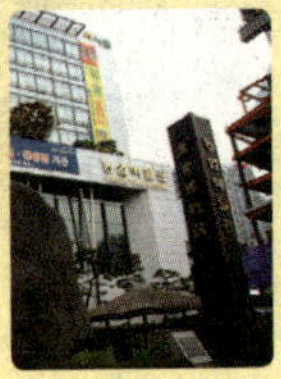

详细介绍我们的生活之本——农业。此馆归属于农协中央会，利用最新的展示技术，使我们更好地了解史前时代至今朝鲜半岛农耕生活的足迹。

- 免费
- 3月至10月 9:30～18:00，11月至次年2月 9:30～17:30
- 每周一 02)2080–5727～8
- http://www.museum.nonghyup.com

只有鳅鱼汤哟

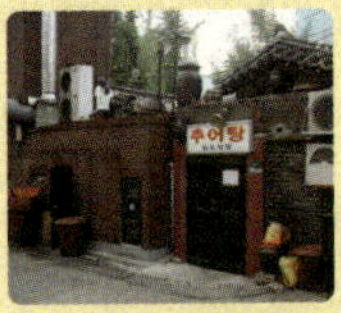

南道饭馆 남도식당

专门制作鳅鱼汤的饭馆，位于贞洞剧场旁边的重明殿入口处。很稠的鳅鱼汤，配上适量的辣椒作料，好吃极了。量多味浓是引来回头客的法宝。

- 鳅鱼汤 9,000韩元 11:30～20:00

乱打专用剧场 난타전용극장

韩国的文化标志，乱打专用剧场。主角是四名厨师，使用四物打击乐的欢快节拍和噱头吸引人们的目光。韩国观光公社选定的“首尔十大观光品牌”之一。

Ⓦ VIP席 60,000韩元, S席 50,000韩元, A席 40,000韩元(优惠多多，需要确认)
🕒 周一至周五16:00、20:00；周六13:00、16:00、20:00；周日15:00、18:00
☎ 02)739-8288 🌐 http:// www.nanta.co.kr

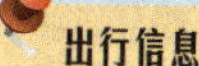

出行信息

🚇 乘地铁1号线、2号线市厅站第1号出口
🚌 Ⓡ广域公交 9301，5500，9600
Ⓑ干线公交 605，401，600
Ⓖ支线公交 4012

道路元标 도로원표

修建于1997年，是韩国道路的距离标尺。标志物上分四面，12个方位，刻有与国内外主要城市之间的距离。

韩国金融史博物馆 한국금융사박물관

1997年，新韩银行建立的金融史博物馆，以记载韩国金融历史的韩国金融史馆为主，还包括新韩银行史馆和货币展厅。

Ⓦ 免费 🕒 10:00~18:00 休 每周日 ☎ 02)738-6806
🌐 http://www.shinhanmuseum.co.kr

朝鲜日报美术馆 조선일보 미술관

1988年建立的美术展馆。每年举办几十场的企划展、招待展和大观展，满足了大众的文化需求。

Ⓦ 依照展示而定 🕒 10:00~18:00 ☎ 02)724-6320 🌐 http://www.gallery.chosun.com

贞洞剧场 정동극장

文化观光部下属的演出单位，有“传统艺术舞台”、乐器学习体验和“正午艺术舞台”等节目。其中，“传统艺术舞台”是固定表演节目，通过国乐、管弦乐和四物打击乐等演奏表演，体现韩国的传统艺术；乐器学习体验是直接跟艺术团演员学习乐器的演奏技巧；“正午艺术舞台”是免费节目，是在午饭时间演出的音乐会。正是通过这些文化活动，使得该剧场迅速成为贞洞的象征。

Ⓦ R席 50,000韩元, S席 40,000韩元, A席 30,000韩元；电话预订：青少年 10,000韩元；长鼓教室15,000韩元(必须电话预约)；传统服装体验 5,000韩元
🕒 4月至9月20:00，10月至次年3月16:00，约90分钟 ☎ 02)751-1500 🌐 http://www.chongdong.com

Gilly 餐厅 길들여지기

位于贞洞剧场内，是点餐后才开始烹饪食物的慢食店，所有菜品都使用天然食材，不含人工添加剂。在二楼的露天阳台上还可以欣赏美丽的贞洞，让你在等餐的时候不会觉得无聊。这里的花茶和咖啡味道绝佳，意大利面和牛排的味道也是一流。

Ⓦ 各种茶 5,000至7,000韩元，菲力牛排 32,000韩元，意大利面和意式调味饭 13,000至18,000韩元
🕒 11:00~23:00(吃饭时间 12:00~21:30) ☎ 02)319-7083

世宗路 400m 光化门大厦 友利银行 德寿小学 新韩银行 신한은행 丽亚酒店 朝鲜日报社 首尔市议会 서울시의회 市厅周边 (P20) 兴国生命大楼 首尔圣公会圣堂 (P23) 中和殿(P23) 静观轩(P23) 德寿宫 덕수궁 (P23) 大汉门 德寿宫石墙路(P22) 首尔市厅分部 西小门治安管理中心 서소문치안센터 民银行 市厅站 시청역 Family Mart

柳林面馆 유림면

传承了50年的面馆。虽然只有荞麦面、沙锅面和拌面三种，但每到吃饭时间，循味而来的人就会排起长龙。茼蒿香味的沙锅面和酸甜的拌面都很好吃。

Ⓦ 沙锅面、荞麦面、拌面 6,000韩元，拌荞麦面 7,000韩元
🕒 11:00~21:30(周日 11:00~19:00)
☎ 02)755-0659

首尔市立美术馆 서울시립미술관

2002年，搬迁至老法院后重新开放。在历史悠久的古建筑里，共设有常设展厅、专题展厅等六个展厅。在常设展厅里，可以欣赏到韩国现代美术大家千镜子的画作。

Ⓦ 成人 700韩元，青少年 300韩元 🕒 3月至10月 10:00~22:00(周六、周日 10:00~19:00)，11月至次年2月 10:00~21:00(周末 10:00~18:00)，闭馆1小时前入场
休 每周一 ☎ 02)2124-8800 🌐 http://www.seoulmoa.seoul.go.kr

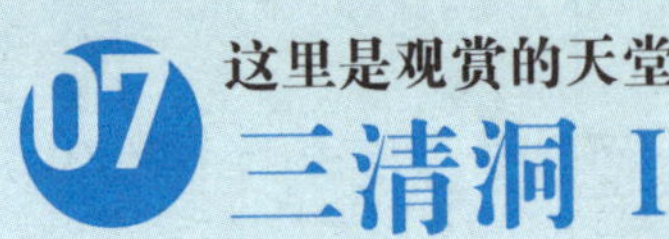

07 这里是观赏的天堂 三清洞 I

各类独具特色的博物馆和美术馆分布在三清洞的街道里。一点一滴堆积的多元化特色让寻迹而来的人领悟着其中的意味，感受着大型展厅所无法给予的亲切感。

成为艺术的玩具

玩具博物馆 토이키노박물관

该馆通过玩具人偶让许多电影里的卡通人物再次鲜活起来。所谓玩具就是因玩家的喜爱而成为作品的道具。该馆有多种主题和场景，展厅里塞满的玩具人偶让人回到童话世界。

成人 5,000韩元，青少年 3,000韩元 13:00～20:00 每周一

02)723-2690 http://www.toykino.com

普通而又高雅

李陶 이도

又被称为“李伦信的器皿店”，是陶艺收藏家李伦信的器皿商店。这些器皿看起来很普通，与我们平常餐桌上使用的一样，但内含高贵的气质。在这里，可以欣赏陶瓷作品，也可以购买，让人感到无比舒适和亲切。

9:30～19:00 每月第三周的周日

http://www.eyoonshin.com

画廊 갤러리

锦湖美术馆、现代画廊和学古斋等展馆对韩国美术界的发展起到了至关重要的作用，就如同三清洞是文化街道的象征一样。

锦湖美术馆 02)720-5114 http://www.kumhomuseum.com

现代画廊 02)734-6111～3 http://www.galleryhyundai.com

学古斋 02)720-1524 http://www.hakgojae.com

莲花地

法莲寺 법련사

有名的高僧辈出的地方，是被誉为“僧宝寺刹”的松广寺的首尔分院。从法堂远眺景福宫，如同水墨画一般美丽。佛教专业美术馆“佛日美术馆”和“佛日书店”等都是向大众传经颂道的地方。

02)733-5322 http://www.bubryun.com

北岳山路 북악산길
明成商业中心
谷穗黄了 (P29)
雪木轩 (P28)
公园药店
Dove Quand
龙岫山
(P30) LEEHAUS
(P30) wano
(P28) 素膳斋
(P31) MACK STEAK
(P28) 三清洞疙瘩汤
三清洞居民中心
韩国金
故乡大麦饭 (P29)
(P29)
首尔第二美食店
新村金库
景福宫 (P18)
清受亭 (P28)
友利银行
1km
喝茶的庭院 (P31)
巴西大使馆
冰与来 (P30)
孔理 (P30)
三清派出所
真善图书咖啡屋
(P31) Shurang
Juielle
艺脉画廊
(P28) 北村刀切面
饭屋 (P29)
Flora (P30)
国军首尔地区医院 국군서울지구병원
吃方便面的日子 (P29)
昭格公寓
波兰大使馆
德成女子中学
仁寺洞 (P46~51)

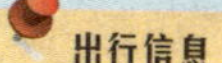

出行信息

乘地铁 3 号线安国站第 1 号出口，徒步 500 米

Ⓖ支线公交 11（循环公交）

育课程评价院
城北洞
성북동
三清公园 (P29)
艺家牛尾汤
500m
监察院
越南大使馆
三清洞邮局
中央中学
修院
中央高中
北村韩屋村
북촌한옥마을
嘉会洞教堂
嘉会洞居民中心
斋洞小学
新韩银行
宪法仲裁处
德成女子高中
现代大厦
友利银行
文女子高中
安国站
안국역

猫头鹰博物馆 부엉이박물관

仅这店名就能引发你的好奇感，该馆专门收藏与猫头鹰有关的美术作品和工艺品。在这里可以边饮茶边欣赏，小而美的展馆会让你感到无比的温暖。

Ⓦ 5,000韩元(包括茶钱) 10:00~19:00

每周一、周二、周三(包括所有的公休日)

02)3210-2902 http://www.owlmuseum.co.kr

北村生活史博物馆 북촌생활사박물관

展馆会让你有种来到老式宗宅的感觉，主要展出自称“北村古玩虫”的收藏家长期收藏的老北村生活用品，让人新奇之余，倍感亲切。从白铜饭盒到陶瓷器，许多收藏品都可以出售。

Ⓦ 成人 5,000韩元，青少年 3,000韩元

3月至10月10:00~19:00，11月至次年2月 10:00~18:00 每周一

02)736-3957 http://www.bomulgun.com

世界饰品博物馆 세계장신구박물관

宝石盒般的外观，吸引人眼球的博物馆。从动物骨头到耀眼的非洲项链，这里展示了许多从世界各地收集来的饰品。在博物馆商店里可以买到老饰品和仿制品。

Ⓦ 成人 5,000韩元，青少年 3,000韩元 11:00~17:00

每周一、周二 02)730-1610 http://www.wjmuseum.com

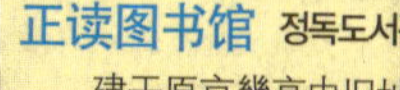

正读图书馆 정독도서관

建于原京畿高中旧址上，有个美丽的庭园，更像是“正读公园”。园内有“宗亲府”，入口处还有首尔教育史料馆。每到春天，樱花烂漫的散步路就成了这里隐藏的宝贝。

正读图书馆

Ⓦ 免费

3月至10月 7:00~23:00，11月至次年2月 8:00~23:00，资料室开放时间另行规定

每月第一周和第三周的周三 02)734-5365 http://www.jeongdok.or.kr

首尔教育史料馆

9:00~18:00(周六、周日 9:00~17:00) 每月第一周和第三周的周三

02)736-2859

Artsonje center 아트선재센터

在这里，可以欣赏到引领潮流、富有青春气息的现代美术作品。举办的各种活动会使观赏更具意味。这里还有咖啡屋、艺术商店，以及具有现代气息的印度料理店等。

Ⓦ 成人 3,000韩元，青少年、儿童 1,500韩元

11:00~19:00(导游讲解时间：平常14:00、16:00，周末12:00、14:00、16:00)

每周一

02)733-8945，02)733-8949(咖啡屋和艺术商店)，02)736-4627~8(印度料理店“月”)

http://www.artsonje.org/asc

08 一起哼唱着老歌 三清洞 II

美丽的三清洞胡同，充满悠闲的艺术气息，到处是传统风格的画廊、雅致的咖啡厅，也记录着历史的痕迹。在这里，大小餐厅美味的菜肴吸引着各地的游客。

把心融化

雪木轩 눈나무집

这里的特色菜有朝鲜式水泡菜面和年糕排骨，水泡菜面是在清凉的汤里放上脆泡菜，年糕排骨是用排骨与条糕一起烤制出来的。你还可以在路对面的2号店享受同样美味的菜肴。

水泡菜面 4,500韩元，年糕排骨 7,000韩元，朝鲜式饺子 5,000韩元

11:00～21:20 02)739–6742

药膳菜品

素膳斋 소선재

韩式套餐店，全部使用天然食材。可能是新式韩屋整洁美观，使得这里的传统美食深受年轻人的喜爱。用塞满蘑菇和肉的豆腐煎出来的豆腐合子和饭后饮用的菊花茶，都是美味食品。

蒲公英套餐 15,000韩元，素膳斋套餐 30,000韩元，附加税另付 11:00～21:00

02)730–7002

总统喜欢的味道

三清洞疙瘩汤 삼청동 수제비

具有30年历史的传统老店。用鳀鱼和海带熬的汤做出来的醒酒刀切面，再配上清爽的泡菜简直就是一绝，连总统都经常来吃这里的刀切面。大块的炸土豆配上马格利酒也是美味无比。

小缸疙瘩汤 6,000韩元，糯米疙瘩汤、炸土豆 7,000韩元 11:30～21:00

02)735–2965

海洋香味的米饭

清受亭 청수정

在这里，可以吃到郁陵岛的红蛤饭。在红蛤饭里拌上用香油和酱油调制的调味酱，吃起来别具风味。套餐里的小菜和汤，味道也是非同一般。

红蛤饭套餐 13,000韩元，红蛤饭便当 6,000韩元，红蛤饭 3,000韩元

11:30～21:00 02)738–8288

享誉全街的面条

北村刀切面 북촌칼국수

这里最出名的是筛骨汤味的刀切面、个大馅多的饺子，以及爽口的泡菜。整洁的装修和齐全的就餐服务能让你更好地享受美食。

筛骨刀切面、大馅饺子 7,000韩元，蘑菇锅子 10,000韩元，豆芽面 7,000韩元

11:00～21:30 02)739–6334

北岳山路
明成商业中心
公园药店
龙岫山
(P30) LEEHAUS
(P30) wano
(P31) MACK STEAK
三清洞居民中心
新村金库
景福宫 (P18)
友利银行
巴西大使馆
水与
(P30
孔理
(P30)
950m
真善图书
咖啡屋
三清派出所
(P31)
Shurang
艺脉画廊
lule
(P3
李陶
(P26)
Artsonje center
(P27)
Flo
国军首尔地区医院
昭格公寓
波兰大使馆
德成女子中
画廊 (P26)
法莲寺 (P26)

出行信息

乘地铁 3 号线安国站第 1 号出口，徒步 500 米

G 支线公交 11（循环公交）

城北洞 성북동

韩国教育课程评价院

艺家牛尾汤

950m

监察院

越南大使馆

猫头鹰博物馆（P27）

三清洞邮局

Dove Quando（P31）

中央中学

韩国金融研修院

北村生活史博物馆（P27）

中央高中

喝茶的庭院（P31）

北村韩屋村

嘉会洞教堂

世界饰品博物馆（P27）

嘉会洞居民中心

正读图书馆 P(27)

斋洞小学

新韩银行

宪法仲裁处

德成女子高中

现代大厦

友利银行

丰文女子高中 풍문여고

安国站 안국역

仁寺洞（P46~51）

三清洞的象征

三清公园 삼청공원

公园的绿色让“水清、林清、人清”的三清洞有了绿意，历经数百年沧桑的松树林，在市中心都能感受到它的旺盛。沿着散步路，走在郁郁葱葱的树林间，可以看到四季变化中的自然景观，这些都是三清公园深受人们喜爱的原因。近期开放的北岳山登山路就始于公园后方，8 公里的登山路可以一览首尔市中心的美景，同时也是首尔城郭和神武门的历史探访之路。

☎ 02)731-0320

将城市融入自然之中

谷穗黄了 배동받이

韩式套餐店，整洁干净的老式韩屋风格。这里的所有菜肴都充分保留了天然食材的味道，对身体非常有益。店内用传统家什营造出来的氛围会让你有种置身小型民俗博物馆的感觉。

各种样式套餐 17,000至75,000韩元，纯香套餐 35,000韩元(特色菜)

11:00~21:30 ☎ 02)777-9696

老味道

故乡大麦饭店 고향보리밥

这里黄铜器皿盛装的大麦饭让人回味无穷。在大麦和黏小米做出的饭里拌上辣椒酱、豆瓣酱和蔬菜，味道一绝。用筛骨做出的泡菜汤也是不容错过的美食。

故乡大麦饭 5,000韩元，生拌花蟹 30,000韩元，绿豆煎饼 8,000韩元

11:30~21:00 ☎ 02)720-9715(总店)，02)736-9716(分店)

味道一绝

首尔第二美食店 서울에서 둘째로 잘하는 집

三清洞有名的粥店，看着店名会让人好奇第一美食店在哪儿。放了栗子和白果的红豆粥和大元宵绝对值得一尝，还有十全大补汤和韩方药茶也是颇具人气。自 1976 年开业至今，手工制作，味道醇美。

红豆粥、十全大补汤 5,000韩元 12:00~22:00

☎ 02)734-5302

奶奶家的饭菜味

饭屋 밥

店名简洁明了，“饭屋”给人一种到了家的久违之感。午餐和晚餐都是精心准备的饭菜，让人垂涎欲滴。

盖饭套餐 8,000韩元，乌冬套餐 7,000韩元，牛肉盖饭、炖泡菜 7,000韩元

午餐：11:30~15:00，晚餐：17:30~21:30

☎ 02)720-7010

吃方便面的日子 라면땡기는 날

不能错过的好地方，最出名的是沙锅面。位于小而破的市场角落里，找起来比较困难，但味道绝对独特。略带姜味的醒酒方便面非常好吃，但最具特色的要数辣汤面了。

辣汤面 3,000韩元，醒酒、奶酪面 2,500韩元

8:00~22:00 ☎ 02)733-3330

09 爱情之花绽放的声音 三清洞Ⅲ

三清洞是最适合恋人约会的地方。一起观赏街道，寻找美食，爱情也会随之绽放。百年老茶和爵士乐下的红酒完美融合，这就是三清洞的独特魅力。

LEEHAUS 리하우스

颇具风格的葡萄酒店，黑色的钢琴和红色的葡萄酒相得益彰，200多种葡萄酒和奶酪块迎接着人们的光临。在品酒师贴心的指导下，可以尽情享受葡萄美酒。在露天阳台欣赏首尔的夜景，品尝着葡萄酒的美味和香气，绝对是种享受。

奶酪块 大35,000韩元，小25,000韩元，葡萄酒 100,000至150,000韩元 15:00～次日1:00

02)730-3009

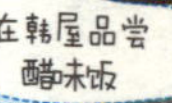

wano 와노

制作清雅纯正的日本正宗料理专营店，传统韩屋的典雅内堂也十分漂亮。会席料理不仅花样繁多，而且都按顺序摆置在漂亮的盘子上，每道料理都按一定的分量配制。

会席料理 A级30,000韩元，B级50,000韩元，C级80,000韩元，特别午餐 A级25,000韩元，B级35,000韩元

11:30～21:30 02)725-7881

水与来 수와래

点餐后才开始烹制菜肴的慢食店，专做通心粉和意大利面，店里刚出炉的蒜蓉面包香一下子就能抓住你的味觉。在你等餐的时候，新鲜食材的鲜香正慢慢融入热乎乎的通心粉。

通心粉、意大利面 12,000至15,000韩元，蒜蓉面包 2,000韩元 11:30～21:30

02)739-2122

真善图书咖啡屋 진선 북 카페

拥有精致淡雅的庭院和3000余册的图书，可以在室外品一杯茶，也可以享受美味和红酒。到了春季，平常下午来的人不多，可以拿起一本心仪的书，独自享受着安静的时光。

菲力牛排 30,000韩元，海鲜意大利面 12,000韩元，牛肉青菜炒饭 10,000韩元，各类茶 5,000至8,000韩元

11:00～23:00 02)723-5977

孔理 공리

光看这欧洲修道院式的建筑外观，很难将其称为"中国饭馆"，但里面准备的菜肴却是炸酱面、糖醋肉等中国菜品。此店厨师长推荐的特色菜是港式里脊。

炸酱面 6,000韩元，港式里脊 38,000至57,000韩元，海鲜盖饭 15,000韩元，附加税另付

午餐：12:00～15:30，晚餐：18:00～22:00 02)725-1968

Flora 플로라

正如店名的意思一样，花在这家意大利饭店里成了主角。此店的老板曾在世界料理大赛上得过奖，经他手制作出来的菜肴就会成为饭桌上的"花朵"。餐厅内外装饰的花，以及厨师长特制比萨上形形色色的食用花使该店极具品位。上主菜之前，面包和黑芝麻冰激凌是必不可少的。

厨师长特制比萨 17,500韩元，各种通心粉 15,500至25,000韩元，午餐菜 29,500韩元

午餐：11:30～15:00，晚餐：17:30～21:30 02)720-7009

出行信息

乘地铁 3 号线安国站第 1 号出口，徒步 500 米

Ⓖ支线公交 11（循环公交）

无论何时何地

Dove Quando 도베콴도

这是家非常神秘的餐厅，就像来到了小而神秘的葡萄酒仓库，店名是意大利语“何时，何地”的意思。在店里可以很放松地享用葡萄酒和通心粉，当然要根据当时的氛围和口袋里的钱来选择葡萄酒。

各类通心粉 15,000至20,000韩元　12:00～次日1:00　02)736-7320

肉质绵软

MACK STEAK 맥 스테이크

相比传统做法，“喜爱”牛排的店老板更偏爱于烹饪便利、美味的牛排。主菜选用上好的牛排，配菜包括汤、沙拉、蒜蓉面包和甜点，其味道一点也不亚于高级酒店。店老板推荐的特色菜是奶酪菜肴。

蒜味奶油菲力牛排 38,000韩元，蜗牛菲力牛排 49,000韩元，番茄海鲜意大利面 14,500韩元

11:00～22:00　02)733-3535

传承百年的香味

喝茶的庭院 차 마시는 뜰

精心装修的百年韩屋，连庭院里的每一块小石头都是仔细挑选的。用坛子里的好水煮出来的茶都带着浓香。点一份南瓜蒸糕吧，点餐的时候，你就会被小笼屉里散发出来的蒸糕香味所征服。

百花茶、荷叶茶、蔷薇花茶 7,000至10,000韩元，南瓜米酒 8,000韩元，南瓜蒸糕 6,000韩元

11:00～22:00　02)722-7006

举世无双

luielle 루이엘

专业帽子设计师制作个性帽子的地方，每件手工制品都蕴涵着设计师的设计理念。还可以为特殊的日子定制帽子。

02)720-0309

鞋子装饰的咖啡屋

Shurang 슈랑

你可以在店里的吧台上喝着饮料，设计鞋款。100% 纯手工制作的女款鞋深受讲求个性的女性喜爱。

12:00～22:30

02)720-0319

滋润市中心的生命之水

第一位

清溪川 | 청계천

2005年，首尔拆除高架道路，开挖河道，使绕城清水回到市民身边。原先汉阳地区的生活废水通过净化池排放到汉江里，现在净化池被改造成清溪环绕的大型市民公园，长约5.8公里，成为新首尔的象征。以前，每到入夏，洪水泛滥的季节，清溪川里的大量污水和垃圾就严重威胁城市的环境和卫生，自1978年至今，经过数次的填埋工程，终于将污水和垃圾覆盖了起来。此外，为了缓解市中心持续增长的交通压力，在填埋地上方新建了清溪高架路，这也成为20世纪七八十年代韩国经济发展的象征。进入21世纪，清溪川的地下空间逐步萎缩，为此，首尔市通过拆除清溪高架道路和整治填埋地等一系列工程的实施，将清溪川改造成了阳光普照、轻风拂面、清水流淌的河川。清溪川是首尔重视民众生活质量和环境的形象代表，沿着水路，横贯市中心。从东至西，22座形态各异的大桥方便了人们的出行；从南至北，新的文化故事正在不停地传诵。

清溪川的大桥

从太平路清溪广场到连接中浪川的杨柳湿地，共架设了22座桥梁，有旧桥复原的广通桥和毛廛桥，有形态轻盈的清溪桥和杨柳桥等，都各具特色，与周边环境完美融合。特别是在清溪川桥梁中最高的广通桥，原先是皇帝御驾和大臣们通行的桥梁，此桥在修复后迁移到了现在的位置。

清溪川的象征——清溪广场

清溪广场是清溪川的起点，小水柱从巨大的螺锥造型物上喷射而出，流向第一座桥毛廛桥。清溪广场的象征物名为《Spring》，高20米，重9吨，是由瑞典出生的雕刻家Claes Thure Oldenburg制作完成的。圣诞节前后一个月时间里，清溪广场上将安装数十万个灯泡，上演《光之庆典Lucevista》，这绝对是首尔一道亮丽的风景线。

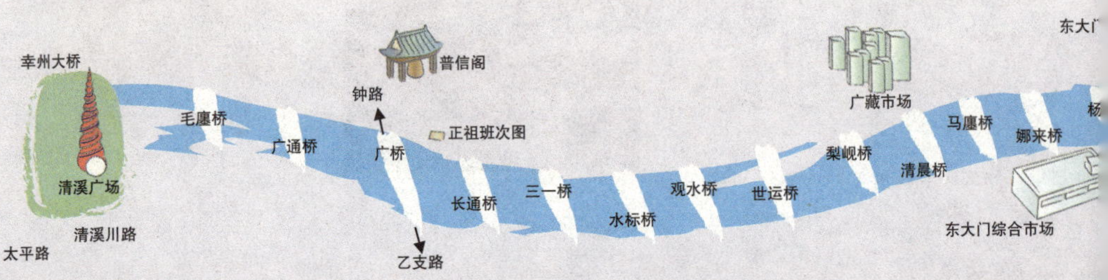

清溪川的造型物

在连接清溪2街和贯铁洞的长通桥下，有个长达192米的《正祖班次图》。该图采用陶瓷壁画形式再现了当年正祖皇帝的华城之行。在东大门运动场周边，有许多造型物，如五间水桥和庇雨堂桥下的分水管道，象征现代化的清溪高架路未拆除的三根桥墩等，绝对让你在清溪川漫步时不会觉得无聊。

清溪川文化馆

展馆里记载着清溪川过去的模样和历史，描绘着现在的全新形象，展望着未来的美好蓝图。以美景为背景，制作合成照片的“去色嵌入”设施是这里非常有趣的地方。

3月至10月 9:00~22:00，11月至次年2月 9:00~21:00 休 每周一 ☎ 02)2286-3410

http://www.cgcm.go.kr

描绘自然的土地

第二位 首尔森林 | 서울 숲

位于原纛岛赛马场和附近占地约115.5万平方米的广阔空间内，是由首尔市和“相信绿色”运动共同筹资建设的一座生态市民公园，其中包括以绿色草坪为背景展开的文化艺术公园和昆虫植物园，用藤蔓装饰的体验学习园，观察湿地生物的湿地生态园，通过步行瞭望台观赏獐子、梅花鹿等野生动物的生态森林，以及以汉江防护堤连接的海上公园等五个主题区域。众多市民的参与建设，使首尔森林更贴近人们的生活。在公园里，可以与家人一起分享美食，骑车环游，这样的惬意足可与纽约中央公园相媲美。

24小时；夏季 7:00~20:00，冬季 8:00~18:00(生态森林区域)；9:00~21:00(自行车出租时间)

☎ 02)460-2905

http://www.parks.seoul.go.kr/seoulforest

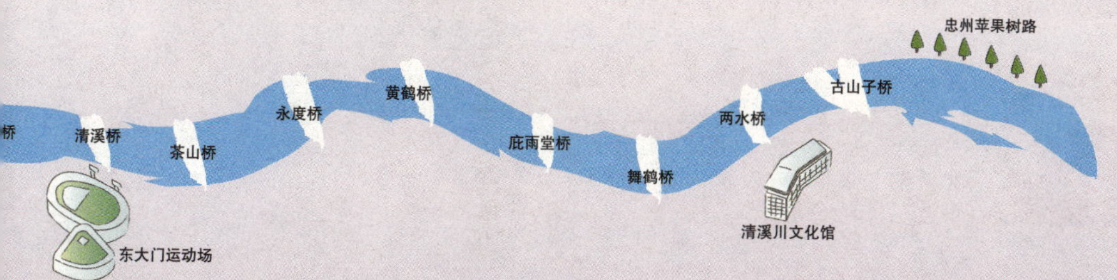

10 古时庭院的故事 城北洞

悠闲、典雅的城北洞代表着首尔后花园的形象。沿着汉阳的城郭，跟随着文人和思想家的足迹，就能感受到城北洞渗透出来的老味道。

清新而又香气四溢

吉祥寺 길상사

位于城北洞的丘陵之上，一座清新而又香气四溢的寺庙，前身为大苑阁，是京城里最有名的歌舞伎聚集的地方。歌舞伎居住的另一幢房子现已成为参禅的“禅房”，是悟道的地方。寺中的观音菩萨像反映了吉祥寺包容世间万物的主旨。

☎ 02)3672–5945~6 🌐 http://www.kilsangsa.or.kr

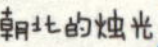

寻牛庄 심우장

小说《你的沉默》的作者，著名僧人韩龙云（笔名万海）圆寂的地方。庄门不朝向南面的朝鲜总督府，而是朝向北面的百姓居住地，龙云先生用其为国家独立而献身的伟大精神守护着四方。

正宗的清淡味

城北洞馆 성북동집

刀切饺子面就是在骨汤刀切面里放上两个饺子，可以一次品尝两种风味，不添加任何调料，在清淡的汤里可以吃出刀切面和饺子本身的味道。泡菜绝对是刀切面和年糕的最佳伴侣。

刀切面、饺子(肉馅、泡菜馅)、刀切饺子面、饺子汤 7,000韩元

🕒 11:00~20:30

每月第一周、第三周的周一 ☎ 02)747–6234

首尔的细腻

有情 유정

可以在店里快乐地享受美食。套餐里的菜品多达20种，这并不是为了追求花样，而是每一道菜都蕴涵着独特的风味。各种蔬菜、肉类和凉皮拌在一起的首尔拌饭绝对不要错过。

套餐 8,000韩元，特别套餐 15,000韩元，拌饭 4,000韩元，烤肉 10,000韩元，冻明太鱼汤 5,000韩元

🕒 10:00~22:00 ☎ 02)743–6201

金王猪排店 금왕돈까스

20多年来，老板亲自下厨，制作美味的佳肴。用敲打得又薄又细的猪肉做出与众不同的韩式猪排，再配上清脆的萝卜，味道简直太美了。

里脊猪排 7,500韩元，猪排 6,500韩元，鱼排 7,000韩元，金王套餐 7,500韩元

🕒 9:30~22:00 ☎ 02)763–9366

出行信息

乘地铁4号线首尔大学入口站第6号出口，前方50米乘坐公交

G支线公交1111, 2112

G支线公交01（循环公交）

崔淳雨故居 최순우 옛집

崔淳雨先生生前曾任韩国国立中央博物馆馆长，毕生致力于发掘韩国的文化瑰宝。这里是崔先生的故居，2002年，在韩国国民信托基金和市民的大力支持下，被批准为文化遗产。

免费 4月1日至11月30日（冬季闭馆）每周二至周六 10:00~16:00

02)3675-3401 http://www.nt-heritage.org/choisunu/

寿砚山房 수연산방

传统茶屋，原是韩国著名现代文学作家李泰俊先生写作的地方。这座处处留下古代文人印迹的宅院，里面精心泡制的传统茶与外面的美食街相得益彰。"松茶"是这里的特色茶品。

松茶、普洱茶、生姜茶 6,500至10,000韩元，南瓜冰水 11,500韩元，陈年覆盆子葡萄酒 28,000韩元

12:00~22:30 02)764-1736

饱含文学的茶

涧松美术馆 간송미술관

保管全鎣弼（号涧松）先生毕生收藏的地方，虽位于首尔中心区域，但非常的安静。涧松先生的收藏品以古字画为主，大部分藏品都是国宝级珍品。此馆没有常设展厅，只在春秋定期展示会期间开放。

02)762-0442

城北洞猪排骨店 성북동 돼지갈비집

一人份的托盘里放着猪肉、生菜和蛤汤，味道鲜美无比。用炭火烤制的猪肉让人垂涎三尺，蛤酱和凉拌蒜等小菜味香醇正，35年来一直秉承着老味道。

猪排骨 7,000韩元，烤肉饭 6,000韩元 9:00~21:30

每月第一周、第三周的周日 02)764-2420

环抱首尔的石墙

首尔城郭 서울성곽

朝鲜王朝太祖皇帝迁都汉阳之后，为了保持京城的原貌，首先修建了汉阳城郭。连接北岳山、仁王山、南山、骆山的城郭总长18公里，在日本侵略时期，受到了严重损坏，直到1975年后，才逐渐恢复了原貌。

朝鲜最高的教育机构

成均馆 성균관

1398年修建，是当时朝鲜最高的国学教育机构，同时也是祭拜中国和朝鲜儒教圣人的祠堂，由祭祀机关大成殿和教育机关明伦堂构成，集体宿舍（西斋）和尊经阁等建筑均完整地保留了下来。

02)760-1472 http://www.skkok.com

伊朗的辣味

Persian Palace

페르시안 궁전

这里的伊朗老板经常亲自下厨制作美味的料理。咖喱料理可以选择从1级至10级的辣度。点餐前，5级以上的辣味必须要事先商定，其辣味绝对超乎想象。加了咖喱后，米粉糕就跟锅巴一样别具风味。

羊肉咖喱 10,000韩元，Persian套餐(2人份) 23,000韩元，米粉糕(2人份) 9,500韩元，Persian传统酒1杯 3,000韩元、1瓶 19,000韩元

12:00~22:00

02)763-6050

派出所

奥林匹克纪念国民生活馆

区民生活馆

惠化小学

乐天利

汉城大学入口站

11 七牌市场旧址 西小门

位于西小门周边的七牌市场是代表性的首尔水产市场。这里人山人海，虽然以前的模样已不复存在，但记忆中的胡同却吸引着人们。这里可以参观韩国银行博物馆，西小门公园周边古城郭也颇有味道。

泡菜汤的代表

庄户牛肠 장호왕곱창

相比菜单牌上的牛肠，这里的泡菜汤是有名的招牌菜。每到吃饭时间，这里就会排起长队，特别是将新鲜的猪肉与泡菜熟的泡菜放在一起，煮出来的味道堪称一绝。把煮熟的牛杂切碎，包着泡熟的泡菜，绝对是不能错过的美味。

泡菜汤 6,000韩元，凉拌牛杂 7,000韩元，羊杂 15,000韩元
午餐:11:30~14:00，晚餐:18:00~21:00
每周日 02)756-5070

大同江的味道

江西面馆 강서면옥

这里的平壤式冷面是50年不变的美味。虽然以前破旧的砖瓦房变成了如今高档的建筑，但味道依旧醇正，历任总统都在此喝过肉汤。这里的午餐精选包括平壤式冷面和正宗的北方豆豉组合，以及盖饭和冷面组合。

水冷面 8,500韩元，豆豉 8,000韩元，午餐精选(盖饭+冷面) 11,000韩元
10:30~22:00 02)752-1945 /02) 753-0121

湖岩艺术厅 호암아트홀

虽然只是容纳600人的中级演出场馆，但舞台、音响、照明设施等均配备了最先进的器材，为欣赏高水平演出提供了最好的硬件保障。从古典音乐到爵士乐和歌曲，各种类型的演出在舞台上轮番上演。

文化场所

02)751-9606~10 http://www.hoamarthall.org

七牌市场旧址标志，西小门公园 칠패 시장터 표지，서소문 공원

西小门外的七牌市场是汉阳地区三大市场之一，通过麻浦港进来的水产品都集中在这里。小型标志碑和太平路邮局旁遗留下来的城郭仿佛在讲述着古老的传说。在西小门公园里，朝鲜辛酉事件刑场所在地修建了宪阳塔，以缅怀当年殉教的天主教徒们。

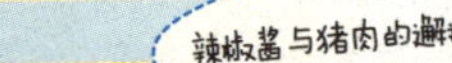

Stamina 스테미너

北仓洞胡同里，历史最为悠久的辣椒酱料烧烤店。将抹了辣椒酱料的猪里脊放在炭火上烤制，其味甜辣，非常好吃，再喝上一杯就更美了。

辣椒酱料烧烤 8,000韩元，烤鳗鱼 11,000韩元，烤牛心 8,000韩元
11:00~次日1:00 02)753-2998

清爽的肉汤

大豚屋 대복집

在这里可以享用有45年河豚料理制作经验的专家烹制的美食。相比辣味汤，豚鱼清汤更值得推荐。精心烹制的豚鱼清汤透着清爽，散发着清香，让人垂涎三尺。

豚鱼辣味汤、清汤 20,000韩元，豚鱼料理 70,000韩元，豚鱼片 80,000韩元，豚骨 20,000韩元
10:00~24:00 02)755-0189

出行信息

乘地铁 1 号线或 2 号线市厅站第 6、7 号出口

Ⓡ广域公交 9701，9205，9702

Ⓑ干线公交 143，151，163，201，500，501，506，701

Ⓖ支线公交 0015，7017，7021

现代刀切面 현대칼국수

内心舒畅

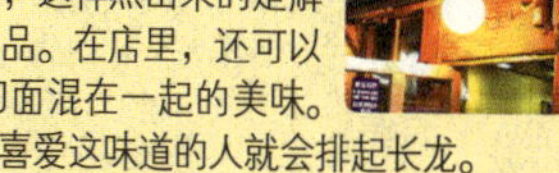

将明太鱼头和海带、虾、蛤等放一起熬上一整天，这样熬出来的是解除烦恼的最佳汤品。在店里，还可以享用饺子和刀切面混在一起的美味。每到吃饭时间，喜爱这味道的人就会排起长龙。

刀切面 5,000韩元，混合刀切面 5,500韩元，饺子 2,500韩元

9:00~21:00 每周日 02)752-9504

长安参鸡汤 장안삼계탕

吸引着日本

在日本非常有名的饭店。据说许多日本人来韩国就是为了吃这里的参鸡汤。与其他地方相比，更为细嫩的鸡肉和清淡的汤味使其成为最好的参鸡汤店。每到吃饭时间，上班族和外国游客就会挤满这里的三层餐厅。

长安参鸡汤 12,000韩元，鲍鱼参鸡汤 19,000韩元

9:00~22:00 02)753-5834

全州中央会馆 전주중앙회관

石锅的美味

最出名的就是用耐热保温的“滑石锅”热出来的拌饭。在锅里放入 20 余种食材，拌出来的味道让许多外国友人都交口称赞。炭火烤制的猪排和烤肉，内含了传承三代近 40 年的美味秘诀。

石锅营养拌饭 8,000韩元，石锅肉片拌饭 12,000韩元，青菜烤肉 26,000韩元

8:30~22:30 02)776-3525

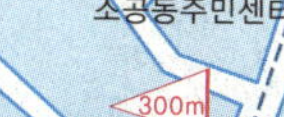

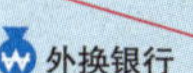

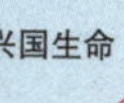

市厅周边 (P20)

南大门市场 (P72~75)

全州刘奶奶拌饭 전주유할머니비빔밥

豆芽的原味

传承了 43 年的全州式豆芽拌饭和汤饭馆，老主顾钟爱的地方。在豆芽和虾酱熬制出的肉汤里放入米饭和泡菜，再配上调料一起煮，这样做出来的豆芽汤饭绝对是醒酒佳品。混合了 15 种绿色食材和辣椒酱的拌饭也是不容错过的美味。

豆芽拌饭 7,000韩元，豆芽醒酒汤 5,000韩元，烤五花肉 8,000韩元，烤胸口肉 9,000韩元

7:30~22:00 02)752-9282

货币金融博物馆

韩国银行博物馆 한국은행

位于有百年历史的韩国银行总部一楼。在古朴的建筑物内展出了国内外 5,000 余种货币，以及包含货币制作过程的展品。在此，可以学习银行各类业务，也可以在深受孩子们喜爱的金库模型和货币体验学习室等场所参观学习。此外，还能在韩银画廊观赏到韩国银行美术收藏品。

免费 10:00~17:00；11:00、15:00（展示说明2次）

每周一 02)759-4881~2 http://www.museum.bok.or.kr

马山屋 마산집

北仓洞的汤饭

40 年传承的老店，这家的牛肉汤饭是北仓洞最有名的，牛肉汤饭是用骨汤和各种蔬菜一起熬煮而成。此外，还有牡蛎、蘑菇、辣椒、南瓜和明太鱼等各类什锦煎饼，绝对是最好的下酒菜。

牛肉汤饭 6,000韩元，鳅鱼汤 7,000韩元，什锦煎饼 15,000韩元

11:30~22:00 每周日 02)752-2415

12 随风飘舞的钟声
钟阁街 I

钟阁街的普信阁是敲响首尔新年钟声的地方。流淌的钟声叙说着历史，历经岁月磨砺的老店娓娓讲述它们的故事。让我们跟着风的足迹去看看这些记忆中的老街吧。

有宴席的院子

乡村屋 시골집

在古朴的韩式院子里，支着一口大锅，里面煮着汤饭，每间屋子都坐满了客人，典型的乡村宴席场面。从小菜到韩式酱汤，所有的食材都是自制的，这就是安东传统料理的特点。牛血汤饭和铁板烤肉是最好的下酒菜。

乡村汤饭 6,000韩元，下酒酱汤 5,000韩元，铁板烤肉 15,000韩元，肉片 20,000韩元

11:00～22:00 02)734-0525

里门牛杂汤 이문설농탕

这是家专做牛杂汤的百年老店，牛杂汤是首尔的代表饮食。在别处很难看到这种情景：木屋里支着铁锅，里面熬制的牛腩和筛骨散发着浓香。放了牛舌和牛头肉的里门牛杂汤味道非常厚重，深受人们的喜爱。

牛杂汤 精品6,500韩元、普通5,500韩元，牛软骨汤 10,000韩元，卤肉、牛头肉 20,000韩元

8:00～21:30 02)733-6526

这是甜糕的味

钟路福糕坊 종로福떡방

早已失传的钟路书籍里曾提到，最好的约会线路就是在买书途中，到钟路福糕坊喝杯茶，吃块打糕。如今，筋道的打糕仍然是人们的至爱。绿茶和豆沙糕是最佳组合，缺一不可。

福糕、豆沙糕 500至1,000韩元，粥 2,000至5,000韩元，茶 2,000至4,000韩元

8:00～22:00 02)734-4666

普信阁 보신각

汉阳中心的象征，当时普信阁钟声是汉阳四座城门开关的依据。如今，每年新年都能听到敲响的33下钟声。1985年，为保护普信阁大钟，便将其收藏于国立中央博物馆中，自此之后，"首尔大钟"代替了它的作用。

老式炸酱面的味

万宝城 만보성

在俗称"每周都有店铺关门"的钟路，这家正宗中国餐馆却屹立10余年而不倒。店里最具人气的菜是清淡的老式炸酱面，包裹着橘黄色酱汁的糖醋肉也深受人们的青睐。

老式炸酱面 4,000韩元，辣汤面 4,500韩元，糖醋肉 15,000韩元，锅巴汤 50,000韩元

11:00～22:00 02)730-8944～5

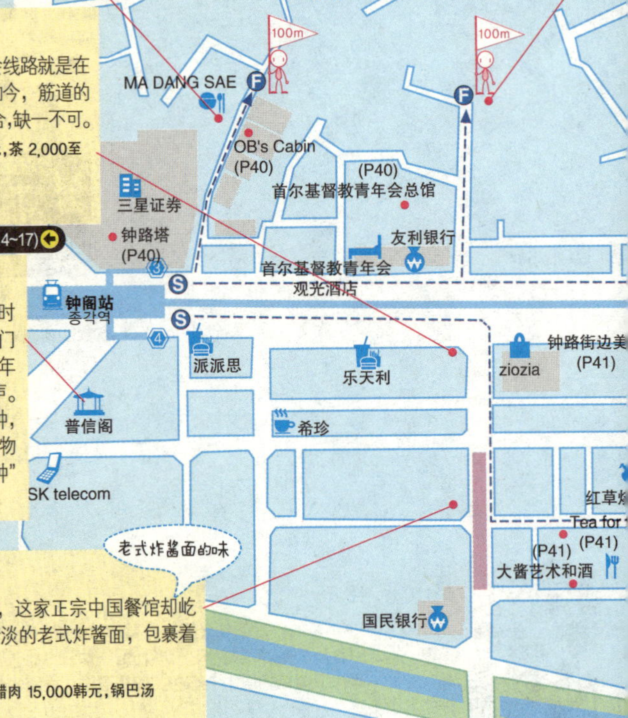

出行信息

乘地铁1号线钟阁站第3、4号出口

Ⓡ广域公交 1000，9205，9301

Ⓑ干线公交 100，143，150，160，201，250，270

Ⓖ支线公交 0212，7018，7022

安康鱼汤的鼻祖

南原饭馆 남원식당

安康胡同里的料理店基本上都只有六七年的历史，而这家店却是这条胡同里的鼻祖店。为什么安康鱼料理店都用“马山”这个地名，而这家“马山”安康鱼店却用“南原”这个地名，这些我们都无从知晓，但这家店用野生安康制作的炖安康和安康鱼汤味道真的很棒。

炖安康、安康鱼汤、炖海鲜、海鲜汤、花蟹汤都是统一价，特大份 50,000韩元，大份45,000韩元，中份40,000韩元，小份30,000韩元

10:00~23:00 02)743-0334

千元的幸福

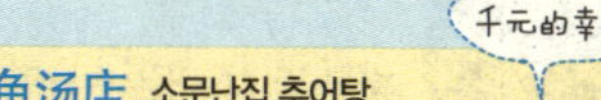

有名的鳅鱼汤店 소문난집 추어탕

这是家有着50年历史的鳅鱼汤老店，可店里的菜单牌上却没写鳅鱼汤，一直只写着干菜汤这一道菜，价格为2,000韩元。如果你认为便宜无好货的话，那你就大错特错了。尽管店里的桌子是旧的，小菜也只有一种，但在牛骨和干菜熬制的汤里泡上一碗米饭，这种清爽的味道真是美极了。

干菜醒酒汤 2,000韩元 4:30~22:00 02)742-1633

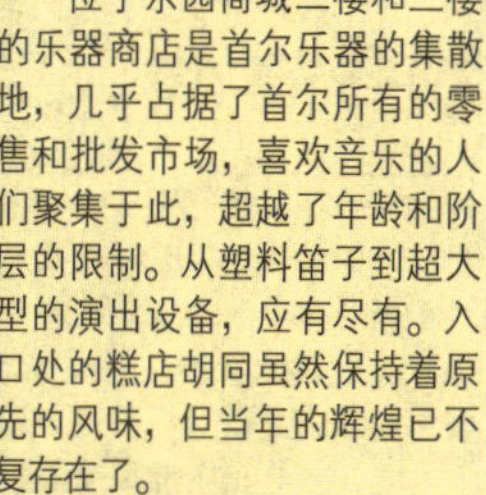

乐器商店，糕店胡同

악기상가，떡집골목

位于乐园商城二楼和三楼的乐器商店是首尔乐器的集散地，几乎占据了首尔所有的零售和批发市场，喜欢音乐的人们聚集于此，超越了年龄和阶层的限制。从塑料笛子到超大型的演出设备，应有尽有。入口处的糕店胡同虽然保持着原先的风味，但当年的辉煌已不复存在了。

02)742-4020

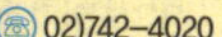

http://www.enakwon.com

万岁运动现场

塔洞公园 탑골공원

韩国最早的公园，又被称为“宝塔公园”。1897年，在朝鲜时代圆觉寺的基础上修建起来的。“三一”运动期间，这里的八角亭是《独立宣言》发表的地方，周边有民族代表孙秉熙先生铜像、独岛警备队洪淳七先生铜像及“三一”运动纪念碑，这里是为民族独立、主权恢复而不懈斗争的先辈英灵长眠的地方，如圣地一般纯洁神圣。

圆觉寺10层石塔是用大理石修砌而成，外面有一层玻璃防护罩，是韩国国宝第2号。石塔以其独特的造型和华丽的外部装饰而成为朝鲜初期古迹中的杰作。

9:00~18:00 02)731-0534

庆北屋 경북집

午餐有物美价廉的铜盆拌饭，晚餐有香气怡人的豆腐肉饼和什锦煎饼，这些都是人们常点的佳肴。铜盆拌饭里有豆芽、蕨菜、泡菜和鸡蛋等，再配上大号的勺子，吃起来特别有感觉，但必须两人以上才让点这道菜。饭店门口摆着平底锅，刚煎出来的豆腐肉饼绝对能勾起你的食欲。

铜盆拌饭 3,000韩元(2人以上)，豆腐肉饼 大份10,000韩元、小份6,000韩元，葱油饼 8,000韩元

24小时 02)2275-8177

喝着马格利酒 吃着豆腐肉饼

拌着吃的大酱汤

沙锅店 뚝배기집

大铜盆里放着豆芽、萝卜丝和米饭，再往里加点辣椒酱和大酱汤，这样的拌饭能让你感到绵软爽口。火炉上煮着的辣味豆花和大酱汤是这家店的另一种魅力，味道使人无法忘怀。

浓大酱汤、泡菜汤 4,500韩元，大酱汤、豆花汤 4,000韩元 8:00~21:00 02)2265-5744

700m

安国洞 안국동

辉盛阁

乐园商城

首尔艺术剧场 (P41)

国民银行

南仁寺游乐场 남인사마당

钟路派出所

居民中心

刚制鞋

宗庙周边 (P42)

钟路2街环岛

乙支路2街

600m

YBMSisa大厦

汉堡王

avacity

Themselves咖啡屋 (P41)

治安中心

Outback

溪川

索引地图

1
4
钟阁站
12、13
15、16、17
14
钟路3街站

13 热情的青春之歌 钟阁街 II

历史上，钟路就林立着许多壮观的高层建筑，自古至今这里都是人头攒动，叫卖声不绝于耳。这里是首尔名副其实的中心地，有小店、花店、小吃摊、皮鞋修理处等，充满生活气息和青春活力。

首尔基督教青年会总馆 서울 YMCA 본관

创立于 1903 年，是韩国历史最为悠久的民间市民团体。在日本侵略时期，是社会改革运动的先驱，也是“二八”独立运动的发源地。

02)730-9391 http://www.ymca.or.kr

OB's Cabin 오비스 캐빈

20 世纪 70 年代，明洞诞生了许多吉他明星，OB's Cabin 就是其中一位。虽然他已经离开人世了，但他的名字和记忆中的场景还一直长存在这里。

这家生啤店是用原木建造而成的，屋内摆满了花草和古董，散发着清新典雅的气息。

这里每天 21:00 开始举行现场演出，钢琴和吉他协奏出的美妙音乐能把你带入美好的回忆中。

鱿鱼拌面、豆腐泡菜、熏猪蹄 15,000韩元 12:00～次日1:00

02)732-1944

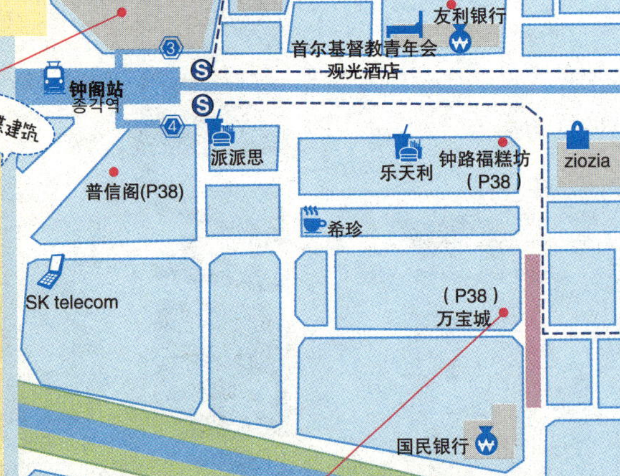

钟路塔 종로타워

钟路塔以其独特的飞碟造型而成为首尔的名胜。新罗饭店旗下的“TOP CLOUD”自助餐厅和酒吧就位于该塔的第 33 层，这里的卫生间是出了名的漂亮，独特的内部装修让人有种飘在空中的感觉。地下还有购物中心和“bandinlunis”大型书店。

9:00～22:00 02)2230-3000

02)2198-3000(bandinlunis)

http://www.shilla.net/outside/kr/restaurant (TOP CLOUD)

光化门 (P14～17)

济州 olle 제주 올레

济州 olle 位于清溪川的正前方，专做筋道爽滑的日本方便面。

大酱方便面 5,500韩元，酱油方便面 5,500韩元

安国洞
南原饭馆 (P39)
有名的鳅鱼汤店 (P39)
辉盛阁
乐园商城
(P39) 乐器商城，糕店胡同
600m
国民银行
南仁寺游乐场
인사놀이마당
李朝米肠王
钟路派出所
居民中心
塔洞公园 (P39)
金刚制鞋
钟路2街环岛
YBMSisa大厦
500m
宗庙周边 (P42)
汉堡王
Javacity
沙锅店 (P39)
庆北屋(P39)
钟路2街
治安中心
Outback

出行信息

乘地铁 1 号线钟阁站第 3、4 号出口
Ⓡ广域公交 1000，9205，9301
Ⓑ干线公交 100，143，150，160，201，250，270
Ⓖ支线公交 0212，7018，7022

电影天堂

首尔艺术剧场 서울아트시네마

老式好莱坞剧场风格的艺术电影专用馆。据说，其他的艺术电影专用馆都是只能容纳 100 人的小剧场，而这里却有两个分别容纳 300 人和 500 人的场馆，连电视画面大小的好莱坞经典老电影都能用超大画面的方式放映，艺术电影就更不在话下了。站在乐园商城的屋顶还能欣赏钟路的美丽夜景。

02)741-9782 http://www.cinematheque.seoul.kr

街边名胜

钟路街边美食 종로 거리음식

不了解钟路街的人，当听到“金德顺”这三个字的时候，肯定会想这是个多么俗气的人名。其实，这是泡菜饼、炒年糕和猪血肠三种食品套装出售时的简称，也是路边摊老主顾的叫法，如今成了钟路街的一种象征性文化。这三种食品，单点的话每样需要 2,000 韩元，如果点套装的话，只需半价 3,000 韩元即可。

音乐与一杯茶

Tea for two 티포투

如果是一对恋人去逛钟路的话，推荐你们一定要去这家店。从地下一层到三层，摆满了茶和与茶有关的收藏品，把屋子装扮得像宝石一样光彩照人。最初店名叫“Banjul”，30 年来，茶一直是这家店的灵魂。这家店的老板是学音乐的，在他的精心打理下，漂亮的屋子、各种各样的茶、美味的糕点，以及夜晚竖琴流动的美妙音符把这里变成了一幅赏心悦目的作品。

各类红茶、药草茶、糕点、曲奇 4,000至8,000韩元 11:00～23:00
02)735-5437

Themselves 咖啡屋 카페 뎀셀브스

深受人们喜爱的咖啡屋，周边外语学院的学生昵称它为“咖戴姆”。这里有香甜的百吉饼，美味的咖啡和浓纯的巧克力，价格却比咖啡专卖店更为实惠。二楼和三楼有齐备的网络设施，经常坐满了带着笔记本电脑上网的年轻人。

咖啡、饮料 2,500至5,500韩元，奶酪百吉饼、拿铁咖啡 5,200韩元
8:00～23:00(周六10:30～23:00) 02)2266-5947

大酱艺术和酒文化 된장예술과 술

钟路虽然是美食天堂，但传统饮食店却没有几个，这家大酱拌饭店就是其中之一。在大麦饭里放上切碎的韭菜和生菜，再加点清爽的大酱，这样拌出来的味道会让你爱不释手。晚饭的时候，吃着香喷喷的烤明太鱼和绿豆煎饼，再喝上一杯马格利酒，这种感觉会让你久久回味。特色菜还有酱油蟹味饭。

大酱拌饭 6,000韩元，酱油蟹味饭、烤明太鱼 15,000韩元，绿豆煎饼 10,000韩元 11:00～23:00
02)733-4516

14 融化在阳光下的浓情
宗庙周边

沐浴在阳光下的宗庙周边充满了朝鲜王朝的历史感。在市场胡同里，到处都能听到老人们讲述的故事，到处都能看到几代传承的老店。百年历史的老剧场在先进设备的装扮下焕然一新，无声电影讲解员那婉转的声音也融入其中。

宗庙 종묘（宗廟）

供奉朝鲜历代君王和王妃神位，以及举行祭祀的地方，显示着皇权的威严。在朝鲜王朝的历史上，宗庙历经数次扩建，于 1995 年被列入《世界文化遗产名录》，从中也体现出了它的意味和价值。在正殿和永宁殿周围环绕着斋宫、香大厅和典祀厅等建筑，正门苍叶门前是宗庙市民广场，掩映在绿色树木之中，如同首尔老年人的厢房。

Ⓦ 成人 1,000韩元，青少年 500韩元 🕒 3月至10月 9:00～18:00 (17:00前售票，周末延长1小时)；11月至次年2月 9:00～17:30(16:30前售票)

休 每周二 ☎ 02)765-0195 🌐 http://www.jm.cha.go.kr

正殿、永宁殿 정전，영녕전（正殿，永寧殿）

宗庙的中心建筑，是世界上最长的单一木质建筑，随着君王神位的不断增加，已扩建至 35 间。其简约之美最大限度地体现了祠堂的严肃性。正殿前方是功臣堂，里面供奉着朝鲜历代共 83 名功臣，他们的英灵一直与君王同在。正殿旁边是永宁殿，里面也供奉着历代君王的神位。

每年 5 月的第一个周日，这里都会举行宗庙祭礼，2001 年，宗庙祭礼和宗庙祭礼乐一起被联合国教科文组织指定为“无形文化遗产杰作”。

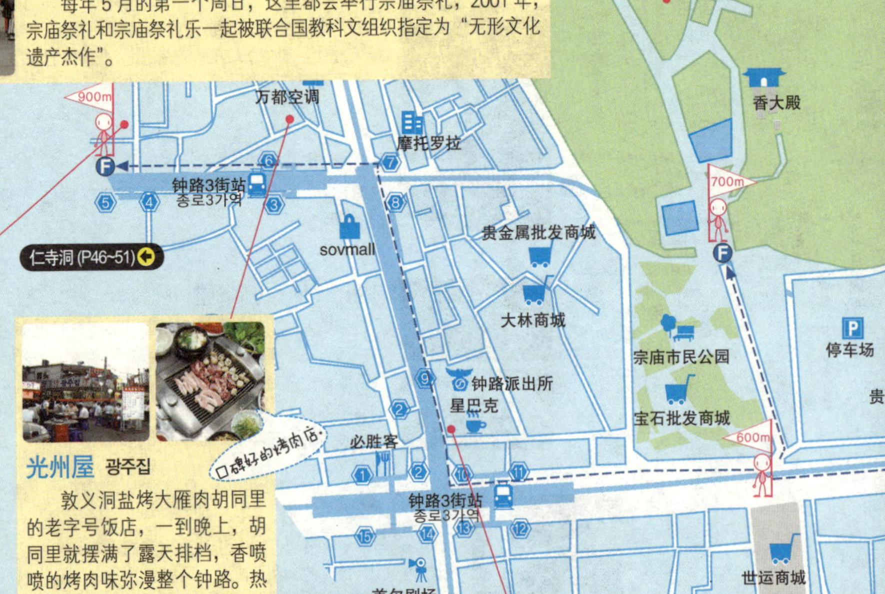

赞扬刀切面 찬양칼국수

以其无与伦比的味道、分量和价格闻名于钟路后街。在刀切面店铺前排队的人们，也是这里的一道风景。在满含蛤蜊、柄海鞘、虾、牡蛎和凤尾鱼等新鲜食材的肉汤里，放上满满一碗拉面，吃的时候，再加点紫菜粉和作料酱，那真是极品美味。

刀切面 4,000韩元

🕒 11:00～20:00

休 每周日 ☎ 02)743-1384

口感好的烤肉店

光州屋 광주집

敦义洞盐烤大雁肉胡同里的老字号饭店，一到晚上，胡同里就摆满了露天排档，香喷喷的烤肉味弥漫整个钟路。热闹的就餐环境，和着小菜里豆芽汤和豆瓣酱的香气，使炉火上烤制的脖颈肉、五花肉和大雁肉的味道更加香浓。

大雁肉、后颈肉、五花肉 10,000韩元，脖颈肉 9,000韩元，肋间肉、牛五花肉、生里脊 12,000韩元

🕒 15:00～次日2:00

☎ 02)764-3574

阿里郎的故乡

团成社 단성사

修建于 1907 年，韩国最早的现代化影剧院，一直伴随着韩国电影的成长。1926 年上映了罗云奎导演的《阿里郎》等韩国电影。2005 年，被改造成综合影城，拥有 10 个电影放映厅和最先进的设备。1919 年 10 月 27 日，在团成社上映了韩国电影的开山之作《义理的仇讨》，因此，韩国将 10 月 27 日定为“电影日”。

☎ 02)766-4848 🌐 http://www.dansungsa.com

出行信息

乘地铁1号线、3号线和5号线钟路3街站第10、11号出口，乘地铁1号线钟路5街站第8号出口

Ⓡ广域公交 1000, 9205, 9301

Ⓑ干线公交 100, 143, 150, 160, 201, 260, 270

Ⓖ支线公交 0212

满嘴油香

朴家煎饼 박가네 빈대떡

用猪油煎制的绿豆煎饼外焦里嫩，是广藏市场代表性的味道和香气。这里有 20 多个绿豆煎饼、肉饼排档，用现磨绿豆煎出来的绿豆煎饼，其厚重的味道令人难以抗拒。

绿豆煎饼(1张) 4,000韩元，肉饼(1盘) 4,000韩元 10:00~24:00 02)2267-0614

乐活佳品

元祖拌饭 원조 비빔밥

店里堆满了各种蔬菜，经常被人误认为是卖菜店。在大麦米饭里放上 20 多种蔬菜和精心挑选的小菜，再加点辣椒酱和芝麻油拌着吃。在时下这样的乐活时代里，这样的饭菜已不多见，而价格还十分低廉。

拌饭 3,000韩元 8:00~22:00 02)2267-5478

一碗浓香

元祖红豆粥 원조 팥죽

在有 40 年历史的广藏市场胡同里，仍然能尝到卖粥老奶奶的煮粥手艺。加了鸟蛋的红豆粥和南瓜粥味道很好，而且对病人来说绝对是最好的营养食品。

红豆粥、南瓜粥 3,000韩元

9:00~22:00

02)762-6012

母女海鲜生拌店 모녀횟집

汇集了所有的生鱼片食材，包括海螺、海鞘、海参、鳗鱼、金枪鱼和蛤蜊等。如果边吃着新鲜的海味，边喝着烧酒，那你的嘴里就会充满了大海的味道。

海鲜拼盘 15,000至20,000韩元(按量定价)

10:00~次日2:00 02)2266-2868

新鲜的海味

丰盛的鱼汤

银星海鲜生拌店 은성회집

大口鱼辣味汤里满是大口鱼肉和内脏，专为饭量大的人准备的。该店是按人数点餐，因此从广藏市场的其他美食店里吸引来了不少的顾客。这里还可以打包，只需 2 人份就能让全家享受大口鱼汤的盛宴。

大口鱼汤（1人份）7,000韩元 10:00~22:00 02)2267-6813

饱经风霜的市场

广藏市场 광장시장

修建于 1904 年，是韩国最早的市场，由民资兴建而成。市场里结婚用品、馈赠礼品、进口商品及餐厅用具等应有尽有，但最出名的是街道里挤满的露天饭店。这里与附近的清溪川广场都是韩国代表性的美食街和观光街之一。

02)764-0531 广藏市场停车：基督教会馆后，顾客专用停车场；钟路4街宗庙停车场可免费停车1小时

http://www.kwangjangmarket.co.kr

钟表胡同，元祖咸兴冷面 시계 골목, 원조 함흥냉면

从高档外国手表到儿童座钟无所不有，从数十年的国产手表到高级电子手表无表不修，这就是钟路钟表胡同。这里有家咸兴冷面的鼻祖级老店，先喝一碗用盐调制的热汤暖暖肠胃，再吃筋道的平壤式冷面，你会非常舒服、惬意。特色菜是拌冷面，比新鲜的生拌鳐鱼片还要够劲。

拌冷面、肉冷面、水冷面、排骨汤 6,500韩元，冷面 3,500韩元，卤肉、生拌鳐鱼片 13,000韩元

10:00~21:00 每周日 02)2263-8497

第三位

孕育自然的宫殿

昌德宫 | 창덕궁

修建时，只是当做正宫景福宫的离宫。壬辰倭乱时期，景福宫被焚毁，在其后的270余年里，昌德宫便一直被朝鲜王室当做正宫使用。从1910年韩日合并条约签订到1926年末代皇帝纯宗归天，昌德宫一直见证着朝鲜的命运。在首尔的五处宫殿中，昌德宫的面积是最大的，其后院的自然风光之美及建筑的历史价值得到联合国教科文组织的首肯，被列入《世界文化遗产名录》。为了保护文化财产和环境，韩国制定了严格的参观制度，实行导游陪同制，仅在特定的时间允许自由参观。作为首尔这一文化之都最美的象征，绝对不要错过。

正殿区域

以仁政殿为中心，与昌德宫正门敦化门遥相呼应，是皇帝处理朝政的地方。象征着权威的宫殿建造在白色的薄石之上，非常漂亮。正殿之后有皇妃的寝宫大造殿等附属建筑，建造得错落有致。1910年，在兴福轩召开了最后一次御前会议，宣告了朝鲜时代的终结。

乐善斋

坐落于象征权威的昌德宫建筑之间，是为皇室女性特别建造的生活区域。朝鲜末代皇后纯宗孝皇后、高宗独生女德惠翁主等皇室最后的女性在此终结了一生。25种样式各异的门框和窗棂，以及栏杆上的装饰把这里点缀得精致而又高雅。

后苑区域

又被称为禁苑的皇室庭院。从人工芙蓉池到玉流川，自然与人工完美地结合在一起，实属朝鲜皇室文化的杰作，在这里可以直接感受"韩国的传统美"。走在数百年的古树之间，观赏着这些建筑群，包括与芙蓉亭相连的芙蓉池，与小型人造假山相映衬的鱼水门和宙合楼，半岛池里小而精致的亭子，以及与自然融为一体的延庆堂等，真不敢相信这里竟位于首尔的高楼大厦之间。

₩ 普通观览 成人 3,000韩元，青少年 1,500韩元；自由观览 成人 15,000韩元，青少年 7,500韩元；特别观览 乐善斋、玉流川 5,000韩元

11月至次年3月9:00～16:30（12月至次年2月9:00～16:00），4月至10月9:00～17:30；9:15～15:45，间隔半小时入场。普通观览要有导游陪同，时间为80分钟；自由观览可在4月至11月每周三9:15～18:30自由地观赏（周三，普通观览和特别观览的人数有限制）；特别观览可在4月至11月观赏玉流川和乐善斋，实行预订制（玉流川：10:00、14:00、15:00，一天3次，乐善斋：10:20、16:00）

02)762-8261 http://www.cdg.go.kr

第四位

成为动物园的宫殿

昌庆宫 | 창경궁

1419年，世宗皇帝为奉养退位的太宗，建造了"寿康宫"，这便是昌庆宫的雏形。日本侵略时期，以犒劳纯宗皇帝为名，日军在此处修建了动物园和开满樱花的公园。就算在光复后，"昌庆宫的樱花庆典"仍然是春季市民游玩的场所。后来，所有的樱花树都被清除，逐步恢复了当年世宗为太上皇太宗修建的昌庆宫原貌。在朝鲜皇室建筑中，历史最为悠久的是明政殿，其端庄之美与日本侵略时期由水田改建为游乐场的春堂池依然相映生辉。

₩ 成人 1,000韩元，青少年 500韩元

4月至10月9:00～17:30（周六、周日下午延长至19:00），11月至次年3月9:00～16:30（12月至次年2月9:00～16:00），结束前1小时入场

02)762-4868

http://www.cgg.cha.go.kr

15 首尔时间旅行探访记

仁寺洞 I

走在仁寺洞大街上，经常会陷入时光倒流的错觉中。从古董店里的古书到小时候吃的零食，许多值得回忆的美好时光都堆积在这小小的胡同里。让我们一起在这仿古造型的街市中度过美妙的时光吧。

新时代的集市

ssamzi 路 쌈지길

以前的仁寺洞，到处都是平房式韩屋，鳞次栉比，虽然现在已不复存在，但融合了过去与现代元素的 ssamzi 路却给人们提供了新的乐趣和看点。这里集展会、购物店和饭店等多种文化元素于一身，非常适合那些感怀过去、享受现在的都市人群。看着建筑、商品与人的完美结合，以及广场上举办的各种活动，以前村子里赶集时的喧嚣和快乐场面又会涌上心头。另外，它的网站也是一件艺术作品。

10:00~20:00(不包括饭店) 02)736-0088 http://www.insa.ssamziegil.com

TOTO 旧货 토토의 오래된 물건

如果从现在开始，把身边的日常用品一件不落全都收集起来，那 30 年后，说不定就有一个新的“TOTO”诞生了。这里包罗万象，小到一块橡皮，大到电风扇等家电，囊括了 20 世纪六七十年代的所有日常用品。如果把它们整齐地摆放出来，就相当于一个中型博物馆的展示量。看着这些小时候用过的物品，会让你感慨万千。这里还会定期举办拍卖活动。

1,000韩元 10:00~20:00 02)725-1756

记忆中的旧货世界

木刻人偶的合唱

木偶博物馆 목인박물관

这里展示了 30 多年来精心收集的木刻人偶和民俗物品。馆外墙壁上缠满了爬山虎，馆内收藏了许多人物、鬼神及动物造型的木刻人偶。端起一杯茶，走上屋顶去享受，也是件惬意的事。

成人 5,000韩元，青少年 3,000韩元 10:00~19:00

02)722-5066 http://www.mokinmuseum.com

工匠的灵魂

刀具画廊 나이프 갤러리

收藏了全世界包括菜刀在内的 6,000 余件刀具。这些藏品都是老板从中学时期开始，30 年间收集的作品，其多样性在世界上也是首屈一指。在这里可以欣赏到刀的艺术。

1,000韩元 10:00~20:00 02)735-4431

http://www.knifegallery.co.kr

有深意的建筑

胜洞教会 승동교회

修建于 1899 年，是早期改新教的礼拜堂。这里曾是“三一”运动时期学生代表的聚集地，具有很强的历史意义。建筑物的前部留有多次重修和维修的痕迹，在建筑物的后面可以看到其早期造型。

02)732-2340 http://www.seungdong.or.kr

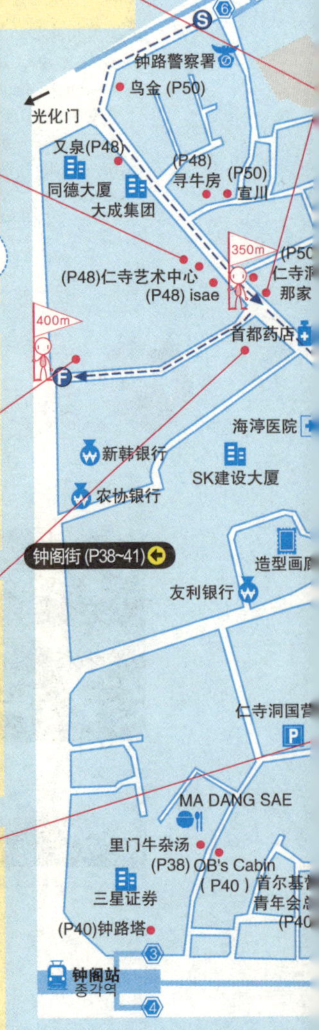

出行信息

乘地铁1号线钟阁站第3号出口
乘地铁3号线安国站第6号出口
Ⓡ广域公交 1000, 9001,9205,9301, 5005
Ⓑ干线公交 100,103, 143,150,160,201, 260, 270
Ⓖ支线公交 0212

探秘邻国

日本公报文化院 일본공보문화원

日本大使馆主办的文化驿站，通过举办的各种文化活动，向韩国年轻人宣传日本的正面形象。在这里，可以得到有关日本留学的最准确信息，还可以阅览日本四大新闻机构的报纸等定期刊物。最受欢迎的是可以欣赏日本最新电影和音乐的设备。

9:30～17:00 每周六、周日 02)765-3011

http://www.kr.emb-japan.go.jp

云岘宫 운현궁（雲峴宮）

朝鲜高宗皇帝的生父兴宣大院君居住的私邸。虽然大部分设施被毁，只留下了老安堂、老乐堂、二老堂等建筑，但从中仍能感受到兴宣君的铮铮气概。每周日举行的"艺术舞台"活动是免费观赏韩国传统文化的好去处。

成人(25岁以上) 700韩元，青少年(13岁到24岁) 300韩元

11月至次年3月 9:00～18:00，4月至10月 9:00～19:00；4月至10月每周日16:00，游客免费观览(周末艺术舞台)

每周日 02)766-9090 http://www.unhyungung.com

天道教中央大教堂 천도교 중앙대교당

由天道教第三任主教孙秉熙先生组织修建的巴洛克式建筑，当时作为首尔的三大建筑之一，气势十分恢弘。建设费来自教徒的捐款，教堂建成后，捐款就成为"三一"运动的主要资金来源。

02)720-9745

梨花文库 이화문고

历史上，仁寺洞是专门给北村贵族提供笔、纸和砚台的地方。现在，多如牛毛般的饭店和宾馆已使仁寺洞失去了以往的模样，但从梨花文库收藏的书籍和图画中可知仁寺洞人以前的生活状态。

周日11:00～18:00 02)732-7095

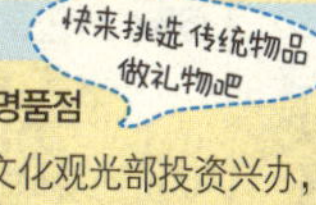

韩国旅游名品店 한국관광명품점

韩国的传统旅游商店，由文化观光部投资兴办，韩国观光中央会代管。面向各种公开展示会获奖企业，审查其进驻资格。这里的商品都是由生产企业直接销售的，因此价格、质量及售后服务等都有保障。

10:00～20:00 02)735-6529 http://www.souvenir.or.kr

街道的象征

仁寺洞古董店 인사동 골동품 가게

从专家估价千万韩元的陶瓷器到中国赝品佛像，这里应有尽有。正是这家店的存在，使得仁寺洞有了艺术气息。一到周末，这里就会摆满大大小小的古董，笑迎四方来客，哪怕你只是来买一件很小的纪念品。在这里，你既可以怀着平常心去欣赏，也可以抱着一夜暴富的心态去沙里淘金。

02)739-7025（七打天下），02)735-9661（友利世界）

昌德宫 창덕궁
SK加油站
600m
智异山 (P50)
苹果树 (P51)
(P51) 闵家茶轩
耕仁画廊 (P49)
宫 (P51)
校洞小学
扶南美术馆
首尔茶生园 (P49)
仁寺画廊
(P50) 古宫
居昌画廊
(P51) 寺洞面屋
钟路3街 종로3가
600m
宗庙周边 (P42)
西湖画廊
(P50) 小印度
茶香家 (P49)
辉盛阁
乐园商城
VOOK'S画廊 (P49)
美丽茶博物馆 (P48)
700m
首尔艺术剧场 (P41)
anaro大厦
停车场
南仁寺游乐场
乡村屋 (P38)
首尔基督教青年会观光酒店
友利银行
清溪川

16 如诗如画 仁寺洞 II

仁寺洞如迷宫般分布着许多胡同，这密集的胡同集中了画廊、传统工艺店、古代美术店等。去转一转大大小小的画廊，再与朋友一起喝茶聊天，会感到无比惬意。在此闲暇的时光也会成为仁寺洞的美好回忆。

具有魔力的发酵茶

寻牛房 심우방

仁寺洞内较难找到的传统茶专卖店。泡制的发酵茶是这里的珍品，在别处很难看到。除了通过大枣发酵制成的大枣茶，以及从仙人掌中提取出来的白莲茶外，还有许多其他茶品。在选购之前，最好先看看店里推荐的美味健康茶。

传统茶 4,000至5,000韩元 11:30~23:00
02)730-9702

伴着歌声的小店

又泉 우천

店名的意思是"永不干涸的泉水"。虽无华丽之感，但其舒适的环境常常引人驻足。在这里，可以饮一杯茶，也可以喝点泡制的五味子、淫羊藿药酒。药酒掺着高档普洱茶一起饮用，这也是"又泉"的另一层含义。此酒味道醇正，不易醉人。

五味子、淫羊藿酒(1杯) 4,000韩元，蛎黄、干明太鱼 15,000韩元，韭菜煎饼 8,000韩元
12:00~24:00 02)736-5454

新的传统

仁寺艺术中心 인사아트센터

GANA 艺术中心旗下的画廊商店，有展厅、美术培训讲座和艺术商店等，是仁寺洞代表性文化场所之一。在艺术商店里，可以欣赏和购买具有韩国传统文化底蕴的现代设计品，就连一个小钥匙链都有其独特的美感。在这里，很适合购买新奇礼品。"美术馆循环公交"由仁寺洞的仁寺艺术中心始发，开往平昌洞的 GANA 艺术中心，是一条艺术探访之路，每周二至周日，下午整点发车。

夏季 10:00~20:00，冬季 10:00~19:30 02)734-1020
http://www.ganaart.com

漂亮的韩国服饰

isae 이새

使用天然材料制作改良韩服和首饰的地方。改良韩服以其亮丽的色泽和时尚的设计，一改传统韩服粗糙的印象，逐渐受到大众的青睐，成为高级商品。舒适的衣服和卖场的氛围让人感到无比舒畅。附近还有三家相同的卖场。

10:00~21:00 02)733-7326

美丽茶博物馆 아름다운 차 박물관

在这里，除了咖啡外，还能喝到世界上 110 余种茶，并能吃到独有的各类混合菜。欣赏着展厅里陈列的茶具物品和陶艺作品，再品尝香气扑鼻的茶，顿时会让你有种天高云淡之感。此外，免费赠送的条糕也很好吃。无论你与谁同行，这里都是很好的去处。

各类茶、饮料、茶点和糕点 7,000至30,000韩元
10:00~22:00 02)735-6678

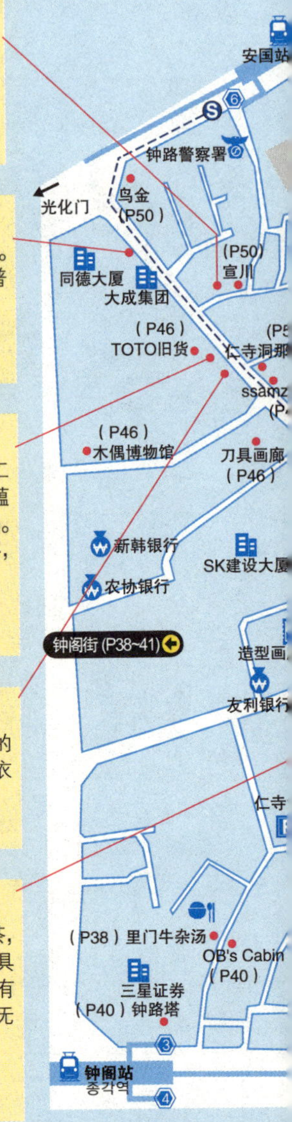

出行信息

乘地铁1号线钟阁站第3号出口
乘地铁3号线安国站第6号出口
Ⓡ广域公交 1000, 9001,9205,9301, 5005
Ⓑ干线公交 100, 103,143,150,160, 201,260,270
Ⓖ支线公交 0212

周末街头庆典。

仁寺洞街头庆典 인사동 길거리 축제

从周六下午至周日，仁寺洞大街上就再也没有车辆出入了。每到周末，这里都会举行仁寺洞街头庆典，路边摊和拥挤的人群随处可见。届时，这里会有街头演出，以及许多好玩的、好吃的，尽兴之余可千万注意，别与同伴走散了。仁寺洞的导游中心相当于这里的指南针。

周六14:00~22:00，周日10:00~22:00(仁寺洞车辆管制)

仁寺洞导游中心 02)734-0222(10:00~22:00)

http://www.insainfo.or.kr/

色彩斑斓的庭院。

耕仁画廊 경인화랑

仁寺洞代表性的休闲场所，有茶屋和美术馆，还带有一个漂亮的庭院，这是在政治家朴泳孝故居卧室、厢房和院子的基础上改建而成的。在可观赏庭院美景的茶屋"传统茶院"里喝着茶，在"美术馆"里欣赏色彩艳丽的作品，心情无比愉悦。如果在明媚的春天，强烈推荐你去庭院里喝茶观赏。

传统茶院 大枣茶 6,000韩元，什锦糕点 4,000韩元 10:00~23:00 02)730-6305

耕仁美术馆 10:00~18:00 02)733-4448~9 http://www.kyunginart.co.kr

传统茶的世界。

首尔茶生园 서울 차생원

在这里可以买到韩国所有的自产茶叶。除了从8,000韩元至8万韩元价格不等的各种绿茶，还有其他各类茶叶，包括桑叶茶、菊花茶、野菊花茶、艾蒿茶等。在听着茶叶介绍的时候，还可以试喝一杯，以便买到心仪的茶叶和茶具。

10:00~20:00 02)730-2983

茶香家 차향가

传统香料专卖店，其货品全是使用中药材和天然材料精心制作而成，可以起到提神醒脑之功效。在这里，还能了解到许多有关传统香料的知识。只要在店里停留片刻，你就会有心静如水的感觉。各类传统香料价格从6,000韩元至80,000韩元不等。香甜的甘露茶也是这里的特色商品。

10:00~21:00 02)723-8155

咖啡香味的旅行

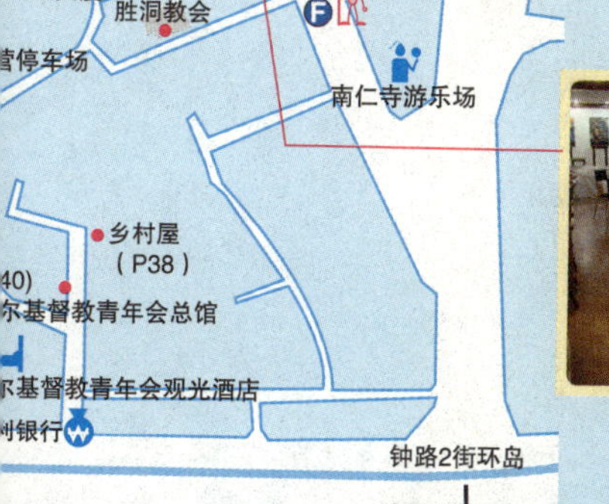

VOOK'S 画廊 북스갤러리

外国艺术类书籍专营店。在这里，你可以坐在远离噪声的僻幽之处，品尝着咖啡的浓香，欣赏着书中的艺术。柔和的音乐伴着书中的照片，让你有如置身于美丽新世界一般。这里就是仁寺洞里的一片绿洲，有时还会当做展厅和研讨会的场地。

咖啡 5,000韩元 10:00~19:00(周六、周日、公休日 15:00~21:00)

02)737-3283

昌德宫
日本公报文化院(P47)
SK加油站
云岘宫(P47)
(P47)天道教中央大教堂
智异山(P50)
苹果树(P51)
(P51)闵家茶轩
500m
(P51)宫
扶南美术馆
校洞小学
都药店
仁寺画廊
居昌画廊
(P50)古宫
(P51)寺洞面屋
钟路3街
宗庙周边(P42)
西湖画廊
淳医院
(P50)小印度
(P47)梨花文库
辉盛阁
乐园商城
韩国旅游名品店(P47)
仁寺洞古董店(P47)
700m
首尔艺术剧场(P41)
naro大厦
(P46)胜洞教会
停车场
南仁寺游乐场
乡村屋(P38)
40)
尔基督教青年会总馆
尔基督教青年会观光酒店
银行
钟路2街环岛
清溪川

17 珍藏的老味道 仁寺洞Ⅲ

不管是传统的老味道，还是现在的新味道，在仁寺洞，你都能感受到纯手工制作出来的味道。在这里，你能享受到比其他地方更贴心的可口饭菜。让我们慢慢体会小餐馆、几十年老店的醇正口味吧。

智异山 지리산

很特别的韩式套餐店，专做有益身体健康的豆料理。20多种饭菜，每一种味道都很醇正。餐厅的一面墙上堆满了豆坛子，提醒着来客这里的食物是用豆子做成的。看着这里的大酱、豆腐泡菜、豆渣及豆腐和苏子叶拌出来的凉菜等，你肯定会想韩国菜怎么如此爱用豆制品。晚上，这里专为好酒之人准备了自制葛藤酒、香菇酒和丰盛的豆腐火锅。饭后，可千万别忘了尝尝这里的米酒哟。

智异山套餐 13,000韩元，智异山韩式套餐 40,000韩元，包菜、拌斑鳐、豆腐火锅 10,000至20,000韩元

10:00～22:00 02)723-7213

乌金 조금

30年历史的正宗日本石锅饭店。石锅里放了各种海鲜、蔬菜和蘑菇，吃起来满口留香。日本石锅饭不用辣椒酱，而是使用调味酱油拌着吃，更能突显各种食材的味道。这里的特色菜是香菇石锅饭。

海鲜石锅饭、香菇石锅饭 13,000韩元，鲍鱼石锅饭 28,000韩元

11:00～22:00(周日 11:00～21:00) 02)725-8400

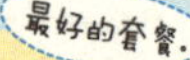

宣川 선천

韩式套餐店，店老板是平安北道宣川人，店内装潢全部使用环保材料。该店近40年的饭菜口味深受许多老主顾的喜爱，吃一次终生难忘。这里的特色菜是散发着南瓜和柄海鞘味的大酱汤，以及用南汉山城泉水做出来的米饭。

韩式精选(午餐) 10,000韩元，韩式套餐 45,000韩元，烤肉 20,000韩元，蟹酱 25,000韩元

午餐 11:30～15:00，晚餐 17:00～22:00 02)734-1970

仁寺洞那家 인사동 그집

店里的墙壁上挂满了老相片，装修得十分漂亮。这里就餐环境好，米饭上盖上一层海鲜和蚝油的全家福海鲜饭非常出名，黑米杂粮饭的配餐铁板牛肉也很美味。这里的饭菜至少都是两人份，因此最好结伴而来。

全家福海鲜、那家饭(2人份) 23,000韩元，铁板牛肉(2人份) 20,000韩元，海鲜炒年糕 20,000韩元

10:00～00:00 02)737-0575

有名的全家福海鲜饭

调和的拌饭

古宫 고궁

仁寺洞里吃全州拌饭的饭店，是全州总店的直销店。各种食材混在一起拌出来的味道会让你有种妙不可言的感觉。这里的拌饭套餐可是当年皇帝的御膳哟。

全州拌饭 10,000韩元，石锅、章鱼拌饭 8,000韩元，烤肉火锅 12,000韩元，全州拌饭套餐 23,000韩元，拌饭套餐 32,000韩元，附加税另付

11:00～21:00 02)736-3211

小印度 작은인디아

这家店的老板非常喜欢印度，来吃饭的人也很喜欢这里的印度菜。一进门，小型印度茶馆就会映入眼帘。这里的特色菜有传统的马萨拉茶、印度咖啡马德拉斯、印度式酸奶以及炒饭。还可以边吃美食，边从老板那儿分享印度之行的心得。

印度茶 6,000韩元左右，炒饭 10,000韩元，炸杂菜 25,000韩元

10:30～23:30 02)730-5528

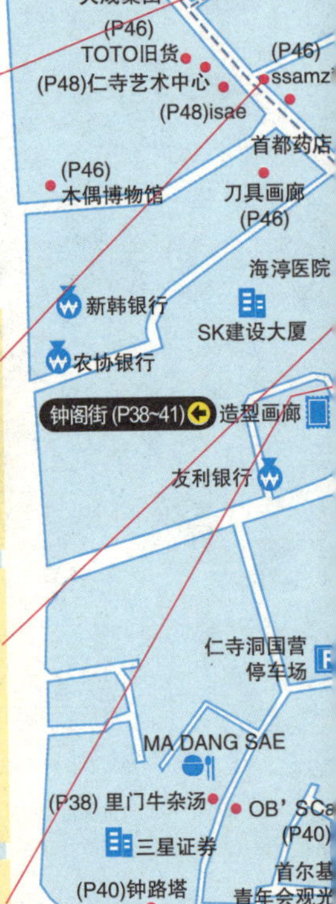

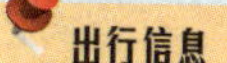

出行信息

乘地铁 1 号线钟阁站第 3 号出口
乘地铁 3 号线安国站第 6 号出口
Ⓡ广域公交 1000, 9001, 9205,9301, 5005
Ⓑ干线公交 100, 103, 143, 150, 160, 201, 260, 270
Ⓖ支线公交 0212

昌德宫
창덕궁
④ 日本公报文化院 (P46)
⑤ SK加油站
云岘宫(P47)
350m
(P47) 天道教中央大教堂
500m
仁画廊(P49)
校洞小学
扶南美术馆
尔茶生园 (P49)
仁寺画廊
居昌画廊
钟路3街
西湖画廊
宗庙周边 (P42)
梨花文库 (P47)
辉盛阁
茶香家 (P49)
韩国旅游名品店 (P47)
乐园商城
丽茶博物馆(P48)
(P49)VOOK'S画廊
700m
首尔艺术剧场 (P41)
仁寺洞古董店(P47)
naro大厦
(P46) 胜洞教会
南仁寺游乐场
乡村屋 (P38)
(P40) 首尔基督教青年会总馆
友利银行
钟路2街环岛
清溪川

苹果树 사과나무

与恋人一起分享佳肴

带院子的乡村店，在此可以喝茶、吃饭。鸡肉饭是这里最有名的特色菜。用洋葱、蘑菇、土豆和鸡肉做出来的饭菜，再加点沙拉，这味道简直太有诱惑力了。散发着酱油味的炖年糕也是这里的特色。店里颜色各异的筷子，给这里增添了一丝可爱的感觉。

鸡肉饭 7,500韩元，海鲜饭 8,500韩元，拌年糕 15,000韩元 11:00～23:50(周日晚至22:50)
02)722-5051

闵家茶轩 민가다헌

制造传统的地方

在明成皇后侄子闵益杜家宅的基础上改建而成的茶馆。能在“文化遗产”里喝茶吃饭，绝对是段宝贵的经历。这里是韩国最早将卫生间设计在屋内的建筑，在当时非常前卫。其实，真正让这里出名的是与红酒完美搭配的韩国混合菜肴。特色菜有辣椒酱蚝油炖五花肉、肉汁烤肉等。这里虽以套餐为主，但就算你点一杯茶也能得到热情周到的服务。

午餐菜 18,000至43,000韩元，晚餐菜 55,000至75,000韩元，辣椒酱蚝油炖五花肉 37,000韩元，肉汁烤肉 40,000韩元，各种茶 8,000至11,000韩元
11:00～22:00 02)733-2966

宫 궁

水饺名店

非常有名的开城饭店。这里的特色水饺至今仍出自年逾九旬的老奶奶之手，圆鼓鼓的外形，馅里主要有肉和菜，还加了点豆腐。在仁寺洞，这样的美食绝对不可错过。这里的特色菜有年糕饺子汤和饺子火锅，年糕饺子汤里放了雪人模样的年糕，而饺子火锅的底汤是醇正的骨头汤。

开城饺子火锅(1人份) 10,000韩元，年糕饺子汤 8,000韩元，开城饺子汤 8,000韩元，凉粉 10,000韩元，猪肉包菜 25,000韩元
11:00～22:00 02)733-9240

寺洞面屋 사동면옥

浓郁的咸镜道味道

30 年传承的咸镜道料理专营店。这里有丰盛的饺子火锅、清爽肉汤的咸兴冷面、口感绵软的炖排骨套餐以及牡蛎煎饼等，让人充满食欲。其中，饺子火锅里放了 10 多种蔬菜和台球大小的饺子。最有特色的是这些美味的菜肴是从三个厨房里做出来的。

饺子火锅 18,000韩元，牡蛎煎饼 8,000韩元，冷面、炖排骨套餐 6,500韩元
10:00～22:30 02)725-1211

2002，珍藏记忆中的感动

第五位 世界杯公园 | 월드컵공원

原先，首尔的垃圾在此堆积成山，被人称为苍蝇、灰尘、臭味聚集的“三多岛”；如今，绿荫环抱，许多野生动物都在此栖息。这样惊人的变化显示出首尔贴近自然和环保的形象。世界杯足球场坐落于公园右侧，是2002年世界杯的中心舞台。当年，声势浩大的欢庆场面把整个首尔市内变成了红色的海洋，这份感动至今仍然存在。

首尔世界杯足球场

最先进的足球专用场馆，可以容纳7万人。体育场周边有电影院、购物中心、健身器材等各种文化设施，非常贴近市民的生活。世界杯纪念馆以2002年韩日世界杯为主题，记载了韩国足球的历史和成长，现成为韩国足球的新圣地。

蓝天公园

世界杯公园由四片区域组成，其中最受欢迎的是蓝天公园。沿着“之”字形路，踏着木质台阶而上，眼前就会出现一块20万平方米的广阔草地，如果告诉你这是在当年垃圾山的基础上建起来的草地，一定会让你非常感慨。在“世界杯公园展馆”里看看有关公园的介绍和展示品，就会了解这段崭新的“历史”。

世界杯公园

☎ 02)300-5500~02 🌐 http://www.worldcuppark.seoul.go.kr

首尔世界杯体育场

₩ 成人1,000韩元，青少年500韩元 🕘 9:00~18:00

休 每周一 ☎ 02)2128-2000 🌐 http://www.seoulworldcupst.or.kr

钢筋水泥中盛开的花朵

第六位 仙游岛公园 | 선유도공원

形似猫背，又被称为“猫山”的仙游岛和垂柳青青的杨花渡口，以其秀丽的景色成为朝鲜时代接待外国使臣最有名的观光地，后因汉江开发和仙游净水场的修建而失去了往日光彩。如今，这里成为建于净水场轮廓之上的生态公园，给人的感觉就像进入到一幅现代装饰美术作品之中，特别是其绚丽的夜景深受人们的喜爱。在公园咖啡屋里喝茶吃饭，还能追忆美好的时光。

6:00~12:00 02)3780-0590 http://www.sunyoudo.aaa.to

仙游桥

连接着汉江市民公园和仙游公园，长469米的拱形桥。站在桥顶远眺汉江之美景，恨不得立刻用相机拍下来。

汉江展馆

在原净水场出水管室的基础上修建而成，可以了解汉江历史和文化的场馆。其周边还有保存下来的庭院和美景。

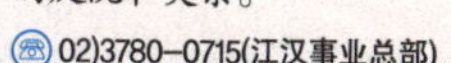

02)3780-0715(江汉事业总部)

痛并爱着的地方

第七位 切头山殉教圣地 | 절두산순교성지

位于汉江之上的一块小丘陵，名叫“切头山”，意为“断颈之地”，记录了曾在这里发生过的伤心往事。丙寅迫害（1866~1873）时期，无数的天主教徒用鲜血染红了这片土地。他们用慈悲和爱会聚为殉教的灵魂，照亮了整个世间，闪耀着希望的光芒。他们的心灵已超脱了宗教和信仰本身，受到后人无限的崇敬。

殉教博物馆

为纪念丙寅迫害，展馆里收藏了早期传教时使用的物品，以颂扬那些无名殉教徒的精神。这里不仅展示了教会历史，还展出了韩国近现代史的重要资料。在博物馆外面还有金大建神甫铜像和雕塑公园。

9:30~17:00 每周一 02)2126-2200 http://www.jeoldusan.or.kr

18 树叶歌唱的街道 大学路 I

大学路的街道被守卫着首尔东侧的骆山环抱在怀中，显得暖融融的。在马罗尼矣（Marronnier）公园周边的林荫路上，每一块小方砖都显示出与众不同的特点。在韩国第一任总统私邸所在地的大学路还有许多的美术馆、展馆等旅游景点。

大学路艺术品街区 대학로 거리 예술품

街道艺术

在惠化洞环岛至梨花洞环岛之间，长约1公里的街道被大大小小的雕塑装扮成了一条观光街。自1975年首尔大学搬迁至冠岳山山脚之后，1985年这里正式被称为“大学路”，自此掀开了新的历史篇章。30余件雕塑都是出自世界各国年轻艺术家之手，是这条年轻街道的象征。

稻草生活博物馆 짚풀생활사 박물관

1993年，为宣扬作为传统工艺之一的稻草工艺和文化的宝贵性而修建的场馆，是世界上唯一以稻草为主题的博物馆，广泛展示了与稻草有关的民俗资料，并举办专家讲课、游客稻草体验教室等活动，以多方位展示稻草工艺。

成人4,000韩元，青少年3,000韩元

10:00～17:00 每周一 02)743-8787～8

http://www.zipul.co.kr

稻草之歌

原首尔大学主校，原工业传习所主校 구 서울대 본관, 공업전습소 본관

百年建筑

1972年前，马罗尼矣（Marronnier）公园旁遗留下的原京成帝国大学主校建筑一直被当做首尔大学主校使用。1908年大韩帝国时期，在广播通信大学校区内修建的原工业传习所建筑具有极大的建筑学价值。

首尔大学医院，医学博物馆 서울대학교 병원, 의학박물관

近代医学的起源

1908年，修建于昌庆宫外部庭院含春苑的小山之上，现位于首尔大学医院总院旁边。原是大韩帝国时期的国立医院，光复后一直作为首尔大学附属医院。1992年，被改建为医学博物馆，其周边还保留着含春苑的正门。

免费 工作日 10:00～12:00，14:00～17:00；周六 10:00～12:00

每周日 02)2072-2636

http://www.medicalmuseum.org

大学医院含春苑址

城北洞
惠化门
烟雨小剧场
首尔大学入口站
惠化洞居民中心
罗山别墅
新韩银行
剧团现代小剧场
亚南别墅
金门（P56）
惠化洞环岛 혜화동로타리
300m
东星中学
天主教大学
圣堂
东星高中
鱼丸串（P56）
（P58）神户源平
大生小剧场
街区的鸡尾酒吧(P59)
YOUNG别墅
东星公
TOUS LES JOURS
DTS剧场
彪马
唐恩都乐
主馆
国立首尔科学馆
TACHEN (P59)
学田小剧场
厢房客人与妈妈（P57）
（P56）五感图
学林（P57）
惠化站
凤雏红烧鸡块（P56）
蒲公英领土
DOO RAE HALL 2馆
东部弗吉尼亚
美里川小剧场
昌庆宫
护理大学
首尔大学医科学院
（P59）蓝色丝带
马罗尼矣剧场
（P58）小瑞士
阿里郎小剧场
(P57)乡村土城
Dimatteo（P58）
400m
儿童医院
友堂纪念馆
韩国广播通信大学
首尔大学医学院
演坛小剧场
牙科医院
首尔大学师大附中
梨花洞居民中心
KT惠化分社
梨花洞居民中心
大学路剧场
日出小剧场
全球剧场
阿里郎酒店
宗庙
东大门站

出行信息

乘地铁 4 号线惠化站第 1~4 号出口

Ⓡ广域公交 9410

Ⓑ干线公交 101，108，140，150,160

Ⓖ支线公交 1018，1148，2112，08

人类的梦想

机器人博物馆 로봇박물관

聚集儿时梦想的地方。虽然没有蝙蝠侠手中华丽的蝙蝠刀，但这里满怀回忆的塑制机器人绝对会让你感到震惊，展示了从早期机器人模型到漫画主人公造型等 3,500 多件作品。

成人 8,000韩元，青少年 5,000韩元 10:00~19:00

02)741-8861~2 http://www.robotmuseum.co.kr

钥匙博物馆 쇳대박물관

这里展示了韩国和世界各国奇特的老锁具，不仅有收藏的意义，而且还体现了艺术价值。来这里参观，最好能听听馆内导游的讲解。博物馆建筑本身就是件作品，馆内的出入口还是锁眼的造型。

成人 3,000韩元，青少年 2,000韩元 10:00~18:00 每周一

02)766-6494 http://www.lockmuseum.org

骆山公园 낙산공원

为保护、复原骆山自然环境和文化财产而修建的公园，起到了首尔城郭和风水地理上"左青龙"的作用，这些到骆山展馆一看便知。在凉爽的夜晚，拾级而上来到这里，可以尽情呼吸首尔的空气，观赏首尔的夜景。

9:00~18:00，11月至次年2月 9:00~17:00(骆山展馆)

02)743-7985~6 http://www.parks.seoul.go.kr

文化中心

马罗尼矣（Marronnier）公园

마로니에 공원

大学路的院子，以其种植的马罗尼矣树名字命名的公园。这里已成为汇集市民、艺术家、孩子们与街区演出、室外舞台的文化场所。

爱心票售票处

사랑티켓 판매소

可以购买爱心票的地方，由韩国文化艺术振兴院补助一部分门票费，现已成为扎根大众的一种文化象征。在这里，还能了解到大学路即将举行的各种演出信息。

13:00~19:00 每周一

02)3672-2466

http://www.sati.or.kr

900m

F

ARKO 美术馆 아르코미술관

韩国文化艺术委员会旗下代表大学路的现代美术展馆，从展示国内外作家作品的展厅到举办各种参与型活动的第 3 展室，这些已成为大学路艺术街的奇葩。该馆修建于 1979 年，由韩国现代建筑大师金寿根先生亲自设计建造，其本身也是一个看点。

成人 2,000韩元，青少年 1,000韩元，大观展门票可能会另付

11:00~20:00 每周一 02)760-4525 http://www.art.arko.or.kr

花公寓

梨花庄 이화장

这里曾留下了韩国第一任总统李承晚的足迹，当年组建首届内阁的组阁亭和李承晚总统居所等均保存于"李承晚纪念馆"内。在简朴的建筑内外，仍然保留着当时的照片资料、书斋和生活资料等。现在这里还是李总统家的私宅，参观前最好先联系一下。

9:00~17:00 02)762-3171

索引地图

10

18,19,20

惠化站

19 融化在咖啡香味中的回忆

大学路 II

在 20 世纪六七十年代，释放激情、歌唱青春的年轻人，如今已成为社会的中流砥柱。在那样的时代里活跃着的身影已从大学路上消失了，但伴随着老式留声机柔美的音符，蕴涵着咖啡香气的大学校园依然像黑夜里的灯塔一样，映照着整条街道。

记忆中的炸酱面

金门 금문

60 年历史的中国餐馆。对留恋老惠化洞大街的人来说，这里是值得回忆的地方，对年轻人来说，这里是品尝美食的地方。特色菜是加了菠萝的糖醋肉。

糖醋肉 18,000韩元，大盘炸酱面 7,000韩元，辣汤面 5,000韩元

02)762-0918

暖心的地方

鱼丸串 꼬치오뎅

有名的鱼丸店，店面不大，鱼丸桶里煮着鱼丸，静候客人的光临。热乎乎的鱼丸汤配上清酒简直就是天生一对。到了冬季，这里便是与朋友共饮一杯的好地方。

鱼丸(1串) 900韩元，板筋 1,400韩元，清酒 4,000韩元

02)742-4937

新传统

凤雏红烧鸡块 봉추찜닭

前身为“安东红烧鸡块”，当时在京城里掀起了一阵红烧鸡块的热潮。如今，已在韩国各地开设了连锁店，但这里作为 1 号店，吃饭的客人总是络绎不绝。在甜而辣的汤汁里放入鸡块、粉线和蔬菜，做出来的美味深受人们的喜爱。

红烧鸡(中份) 24,000韩元，参鸡汤 9,000韩元，米饭 1,000韩元

11:00~24:00 02)745-6981

五感图 오감도

1976 年开业，主要制作有益身体健康的韩式菜肴。精选上等肉制作烤肉料理，还搭配有多种健康蔬菜。自制豆腐和海鲜豆腐是这里的特色菜。该店既能满足中年人对老味道的需求，也能满足年轻人对健康饮食的追求。

烤肉(1人份) 13,000韩元，豆渣 5,000韩元，生排骨 28,000韩元

24小时(22:00至次日9:00有明太鱼醒酒汤)

02)766-9898

过去的丰富

出行信息

乘地铁 4 号线惠化站第 1~4 号出口

Ⓡ广域公交 9410

Ⓑ干线公交 101，108，140，150，160

Ⓖ支线公交 1018，1148，2112，08

浪漫，讲述着街道

学林 학림

50 年历史的咖啡店，在古老的大学路上，犹如一盏明灯留存了下来。浓郁的咖啡香，各类的唱片和柔和的氛围依然如故，如果说变了的话，那就是增添了更多种类的咖啡和红酒。在古色古香的杯子里装满咖啡，其清新的味道是最美的享受。

咖啡 4,000至5,000韩元，红酒(1杯) 7,000韩元，奶酪下酒菜 大份20,000韩元、小份10,000韩元

10:00~次日00:30 02)742-2877

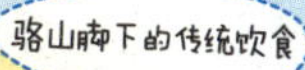

厢房客人与妈妈 사랑방 손님과 어머니

在充斥着外来语和混合文化的大学路上，一家名字亲切的韩式套餐店。店里的主菜是爱之套餐，包括炖排骨、三色饼和杂烩等。庭院里摆放着花草和老物品，让人感到很亲切。如果与长辈一起就餐的话，这里是最好的去处。

爱之套餐 午餐20,000韩元、晚餐11,000韩元，客人套餐16,000韩元，妈妈套餐25,000韩元，无穷花套餐35,000韩元

12:00~22:00(21:00前点餐) 02)765-8200

东星公寓

THOMAS STEAK 토마스 스테이크

品尝手工汉堡牛排的饭店，在典雅的店内摆放着日本复古风格的木桌，窗户上悬挂着老板去日本旅行时的相片。要是点手工汉堡牛排的话，可以随意享用 6 种沙拉。汉堡牛排包括特制酱汁、奶酪、鸡蛋和米饭，如果再加 1,000 韩元，可将凉拌卷心菜换为凉拌土豆。

汉堡牛排 6,300韩元，THOMAS套餐 16,500韩元 11:30~21:00

每月第二周的周一 02)743-4888

骆山公园(P55)

SUDA(P59)

草丛中飞舞的青蝴蝶(P59)

花庄(P55)

梨花公寓

乡村土城 옛골토성

可以尽情享受橡木烧烤的地方。鸭子、五花肉和香肠等烤出来的味道与众不同。如果坐在外面吃着烧烤那就更爽了。

烤熏鸭 42,000韩元，烤五花肉 24,000韩元，香肠 18,000韩元，五花肉烧烤套餐 6,000韩元

11:30~22:00 02)764-6464

市中心的烧烤盛会

索引地图
10
18,19,20
惠化站

20 街道披上了彩缎
大学路Ⅲ

喜欢新鲜和美丽的年轻人聚集于此，如同蜜蜂飞舞在花丛中。寻求文化和美感的人们成为大学路夜晚的新装饰。汇集世界美味的街道是大学路的骄傲，让我们一个一个地去品味吧。

神户源平 고베 겐베이

日式豆酱料理店，有神户盖饭、传统拉面等100多种日本料理，神户盖饭就是把炸猪排和鸡蛋盖在米饭上。该店的老板和大部分店员都是日本人，也是一道风景。

源平拉面、盖饭 12,000韩元，stamina拉面 9,000韩元

12:00~22:00 02)765-6808

green 常绿 상상

有名的约会咖啡屋。该店老板是演话剧的，因此，这里的演出水平很高，令人印象深刻。

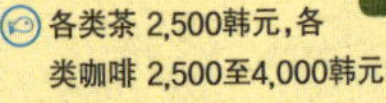

各类茶 2,500韩元，各类咖啡 2,500至4,000韩元

14:00至~次日1:00 02)765-4565

迷恋混合菜

小瑞士 작은 스위스

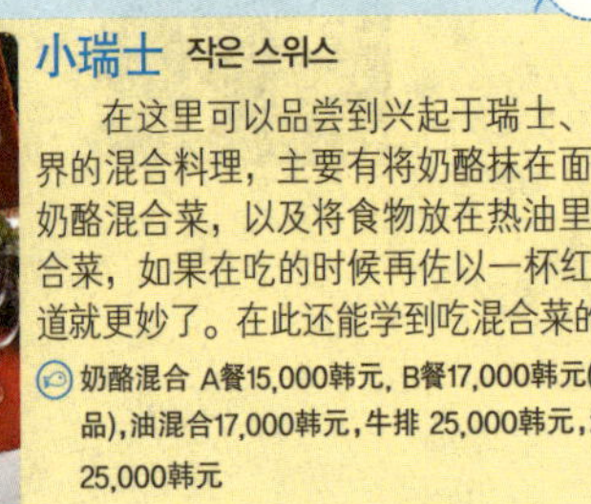

在这里可以品尝到兴起于瑞士、流行于世界的混合料理，主要有将奶酪抹在面包上吃的奶酪混合菜，以及将食物放在热油里炸的油混合菜，如果在吃的时候再佐以一杯红酒，那味道就更妙了。在此还能学到吃混合菜的方法。

奶酪混合 A餐15,000韩元，B餐17,000韩元(午餐菜品)，油混合17,000韩元，牛排 25,000韩元，混合料理 25,000韩元

12:00~23:00 02)766-7704

Dimatteo 디마떼오

有名的意大利传统手工比萨店，门口摆放着传统炊具，能在很短的时间内烤制出年糕般口味的比萨。可以在店员的帮助下，选择奶酪的种类，挑选可口的比萨。

比萨 20,000至35,000韩元，意大利面 15,000至20,000韩元

11:00~22:00 02)747-4444

出行信息

乘地铁 4 号线惠化站第 1~4 号出口

Ⓡ广域公交 9410

Ⓑ干线公交 101，108，140，150，160

Ⓖ支线公交 1018，1148，2112，08

街区的鸡尾酒吧 거리의 칵테일 바

大学路街道上新开张的名店。入口是用小型货车改造而成的，“站在山顶畅饮清凉的鸡尾酒”的招牌十分吸引眼球。在透明的塑料杯里放了一片柠檬和冰块制成的鸡尾酒，其漂亮的外观和独有的味道让人爱不释手。该店位于学田绿色小剧场，祥明大学艺术研究院前。

TACHEN 타셴

大学路上的新一代名店，其店名与德国出版社名字相同。在这里，可以随意欣赏照片及阅读有关设计的书籍。这里的咖啡香气怡人，音乐伴奏下喝着红酒的气氛也非常迷人，但最有特色的是清凉的沙拉和三明治。

TACHEN三明治 7,000韩元，埃曼塔三明治 8,000韩元，各种咖啡、饮料 5,000至7,000韩元，红酒 7,000韩元

11:00~20:00 02)3673-4115

东星公寓

花与人相映之美

蓝色丝带 블루 리본

这里的花和衣服有种独特的美感。店里各具特色的花草都是花卉设计师的倾心之作，漂亮的衣服栖身于花草之中，等待人们的挑选。有许多老主顾都来这里选购衣服，并且能在这儿买到称心如意的饰物也是件惬意的事。

10:00~20:30 02)743-4346~8

骆山公园 (P55)

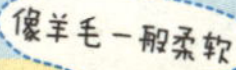

SUDA 수다

羊毛制品公司“MISS ALICE”旗下的美食店，被打造成人与自然和谐相处的“奇妙国度”，又被称为“手工咖啡”的地方。这里的手工咖啡和蔬菜沙拉味道非常棒，双人餐“VERY VERY 红豆冰”选用优质红豆，里面放了坚果和黑莓酱，好吃极了。在这里，还能欣赏到羊毛工艺品。

炒米面 5,500韩元，wineade 6,000韩元，VERY VERY红豆冰 11,000韩元 12:00~24:00

02)762-7565

800m

梨花庄 (P55)

梨花公寓

草丛中飞舞的青蝴蝶 수풀떠들썩파랑나비

这里商品件件都非常有味道，包括女性饰品、日记本和进口商品。这里有种格调鲜明的美丽，就连店名的字体和商店的色调都是精心设计、满怀诚意的作品。置身其中，很容易让人流连忘返。

11:30~22:30(周日13:30~22:30) 02)743-4084

21 流传千年的土地 忠武路

这里已经成为韩国影视文化的代名词，被称为韩国的“好莱坞”。在忠武路有个记录首尔历史的“时间舱”，里面留下的记录将给首尔的子孙们重现这里发生的故事。韩屋村里饱经风霜的老店正向我们讲述古老的传说。

黄牛屋 황소집

以牛膝骨汤而闻名的 30 年老店。回味无穷，每到就餐时间，来吃牛膝骨蘸酱的老主顾便会把这里围得水泄不通。清蒸牛膝骨配上椒盐，其味浓厚；新鲜的里脊味道也很醇正。

牛膝骨汤 10,000韩元，清蒸牛膝骨 16,000韩元，生里脊 20,000韩元

10:30～23:00 02)2273-0969

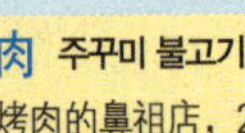

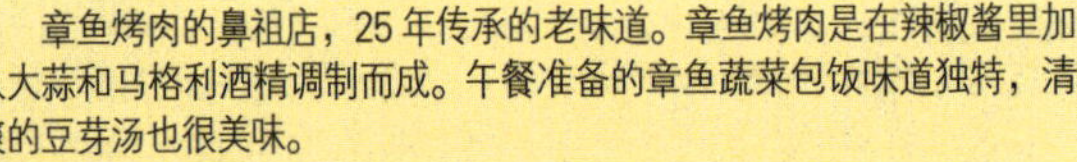

章鱼烤肉 주꾸미 불고기

章鱼烤肉的鼻祖店，25 年传承的老味道。章鱼烤肉是在辣椒酱里加入大蒜和马格利酒精调制而成。午餐准备的章鱼蔬菜包饭味道独特，清爽的豆芽汤也很美味。

章鱼烤肉 18,000韩元，章鱼蔬菜包饭 5,000韩元

12:00～22:30 每周日 02)2279-0803

大林亭 대림정

首尔最大的韩式套餐店，拥有 40 年历史，可同时容纳 880 人就餐。该店天然食材的味道和各种各样的包间能让人舒适地享受美食。

烤肉(200克)14,000韩元，营养石锅饭 12,000韩元，会席料理(3人以上)30,000至60,000韩元

02)2266-2678

空间大、年代久的餐厅

南山的住所

首尔青年招待所 서울유스호스텔

随着岁月的流逝，许多事物都发生了变化。以前“臭名昭著”的安全部大楼粉刷一新，成为接待国内外游客的招待所。除了住宿设施外，还有宴会厅、会议室等，先进的设施环境为大型活动提供了便利。

02)319-1318 http://www.seoulyh.go.kr

了解韩国

韩国之家 한국의 집

向外国友人介绍韩国传统文化和生活的地方。在这里，可以领略所有的韩国之美，包括民族音乐、传统舞蹈、传统婚礼和宫廷御膳等。这里的建筑都是以景福宫慈庆殿为蓝本仿建而成的。

02)2200-0901～3 http://www.koreahouse.or.kr/kh

出行信息

乘地铁 3 号线、4 号线忠武站第 1~3 号、第 6、7 号出口

B干线公交 104,263,507

G支线公交 0013,0211

忠武路摩托车，宠物狗胡同

引人关注的两大市场

충무로 오토바이, 애완견 골목

忠武路的两大象征，一个是摩托车市场，另一个是宠物狗市场。摩托车市场里从超过 1,000cc 的超大型摩托车到迷你电动摩托车应有尽有，宠物狗市场里从与人一般大小的柯利犬到拳头般大小的吉娃娃无所不有。顺路而行，你会发现，一对恋人到此后，男的通常去看摩托车，而女的一般去看宠物狗。

东国奶奶店 동국할머니집

东国人的回忆。

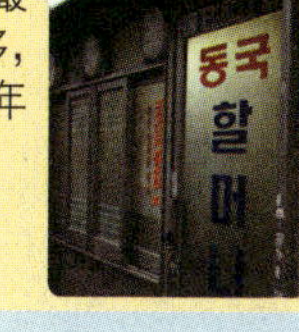

后巷里散发着油香味的小酒馆。这里最有名的是东国大学葱饼，个头与比萨差不多，里面有海鲜和蔬菜。结了冰的马格利酒和年糕是绝佳的美味组合。

米酒、葱饼 4,000韩元，炒鸡爪、鸡蛋卷 3,000韩元

17:00~24:00 每周日 02)2278-9215

江西 강서

清爽的辣汤面

中国侨胞经营的 40 年老店，不变的口味一直是东国大学学生们的最爱。虽然这里的糖醋肉味道很独特，但牡蛎辣汤面却是这里的招牌菜。凉爽的中国冷面味道也与众不同。

中国冷面 5,500韩元，大盘炸酱面 4,500韩元，牡蛎辣汤面 5,500韩元

10:30~21:30 02)2266-0466

笔洞面屋 필동면옥

该店的平壤式冷面被公认为是最正宗的，吃第一口可能会觉得有些清淡，还略带点土腥味，如果继续吃下去，会让你恋恋不舍。猪肉蘸酱和饺子蘸酱绝对不要错过。

冷面、饺子 8,000韩元，猪肉 12,000韩元 11:00~21:00

每月第二周、第四周的周日 02)2266-2611

茶肆轩 다시헌

别具风味的美食

位于韩屋村内，是在木匠李承业家宅的基础上改建而成。在这古色古香的宅子里，既可以喝传统茶，也可以吃传统料理。从窗台映入的南山风景使这里更具韵味。

传统茶 4,000至5,000韩元，汤面 4,000韩元，凉粉 10,000韩元，海鲜葱饼 8,000韩元

10:00~20:00 每周二 02)3411-3422

南山韩屋村 남산한옥마을

展示传统韩屋的场所，坐落于原青鹤洞地界，以仙境般的美景而著称。当年汉阳地区最美的五处宅院全都迁入了这里，包括朴泳孝的房子。这里经常举办韩国舞蹈和曲调培训、传统工艺展示会及艺术舞台等活动，与人们一起分享传统文化，因此，受到大众的喜爱。

4月至10月9:00~21:00，11月至次年3月9:00~20:00

每周二 免费 02)2266-6923~4

http://www.hanokmaeul.org

记录这片土地的地方

首尔千年时间舱

서울천년타임캡슐

位于韩屋村公园内，类似普信阁大钟造型的特殊设施，于 1994 年建造完成，里面放有展示首尔 600 年历史的 600 余件文物，包括各种物件、影像资料和微缩模型等。当时，韩国定于 400 年后，也就是 2394 年开启此舱。

22 岁月的故事 奖忠洞

奖忠坛公园如同一块小绿地隐藏于南山循环路对面，这里记载了许多日本侵略时期的苦难。角落里散落的铜像和石碑一直延伸至南山脚下。

知道洋点心吗

太极堂点心店 태극당 제과점

创建于1946年的点心店，至今仍保留着“洋点心”的称呼。韩式“古典美”室内装修风格和食品的外包装都未改变，就连面包的口感都一如往昔。对于中老年人来说，这里充满了儿时的回忆。

8:30~21:30 02)2279-3152

智慧的土地

东国大学 동국대학교

曹溪宗兴建的私立学校，具有悠久的历史。校区位于南山脚下，景色非常迷人。博物馆内主要收藏了与佛教有关的美术资料，展示了珍贵的文化遗产，包括2件韩国国宝在内。校内的正觉院建筑是在日本侵略时期从景福宫的崇政殿搬迁至此。

http://www.dongguk.edu

汽车剧场

EOE 4 CINUS EOE4 씨너스

在外国电影里经常能看到这种汽车影院。与一般影院不同，这里别具特色，能让你在凉爽的室外欣赏电影。

工作日 15,000韩元，周末 20,000韩元，按车付款

02)2236-2024 http://www.cinus.co.kr

比演出更美的建筑

国立剧场 국립극장

1950年创建的韩国代表性剧场。日升剧场是这里的主剧场，可以容纳1,500人，还有月升剧场、星升剧场，以及用于室外演出的天空剧场，这些剧场都位于南山绿荫环绕的室外雕塑公园内。这里是享受艺术的圣殿，不仅可以观看演出，还能在资料室、室外公园等地方尽情释放自己的心情。当然这里还有各种美食店，包括能够享受宫廷晚宴的朝鲜宫廷菜肴专营店“地和者”，意大利饭店“日与月”，以及露天咖啡店“日之巅”。

地和者 宫廷套餐 15,000韩元，干菜汤 12,000韩元 11:30~21:30 02)2269-5834

日与月 意大利通心粉 11,000至18,000韩元，晚正餐 37,000至45,000韩元 11:30~22:00 02)2280-4188 http://www.ntok.go.kr/

出行信息

乘地铁 3 号线东国大学入口站第 2、3、6 号出口

循环公交 南山循环公交 02

东大门运动场周边 (P80~83)

500m

SK加油站

奖忠餐厅

奖忠洞煎饼店

奖忠洞居民中心

韩亚银行

BUY THE WAY

奖忠太平洋房产

奖忠LETSITELE

东国大学入口站 동대입구역

国民银行

派出所

奖忠中学

韩国一级冷面

平壤面馆 평양면옥

这里的平壤式冷面在首尔绝对是首屈一指，祖传三代的秘制肉汤和筋道十足的面条，几十年来深受人们的喜爱。用豆腐和绿豆芽，配上少量的猪肉，做出来的饺子是吃冷面和年糕的最佳伴侣。

水冷面 9,000韩元，饺子 10,000韩元，鱼腹盘 60,000韩元

11:00~21:30 02)2267-7784

元祖猪蹄街

奖忠洞猪蹄胡同 장충동족발 골목

1945 年 8 月 15 日韩国光复后，这里的北方菜肴猪蹄引来了八方食客，现在已成为奖忠洞的代表品牌。胡同里的 30 多家猪蹄店各具特色，几乎都是有 10 年以上传统的老店。猪蹄蛋白质含量较高，有益健康，因此，前来品尝的人络绎不绝。

猪蹄 20,000至35,000韩元 11:00~24:00

02)2279-2714(胖奶奶店)，02)2278-0557(平壤店)，02)2275-7580(平南奶奶店)

奖忠体育馆 장충체육관

以前号称首尔最好、最大的室内体育场，虽然这已成为过去，但现在还经常举办各种音乐会和文化活动，因此，深受市民的喜爱。该馆地处首尔市中心，交通便利，更拉近了与市民的距离。

02)2236-4194 http://www.jangchunggym.co.kr

铭刻历史的土地

奖忠坛公园 장충단공원

为纪念在朝鲜王朝时代乙未事变中捐躯的大臣及族人而修建的祭坛，以告慰他们的在天之灵。在日本侵略时期，这里被改建成公园，一直延续至今。虽然公园不大，里面只有简单的运动器械和小片树林，但从测量清溪川水量的水标桥到南山公园入口处的儿童棒球场，这段散步路上分布着大大小小的纪念物，在此可以探寻纯宗皇帝亲笔书写的奖忠坛石碑、李俊烈士铜像及“三一”运动纪念碑等历史的足迹。

02)753-5576

绕着城郭散步

新罗大酒店雕塑公园 신라호텔조각공원

位于新罗大酒店迎宾馆后院的室外雕塑公园。沿着 1.6 公里长的散步路，可以欣赏到现代名家作品 70 余件。虽地处特级酒店最深处，如同“秘密花园”一般，但可在此漫步于自然之中，安享美景，欣赏古汉阳城郭的壮观。

02)2233-3131 http://www.shilla.net

索引地图

会贤站 东国大学入口站 22 23

23 饱览首尔 南山探访

位于首尔市中心的南山犹如宝塔上展开的绸缎一样，美丽无比。从这里可以饱览首尔全景，也只有在南山才能享受这样的特殊待遇。茂盛的树木和新鲜的空气使首尔充满了激情，快去看看美丽而又可爱的南山吧。

韩国之魂

安重根纪念馆 안중근기념관

安重根义士是韩国独立运动时期有名的革命家和思想家，在韩国历史上留下了浓重的一笔。展馆里摆放了义士的遗物和藏品。露天展馆被南山公园的绿林笼罩，其铜像、语录石碑等物与南山图书馆、南山喷水广场所构成的美景令人叹为观止。

成人 1,000韩元，青少年 700韩元

3月至10月 9:00~18:00，11月至次年2月 9:30~17:00

02)771-4195~6 http://www.patriot.or.kr

首尔的象征

N首尔塔 N 서울타워

首尔的地标性建筑，从这里可以俯瞰整座城市，就跟从南山顶向下远眺一样。此塔高 236 米（包括南山在内为 479 米），巨大的塔尖是发射电视信号的天线。1980 年对外开放以后，成了有名的旅游胜地。在这里，不仅能将首尔全貌尽收眼底，还能边观赏美景边享用各种美食。

成人 8,000韩元，青少年 6,000韩元，儿童 4,000韩元 10:00~23:00

02)3455-9277，02)3455-9288 http://www.nseoultower.com

瞭望台餐厅 전망대 식당

NGrill

以高级会席料理为主的会展饭店。

11:00~23:00 02)3455-9297

HanCook

韩国传统饭店，精心配制各式菜肴。

11:00~23:00 02)3455-9291

The Place Dining

充满青春活力和浪漫的饭店。

11:00~23:00 02)3455-9220

首尔的中心

八角亭广场 팔각정광장

位于南山顶上，是朝鲜时代国师堂的亭子和广场。旁边有南山烽火台，也就是中央烽火台，负责接收各地传报的消息并上奏朝廷。细细环视四周的道路元标石、时间舱、首尔城郭和卧龙庙等，会有种寻宝的乐趣。通往南山图书馆的台阶是条非常好的散步路。

出行信息

乘地铁 3 号线东国大学入口站第 6 号出口

循环公交 02（南山循环公交）

首尔动画中心 서울애니메이션센터

在动画影馆和漫画博物馆等处收藏了有关漫画和动画的信息和资料。这里被赋予了新的文化内涵，并非只有儿童喜爱的“漫画书”，在形态各异的资料室和展馆里，成人也可以获取有关漫画和动画的信息，阅览相关资料，这里已成为人人可用的“开放空间”。

9:00~18:00 每周一 02)3455-8341~2 http://www.ani.seoul.kr

丰光别墅

首尔的奇趣

南山缆车 남산케이블카

观赏南山和首尔中心景色的地方。1962 年开业至今，成为南山代表性景点，深受人们的喜爱。虽然索道全长不过 600 多米，上下仅需 3 分多钟，但天气好的时候，从缆车上欣赏首尔的夜景，比想象中的景色要漂亮多了。

成人 往返7,000韩元，单程5,500韩元；青少年往返4,500韩元，单程3,000韩元

10:00~23:00 02)753-2403 http://www.cablecar.co.kr

国立剧场(P62)
국립극장

首尔市科学展馆

서울특별시 과학전시관

探索学习馆位于原儿童会馆内，非常适合小学生及其父母同往参观，但别忘了去展示世界民俗文化遗产的地球村民俗教育博物馆看看。

探索学习馆

10:00~17:00 每周一 02)3111-264，02)3111-276

http://www.ssp.re.kr

地球村民俗教育博物馆

10:00~17:00 02)3111-316 http://www.serii.re.kr/relic

角亭服务站
각정휴게소

3km

南山2号隧道

南山1号隧道

南山循环路，天然气公交

남산순환로，천연가스 버스

乘车去游南山

南山循环路是一条散步路，长 3.5 公里，全程限制车辆通行，以保护自然环境。从国立剧场到南山图书馆的林荫道，道路两边的树木郁郁葱葱，非常茂盛。每到樱花盛开的季节，景色十分优美，千万不可错过。要到这里游玩，只能乘坐 02 号、03 号天然气公交车，它们也被称为“南山文化旅游巴士”，02 号线路为首尔塔—动画中心—韩屋村—国立剧场，03 号线路为首尔塔—白凡广场—梨泰院。

02)491-0205(北部线路)

南山艺术院室外婚礼场

水泥上盛开的花朵

露天植物园（南山公园）

야외식물원（남산공원）

在 1994 年炸毁的公寓旧址上修建起来的露天公园，成为“寻找南山原貌”的象征，历经 10 余载岁月，已逐步形成了人与自然的和谐之美。在松树广场和赤脚散步路等地，还能感受到南山的自然之美。

02)753-2563 http://www.parks.seoul.go.kr/namsan/

索引地图
乙支路入口站
12
13
11
24,25
21
26,27
明洞站

24 洋溢着祝福的街道，血拼购物的天堂

明洞 I

明洞被誉为流行风向标，在其小山之上，坐落着明洞圣堂，圣堂里圣母马利亚像和周围的烛光点缀着喧闹而又绚烂的街道，让人感到温暖。在充满乐声和浪漫的明洞，每个角落都会散发出五彩的霞光。

大韩音乐社 대한음악사

象征着明洞50多年文化历史的音乐专营书店。“在大韩音乐社买不到的乐谱，整个韩国都买不到”，从这句俗语中可以看出该店悠久的历史，从前来询问乐谱的年轻人身上也不难看出大韩音乐社往日的面貌。

9:30~20:30 02)776-0577

明洞星星社 명동스타사

有名的皮具保养店，专门保养服装、皮鞋和皮包等高档进口商品，距今已有50多年历史。虽然现在“翻新”已处处可见，但该店的声望一直未变，通过各种手工技艺，使陈旧和磨损的衣服焕然一新。

9:00~20:30(周六 9:00~19:30，周日下午只接单)

02)777-4203 http://www.myungdongstarsa.com

翻新之星

醇正的月饼味道

稻香村 도향촌

制作中国传统中秋食品——月饼的地方，其味道一点儿也不逊色于中国国内，还有中国人到这里来学习制作工艺。虽然名字很陌生，如什锦月饼、芙蓉糕和状元饼等，但都是不可错过的美味。细细地听着介绍，再好好尝一尝，非常解馋。

9:00~20:30(周日11:00~18:00)

02)776-5671

奇特的购物之旅

会贤洞地下商城 회현동 지하상가

这里有老式留声机唱片、漫画、登山装备和邮票等各式的商品，直接挑战你的视觉和钱包。老式留声机唱片多种多样，有一张要价几百万韩元的珍品，也有一摞不到1万韩元的复制品。好好逛逛这里的特色商店，会让你觉得不虚此行。

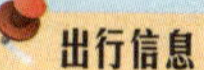

出行信息

乘地铁 4 号线明洞站第 5、10 号出口
Ⓡ广域公交 5500, 9000,9401
Ⓑ干线公交 104,202, 263,507,604,406
Ⓖ支线公交 0013,0211,7011

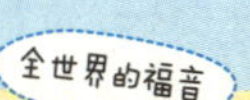

明洞圣堂 명동성당

韩国天主教会的象征。1898 年建造的圣堂坐落于明洞小山之上，见证了这片土地许多重要的历史时刻，其十字架造型的哥特式建筑本身就蕴藏着韩国教会的历史。圣堂内部的古典风格、彩花玻璃和地下圣堂等能让人不由得感到神的旨意。

☎ 02)774-1784 🏠 http://www.mdsd.or.kr

文化的旗帜

仓库小剧场 창고소극장

创建于 1975 年，是韩国国内历史最悠久的民办剧场，曾留下许多明星、名家的身影，被人昵称为“小剧场的圣地”、“话剧界的独岛”等。随着大学路逐步成为话剧界的中心，这里举办的活动有所减少，但其典雅的建筑依然是明洞文化的象征。

🕒 11:00~20:00(演出时间) ☎ 02)319-8020

TEA'US 权相宇经营的咖啡屋 티어스

TEA'US 源自权相宇的昵称 Mr.Tears，在此可以享用到意大利咖啡和冰激凌。这里已成为权相宇影迷经常光顾的地方。

☎ 02)2079-0990 🏠 http://www.tea-us.co.kr/

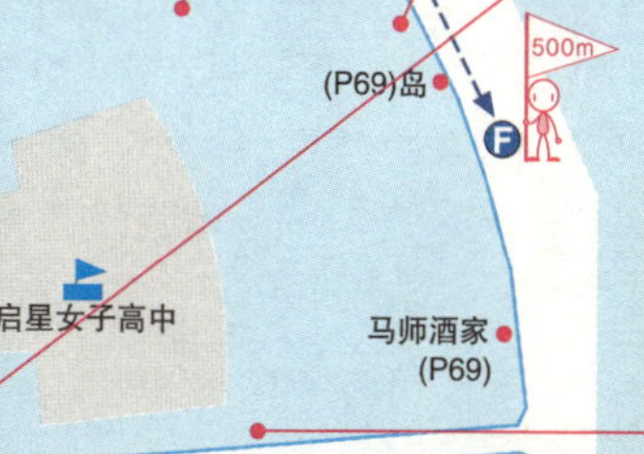

有深度的声音

宇宙电子 우주전자

音乐发烧友购买专业设备的地方，价格从几十万到上亿韩元不等。这里的商家和音乐茶吧一起将明洞打造成了“音乐中心”，但如今大多数店倒闭了，只剩下三四家还在支撑着。这些商家历经十余载磨炼，其专业深度非大型电子商城可比。

🕒 9:30~20:30 ☎ 02)755-6339

时尚风向标

明洞 Migliore 명동 밀리오레

明洞最大规模的时尚卖场，延续着东大门 Migliore 的辉煌。这里的特色是充满青春感的衣服和饰品，以及专为顶级“拥趸者”准备的时尚商品。

🕒 11:00~23:00 休 每周一 ☎ 02)2124-0001

25 美食发现之旅 明洞 II

明洞的美食店有着悠久的传统，十几年传承的手艺将老酱味发挥得淋漓尽致。快去找找那些名店吧，每处都有让你点头称道的秘诀。

明洞炸猪排 명동돈까스

韩国最早的日式炸猪排店。餐桌环绕在料理操作台周围，看着现炸猪排能让你垂涎三尺。卷心菜配着炸猪排，味道浓厚而又鲜美。猪肉里裹着奶酪和各种蔬菜的炸猪排卷，现炸现吃，味道好极了。

菲力猪排 9,000韩元，鱼排 8,000韩元，炸猪排卷 12,000韩元

11:00~21:30 02)776-5300

牛骨汤之王

河东馆 하동관

从乙支路搬迁至此，是首尔牛骨汤的代名词，60年不变的老字号。铜碗里盛满了浓汤和上等牛肉，吃起来非常爽口，再加个鸡蛋，会使汤味更浓。该店拥有一大批忠实的顾客。

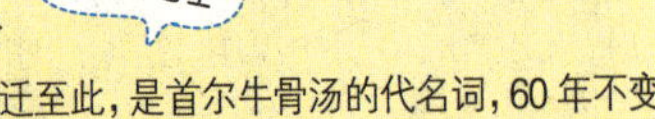

牛骨汤 精选10,000韩元，普通8,000韩元，白切肉 40,000韩元 7:00~16:30

每月第一、第三周的周日 02)776-5656

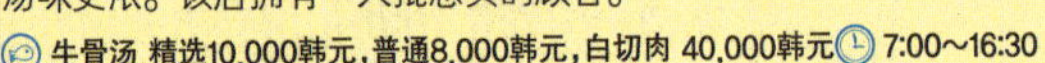

记忆中的醒酒汤

明洞另家汤饭 명동따로국밥

在充满流行时尚的明洞街，该店的汤饭享誉已久。泛黄的老建筑记载了明洞20世纪70年代的回忆。在用筛骨和牛排骨熬制的汤里放上牛胸肉、牛排骨和豆芽，烹煮出极妙的味道。

汤饭 7,000韩元，下酒酱汤 10,000韩元，各种煎饼 7,000至15,000韩元，炖柄海鞘 10,000韩元

24小时 02)776-2455

自信的味道

百济参鸡汤 백제 삼계탕

1968年开业的参鸡汤店。店老板非常有自信，称自己店里的美食无与伦比。这里比较特别的是在上参鸡汤之前，先上糯米饭、小菜和人参酒垫垫肚子。这里的炒鸡内脏是非常受欢迎的下酒菜。

参鸡汤、全鸡13,000韩元，鲍鱼酒 12,000韩元，乌鸡汤、辣味炖鸡汤 20,000韩元

10:00~22:00 02)776-3267

酱肉的味道

山东饺子 산동교자

华侨街上的中国饭店。在这里可以感受到中餐厚重的味道和独特的香气。皮薄筋道的饺子、清爽美味的牡蛎辣汤面，以及五香酱肉是这里的特色菜，引来无数的回头客。

饺子 4,500韩元，牡蛎辣汤面 6,000韩元，五香酱肉 19,000韩元

11:30~22:00 02)778-4150

出行信息

乘坐地铁 4 号线明洞站第 5、10 号出口

Ⓡ广域公交 5500, 9000,9401

Ⓑ干线公交 104,202, 263,507,604,406

Ⓖ支线公交 0013, 0211,7011

Zen Hideaway 젠 하이드 어웨이

将意大利饮食与东方菜肴融为一体的饭店。Zen Hideaway的意思是隐匿的招待场所，来到这就跟来到疗养胜地一样。这里精心准备了米线和泰式面条，通心粉和比萨，牛排和炖菜等各式菜肴，特色菜有比萨饼上抹了海鲜奶油的 Zen 海鲜通心粉和散发着马沙拉葡萄酒味的菲力牛排。主餐前上的 Grissini 面包棒和 Focaccia 香料面包可能就已经把你的肚子填饱了。

Zen海鲜通心粉 17,000韩元，菲力牛排 34,000韩元

12:00~23:00 节假日 02)776-1461

祖师级的味道

明洞饺子 명동교자

明洞刀切面的代名词。用鸡肉和海鲜熬制的肉汤做出来的刀切面完整保留了肉汤的味道。刀切面上放了肉酱和蔬菜，与面汤完美地搭配在一起，散发着清香。在喝剩的汤里放入糯米饭泡着吃，味道绝对是美味中的美味。

刀切面、饺子、拌面、豆面条、袋装饺子 7,000韩元

10:30~21:30 02)776-3424

岛 섬

门面不大的咖啡屋，其中一面墙上放满了留声机唱片，从中显示出这家店优雅的氛围。该店从夜幕降临一直营业至凌晨，相比其他饭店来说，喜欢浪漫的人更钟情于这里。

下酒菜、明太鱼 15,000韩元，水果盘 20,000韩元

19:00~次日2:00 02)756-0582

浪漫的爱尔兰

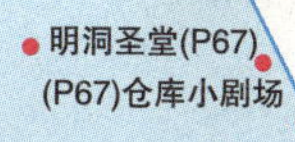

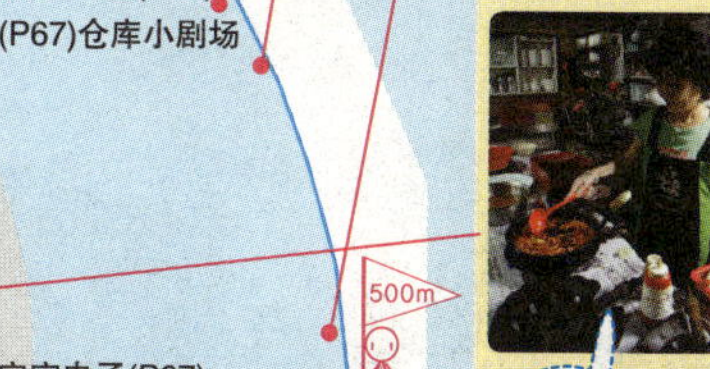

老奶奶章鱼 할매낙지

音乐茶吧是明洞一个时代的象征，有许多年轻人手拿吉他来到这里，这家店就是他们当时最常去的章鱼料理店。平底锅里放着新鲜的章鱼和各种作料，炒出来的味道一如往昔。辣炒章鱼配上鱼丸汤、腌萝卜和拌豆芽，味道就更鲜美了。

交口称赞的章鱼

辣炒章鱼 15,000至30,000韩元，辣炒猪肉 12,000至20,000韩元

11:00~22:00 02)757-3353

Outback

世宗酒店

忠武路站

洞站
동역

名所 명소

尽人皆知的炭烤排骨专营店，整洁典雅的装修突显出饭店的档次。这里的韩国传统美食深受外国友人的喜爱。

熏排骨 28,000韩元，牛柳 36,000韩元，排骨汤、石锅拌饭 6,000韩元，冷面 5,000韩元

10:00~22:30 02)752-8620

奢华的烤肉店

新明洞客栈

马师酒家 마사주가

一到晚上，门口悬挂的红灯笼闪闪发光，很容易让人联想到中国的客栈。在这里不仅能吃到中国的高级菜肴，还能品尝到高纯度美酒。午餐精选绝对是不可多得的美味。

猪柳盖饭 5,500韩元，辣椒杂烩饭 6,000韩元，八珍炒面 6,500韩元，翡翠冷面 7,000韩元

10:00~22:00

02)775-8986

完美的和谐

茅草屋 초가집

明洞街上喝咚咚酒和吃葱饼的好去处。该店分上下两层，有各种传统美食和下酒菜，宽敞的就餐环境非常适合集体聚餐。

咚咚酒 8,000韩元，葱饼 12,000韩元

11:30~次日4:00

02)778-1623~4

独立运动和民主化的圣地

第八位 西大门刑务所历史馆 | 서대문형무소 역사관

修建于1907年，是最早的现代式监狱，其前身为日本修建的京城监狱，妄图镇压韩国各地的独立运动，以维持风中之烛般的国家命运。这里曾关押和残害了金九、柳宽顺等许多爱国志士。光复后至1987年，这里一直被当做拘留所，关押民主化运动的政治犯。展馆前有独立公园、独立门、独立馆和“三一”独立宣言纪念塔等，它们记载着韩国近代史中屈辱和苦难的点点滴滴。

独立公园

连接着独立门和展馆，这里绿树成荫，矗立着殉国先烈追思塔、“三一”独立宣言纪念塔等纪念建筑。散步路直通仁王山脚，其恬静安雅与自然之美相映生辉。该公园将被打造成大型的神圣之地，成为纪念日本侵略时期独立运动和韩国民主化运动的象征性场所。

独立门，独立馆

前身为朝鲜时期迎接中国使臣的迎恩门和被称为慕华馆的迎宾馆。独立门仿照巴黎凯旋门造型，由独立协会出资兴建，是具有近代化象征意义的纪念建筑。门前矗立的两根石柱是原迎恩门的基柱。1898年，被日军拆除之前，独立馆一直是改革思潮和启蒙运动的汇集地，每周都会召开市民讨论会，1997年复原后，就被当做独立协会的办公室，这里是韩国市民运动和言论自由的发源地。这里是韩国独立运动和民主化运动的象征性场所。

西大门刑务所

当时亚洲最大的监狱，共有15幢监房。红色石墙砌成的建筑十分坚固，使用至今也是绰绰有余。展馆由五间牢房和原看守住所组成，环顾当年暴施酷刑的地下监室，让人不寒而栗。旧女舍是关押女犯的地方，当年柳宽顺烈士就是在此被严刑拷打而死。死刑场建于刑务所的隐蔽之处，看一看都会让人无比心痛。

Ⓦ 成人 1,500韩元，青少年 1,000韩元，儿童 700韩元 3月至11月 9:30~18:00，11月至次年2月 9:30~17:00

02)360-8590~1 http://www.sscmc.or.kr(西大门区城市管理园区)

第九位

秉承许浚遗志的地方

首尔药令市场 | 서울약령시장

位于东大门附近，是韩国最大的中药市场，秉承了朝鲜时代专为穷人治病的普济院传统。众所周知的“京东市场”就是它的别称。这里云集了中医院、药材店等1000多家与中草药有关的商铺和医院，韩国70%的药材都在此流通，因此，商家自诩“这里买不到的中药，整个韩国都买不到”。一进胡同，满目都是拎着小药篮子的老大妈和各种各样的药材，以及药罐里冒着的水蒸气，感觉就像泡在了药水里一样。这里的药材按进口和国产两种分开销售，价格也只有市场价的60%~70%，因此，在这儿选购五味子茶，乃至补药都充满了乐趣。在传统市场附近已经建起了大型的中药商城，虽然没有了走店串户的快乐，但环境整洁，服务周到，便利设施更为齐全。

02)965-2239

http://www.kyungdongmart.com(京东市场)

索引地图

26 笑脸相迎的人们
南大门市场 I

从首尔站，途经南大门到达南大门市场，这条路是古汉阳百姓往来最常走的大道。历经了岁月的变迁，市场繁华依旧，向人们宣告了，这里仍然是首尔的中心。琳琅满目的商品点缀着人们的生活。

南大门市场购物 남대문시장 쇼핑

南大门市场是韩国最老、最大的综合市场，24 小时都能买到衣服、厨房用具、农水产品和进口商品等各类物件。市场每天 10:00 开业，直到次日 3:00 批发市场开张，24 小时不间断运营着。来这儿逛之前，最好先弄清各种物品专卖区的位置。

02)753-2805(南大门旅游介绍所)

被子批发商城 이불도매상가

购买结婚用品、手工艺品、厨房用具和礼品等各类生活用品的地方。外国游客也经常来此，购买经济实惠的物品。

南大门——崇礼门 남대문 — 숭례문(崇禮門)

韩国国宝第 1 号，是汉阳四门中的正门，在首尔木造建筑中历史最为悠久，庄重而又美丽。流光溢彩的夜景完美地融于周边大型现代建筑中，象征着首尔 600 年的历史。2008 年 2 月 10 日，一场突如其来的火灾使其付之一炬。让我们一起期待它重现辉煌的时刻吧。

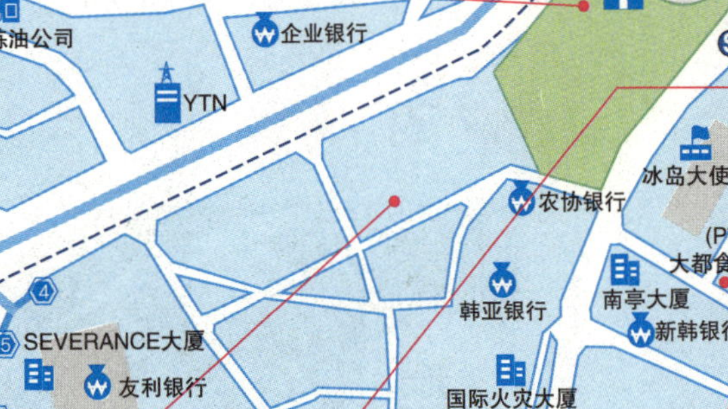

首尔站 서울역

火车的故乡

修建于 1925 年，如今伴随着高速铁路的开通，又抒写下了新的历史。老行政官邸是韩国 80 多年铁路史的象征，现正被改造成综合文化场所。

02)1544-7788

http://www.skorail.com

进口用品商城 수입용품상가

这里云集了从世界各地进口来的服装、食品、家用电器和日用百货等商品，其中大部分在别的地方难得一见，面向全国批发和零售。

文具批发商城 문구도매상가

这里有韩国国内最大的文具综合商场——阿尔法文具总店，其周边还有许多文具用品批发商店。这里的商品多种多样，有专门的文具用品、孩子们的玩具等，批发、零售兼营。

红参、紫菜等涉外定点商店 홍삼, 김 등외국인 전문 쇼핑

这里云集了外国游客最喜爱的韩国商品，如红参制品、紫菜和泡菜等。从航空包装到送货，一条龙服务为购物提供了方便，并且价格低廉，仅为同类商品的 70% 左右。

出行信息

乘地铁 4 号线会贤站第 1~7 号出口

Ⓡ广域公交 5500, 9502,9205

Ⓑ干线公交 5500, 9502,9205,104, 202,503,605,263, 149,151,163,500

Ⓖ支线公交 0211, 0015,7022,0013, 7011,7013

serona 购物中心 새로나 쇼핑센터

相机的天堂

日本侵略时期，因独立运动而闻名的尚洞都会就位于此。一楼的相机及配件专柜享誉全国。

Mesa 메사

百花齐放

南大门市场最大的超级购物中心。每层楼都有各自的主题，许多传统风格的专柜都云集于此。

02)2128–5000

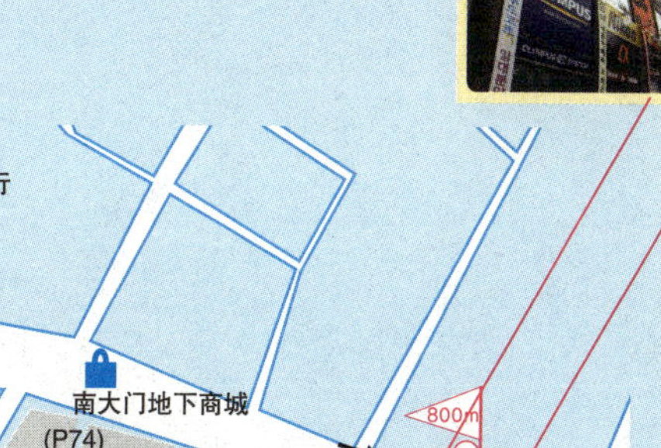

新世界百货商店 신세계백화점

传统名店

韩国最高、最老的百货商店。1930 年开业时，该店是日本三越百货商店的“京城分店”，如今仍能跻身高档百货商店之列。2007 年，通过大规模房屋改造工程，这里又重新焕发了光彩。

02)1588–1234

http://www.department.shinsegae.com

鬼怪市场 도깨비 시장

该市场位于大都商城地下，主营奇特的物品，因此被称为“鬼怪市场”。这里当做馈赠礼品的商品极具人气，深受贵妇人和领导阶层的青睐。你要是来这看看手工饰品、碗、瓷器和家具等也会觉得很有意思。

2:00~18:00

每周六15:00至周日23:00

军用品 군인용품

地摊卖的老式军装、军用仿品、背包和毛毯等军用品在这里都能买到，而且价格更低，主要面向那些回味军队生活或者追求时尚的年轻人。

登山用品 등산용품

从休闲登山鞋到专业登山装备，这里的登山用品非常齐全。购买喜爱的商品时，还可议价。

Woon 童装，童装胡同

원아동복，아동복 골목

小而可爱的童装批发、零售点，周边云集了许多童装商铺，对普通消费者来说，10:00~14:00 是最合适的购物时间。

索引地图
11
24,25
会贤站
明洞站
26,27
首尔站

27 温暖的晨曦
南大门市场 II

丰盛的美食给疲倦的人们带来了食欲，正是这些美食店，才使得市场能 24 小时保持旺盛的活力。这些店迎来送往，非常热情周到。热乎乎的汤饭让整条街都充满了爱意。

南大门市场全貌 남대문시장의 모습

朝鲜王朝中期，这里的商家非常出名。朝鲜战争后，这里是首尔最早批准运营的市场。该市场占地6万多平方米，云集了1万多家商铺，每天的客流量达到40万人，绝对是韩国国内名副其实的最大型综合市场。白天，零售市场川流不息，到了凌晨，批发市场红红火火，24小时不间断运转。

中国式手工包子

佳美谷手工包子 가메골 손만두

手工包子店，位于会贤站第5号出口附近，主要制作中国式发面大包子，门前常常排起长龙。用蔬菜和肉末做出的包子馅里既有食材的清香，又有辣椒油的辣味。这里还有散发着嫩南瓜和豆腐干味道的手工刀切面。如果买盒装大包子的话，价格还能优惠。分店设在仓洞站。

大包子 4个 2,000韩元(盒装)，刀切面 4,000韩元

8:00~20:00 02)755-2569

丰盛的美味

晋州居 진주집

50年历史的牛尾汤老店，非常有名。该店的牛尾汤量多汤稠，非常醇正。牛尾蘸着放满蒜泥和韭菜的调味酱汁，那味道真是极品。

牛尾汤 15,000韩元，蹄汤 17,000韩元，炖牛尾 55,000韩元，白切肉 30,000韩元

24小时 02)753-9813

瘦身？算了吧

大都食堂 대도식당

店里的每样菜都是不可多得的美味。将蛤蜊、八带鱼、虾和鲍鱼与蘑菇等蔬菜放在一起，烤制出来的海鲜烤肉味道别具特色。在这里，吃着俗称"红肉"的烤猪颈肉，配着米饭，会让你把瘦身抛到脑后。海鲜杂烩汤是这里的招牌菜。

海鲜烤肉 35,000韩元，猪颈肉(2人份) 18,000韩元，海鲜杂烩汤(2人份) 16,000韩元

5:30~21:00 02)777-7662

南大门馅饼摊

남대문호떡포장마차

为了能吃到实惠的蔬菜馅饼和香甜的蜜饯馅饼，这里常常会排起长龙。

蔬菜馅饼 1,000韩元，蜜饯馅饼 700韩元

气罐用尽为止

出行信息

乘地铁 4 号线会贤站第 5~7 号出口

Ⓡ广域公交 5500, 9502,9205

Ⓑ干线公交 5500, 9502,9205,104, 202,503,605,263, 149,151,163,500

Ⓖ支线公交 0211, 0015,7022,0013, 7011,7013

市场的旗帜

雾津屋 무진옥

南大门饮食胡同 24 小时营业，该店是这里的旗舰店。从微辣的下酒酱汤到香甜的南瓜粥、紫菜包饭，各式各样的菜品满足了不同顾客的需求，可以称得上是南大门的饮食百货店。

米肠泡饭 6,000韩元，大麦饭、南瓜粥 4,000韩元

24小时 02)757-9559

首尔市厅 外换银行 兴国生命大厦 叉路 南大门地下商城 明洞 800m 文具批发商城 企业银行 (P72) 被子批发商城 女装胡同 serona购物中心 (P73) 水岛大使馆 南大门市场 友利银行 涉外定点商店 (P72) (P73)Mesa SC第一银行 军用品 (P73) (P73) 童装胡同 新韩银行 新世界百货商店 (P73) (P73) 登山用品 会贤站 韩亚银行 会贤高架车道 明洞站 南山 会贤治安中心 皇宫酒店 友利银行总店 首尔雷克斯酒店

传承三代的口味

洪福 홍복

1958年开始营业的传统中华料理店。传承三代的口味深受十几年老顾客和年轻人的喜爱。饭店规模也从当年一间小屋发展成了 4 层楼房，既有高档包间，又能接待集体聚会。

肉末炸酱面 4,500韩元，炸酱炒牛肉 25,000韩元，油淋鸡 20,000韩元，海参鲍鱼 55,000韩元

11:00~22:00 02)753-4455

会贤参鸡汤 회현삼계탕

30 年历史的参鸡汤专营店。这里的日本客人特别多，就连菜单牌都换成了日语。其清爽细腻的参鸡汤深受好评。此外，这里的牛膝骨汤和牛尾汤也很好吃。

参鸡汤、牛膝骨汤 10,000韩元，牛尾汤 12,000韩元

9:00~22:00 02)755-3561

美味的鸡肉牛排汤

岭南居 영남집

40 年传承的鸡肉牛排汤店。该店的鸡肉牛排汤味道比其他店都要厚重，秘诀就在于精准的火候掌控，不多不少整整 2 小时。该店用清爽的面汤和细嫩的鸡肉制作的醒酒汤和下酒菜非常有名。此外，店老板亲手熬制的老味全鸡汤也非常美味。

鸡肉牛排汤 6,000韩元，老味全鸡汤 15,000韩元

4:00~21:00 02)778-3537

相聚的胡同

南大门排档胡同

남대문 포장마차 골목

每当夜幕降临，南大门市场街道就会被客商占据，变成了巨大的自助餐厅。街道上的大排档点亮了夜空，放射出的灯光成了这里的象征。从葱饼、海鲜串、炒杂菜到酒、冰果汁和猪蹄汤，这里已成为一条美食街和观光街。

正宗南道的味道

老幺生拌店 막내횟집

喜欢生鱼片的人在这里就可以一饱口福了。用莞岛直运过来的食材做出厚大饱满的料理，味道十分鲜美。午餐的生拌套餐有丰盛的生鱼片、红烧青花鱼、大酱汤、炒鱿鱼和辣味汤等，生鱼片盖饭也很好吃。该店的 1 号店和 2 号店都在南大门市场内。

一碟 20,000至50,000韩元，生拌套餐(午餐精选) 10,000韩元，生鱼片盖饭 5,000韩元

8:00~24:00 02)755-5115

索引地图

28 高丽大学站
高丽大学
安岩站

28 老虎的乐园

高丽大学

以前安岩街的葱饼和马格利酒非常有名。现在，这里不仅有许多美食店受到年轻人的喜爱，还有许多餐厅静静地等待着人们的光顾。让我们一起去看看研究民族史学的校园，去尝尝那些美食吧。

安岩街的慈悲

开运寺 개운사

开运寺是由当年帮助朝鲜建国的无学法师创建。这里的中央僧伽大学是专门培养佛教界领导的地方，如今，中央僧伽大学已经迁出去了，只剩下了开运寺。该寺附近还有大云庵和普陀寺，其中，位于普陀寺大雄宝殿后的摩崖石佛被指定为首尔有形文化遗产。

02)926-4069

http://www.gaeunsa.org

集市面条的味道

Mooa 무아

用南海产的鳀鱼做出的肉汤味道非常醇正。相比其他地方，这里的面条更宽、更筋道，吃起来更有嚼头。另外，这里还有煎饼和马格利酒，如果下雨天来吃，味道会更好。

面条、拌面 精品3,500韩元，普通2,500韩元

10:00～次日1:00 02)927-7050

新鲜的汉堡

youngchul burger 영철버거

原先只是个小排档，现在已经发展成为Youngchul连锁店的总店。该店选用新鲜食材，制作出的即食汉堡非常精美，而且店老板还热心于公益事业，每年都会从赢利中拿出一部分当做学生的奖学金。这段时间，由于原料费用上涨和竞争压力严峻，Youngchul汉堡的特色食品Street汉堡已从菜单中删除了，现在正在研制Street汉堡第2代。

香甜奶酪汉堡 3,000韩元，新式传统汉堡 3,200韩元

8:00～次日1:00 02)922-1668

PICCOLO 삐꼴로

正宗的意大利饭店，至今仍非常有名。店老板本身也是比萨原料供应商，该店选用上等食材，做出来的味道吸引了众多来客。如果想在高丽大学附近吃意大利面和比萨的话，就来这家店吧。

比萨、通心粉 11,000至14,000韩元

12:00～21:30 每周日

02)928-3442

烤全鸡的美味

三成全鸡 삼성통닭

生意火暴的全鸡店，每天晚上卖出的数量不计其数。不仅是高丽大学学生，慕名而来的人也非常多。喝着啤酒，吃着香喷喷的炸鸡，简直美味无比。

烤全鸡 13,000韩元，炸鸡 14,000韩元，熏炸鸡 15,000韩元

10:00～次日5:00 全年营业 02)922-0077

原豆咖啡名店

Bohemian 보헤미안

这里记载了韩国原豆咖啡的历史和制作工艺，从进入地下商场的入口开始，就遍布咖啡香气。在这里，可以品尝到各种各样的咖啡，也可以购买自己喜爱的原豆。每周日，这里都会开设高级咖啡讲堂，可以咨询相关知识。

咖啡 4,000至6,000韩元 10:00~23:00，周日有咖啡讲堂
02)927-7949 http://www.cafebohemian.co.kr

出行信息

乘地铁6号线高丽大学站第1号出口，安岩站第2、3号出口

Ⓡ广域公交 1000
Ⓑ干线公交 144,163,273
Ⓖ支线公交 1212, 1017,7211,1111

中央广场

清凉里

企业银行

民族史学的殿堂

高丽大学主楼和研究生院

고려대학교 본관과 대학원

1905年，由民间资本兴建的大学，要研究韩国近代史能从这里的史学院找到借鉴。主楼和研究生院被指定为近代建筑的重要遗产。近期，刚重新装修完，为下一个百年做好准备。

02)3290-0114 http://www.korea.ac.kr

高丽大学博物馆 고려대학교 박물관

位于百年纪念馆内的高丽大学一民博物馆，其藏品和设施在大学博物馆中享有盛誉。特别是百年史展馆，记载了与韩国近代史同时代的高丽大学历史，看看这里就能侧面了解韩国的历史。另外，现代美术展馆也收藏了许多重要的艺术作品。

免费(专展需收费) 每周一
10:00~17:00 02)3290-1514
http://www.museum.korea.ac.kr

一流的大学博物馆

印度餐厅贝拿勒斯 인도음식점 베나레스

该店的服务员统一穿着印度传统服饰，就连店里的装修都是以大象为主题。2003年，一次偶然的机会，该店老板徒步游历印度时，被印度美食深深吸引，因此开了这家餐厅。该店从不使用人工调料，只在咖喱里添加有益健康的"姜黄"，制作出多种咖喱菜品。这里物美价廉，因此深受大学生们的喜爱。

贝拿勒斯套餐 25,000韩元，蘑菇鸡汤 4,000韩元，唐多里烧鸡 8,000韩元，咖喱 7,500韩元 02)921-9982

甲天下，天下客栈 갑천하 & 천하객잔

午餐时间营业的自助餐厅，可以尽情享用中国饮食，当然这里厨师的烹饪水平非常高。到了晚上，一楼就成了客栈，可以享用各种物美价廉的下酒菜，其中，北京糖醋肉非常有名。

甲天下 午餐自助 7,700韩元(周一至周六 11:00~14:00)，料理 15,000至30,000韩元
11:30~22:00 周日、公休日

天下客栈 北京糖醋肉 7,000韩元，八宝菜 10,000韩元 5:00~次日4:00 全年营业
02)953-4653

安岩烤串 안암꼬치

经营了近30年的烤串和烤鱼店，周围的人都亲切地称呼店主为老妈妈。这里不仅味道好，而且店主很热情，因此许多毕业生重返母校时必会来此一聚。虽然路边也有相同店名的饭店，但千万别弄错了，一定要到胡同里去找找。

烤串类 6,000韩元，烤鲅鱼、秋刀鱼 7,000韩元，烤青花鱼 7,500韩元
5:00~次日4:00
每月第一、第三周的周日 02)922-1379

索引地图

18,19,20
14
钟路5街站
29
东大门站
30
东大门运动场站

29 思念产生了爱

东大门周边

原被称为"魔鬼市场"的黄鹤洞市场湮没于清溪川复建工程之中，从此消失于世，这自然会勾起人们的无限思念。那些沉溺于往日记忆中的老人在东大门附近重新找到了回忆，但很快这些美食店又被世界各地的外国人所占据，对这些老人来说，只能空余相思街中行了。

烤鱼名店

湖南屋 호남집

位于东大门购物商城饮食胡同里的标志性老店。从早餐开始，便开始制作铁板烤鱼，闻其味便知其所在。将青花鱼、秋刀鱼和鲅鱼放入姜水中去腥后，放在铁板上煎烤，再配上可口的家常小菜简直就是梦幻组合。

烤青花鱼、秋刀鱼、鲅鱼和咸黄花配饭 6,000韩元

02)2279-0996

东大门——兴仁之门

동대문 — 흥인지문（興仁之門）

朝鲜王朝时代，固守汉阳东面的城门。这里与别处不同，在原来城墙的基础上，又新增了半月形的瓮城。它与南大门（崇礼门）一起成为首尔市中心的象征，是韩国国宝第1号。

韩国老式饭店

泥岘 진고개

1963年开业至今，仍是非常有名的韩式餐馆。快餐、鱼腹和排骨汤等开城韩式套餐味道一流，黄瓜泡菜和水泡菜等可另点的家常小菜也很美味。此外，这里经营的日式餐厅味道也不落于韩餐之后。

排骨汤 8,000韩元，快餐套餐 A套餐 13,000韩元，B套餐17,000韩元，烤肉17,000韩元，炖排骨套餐 16,000韩元

02)763-3565

元祖——有名的一只鸡元祖店 소문난 닭 한마리

将塞满土豆的整鸡与肉汤、大葱和泡菜片一同熬制，虽然食材简单，但混合的味道鲜美无比。当然，你还可以尝试其他吃法，如鸡肉蘸酱、剩汤下面等。

一只鸡 15,000韩元，辣味炖鸡汤 18,000韩元，另加面条、土豆2,000韩元

02)2279-2078

原汁原味的鲜明太鱼炖汤

Imone 이모네

每天凌晨，店主都会亲自采购新鲜的明太鱼，再加上十几年练就的烹饪技艺，精心做出来的鲜明太鱼汤味道上乘。尽管鲜明太鱼的价格相比菜价上涨了不少，但店主为了确保味道不变，依然坚持使用鲜明太鱼制作佳肴。

鲜明太鱼汤、银鱼汤 8,000韩元，鲜章鱼 大份 20,000韩元、小份10,000韩元

02)2277-8697

衣料的世界

东大门购物商城 동대문 쇼핑타운

韩国最大的真丝和布料批发市场，云集了包括扣子、服装饰品等在内的所有服装原材料批发商。这里的物品非常齐全，可以说是应有尽有。

7:00~20:00　02)2263-0114

http://www.dongdaemunsc.co.kr

出行信息

乘地铁1号线、4号线东大门站第1~9号出口

Ⓡ广域公交 1000, 9205, 9403

Ⓑ干线公交 100,149, 152,260,270,300, 370,420,720

Ⓖ支线公交 2012,2112,2233

回忆咖喱故乡的地方

喜马拉雅山脉的印度尼泊尔餐厅

히말라얀 인도네팔식당

印度和尼泊尔人经营的餐厅，在这里可以品尝到当地传统的咖喱料理。用添加了多种作料的鸡肉烤制出来的唐多里烤鸡和印度传统的喀布里咖喱料理味道非常独特。这里的每样菜品都能让人感到快乐。

喀布里咖喱料理 5,000韩元，唐多里烤鸡 一只 大16,000韩元、小9,000韩元，鸡肉咖喱9,000韩元

11:00~23:00　02)3672-1566

东庙 동묘（東廟）

祭奠《三国志》里蜀国大将关羽的庙宇。民间传说，壬辰倭乱时，朝鲜和明朝能赶走倭寇，皆仰仗关羽将军之庇佑，因此，修建该庙。在中国式建筑里摆放着关羽的木像，这已成为一种特殊的文化遗产。

学习用品的天堂

文具商场 문구상가

这里专营学习用品、文具、宴会用品及玩具等与学生有关的各类商品，价格最少比市价便宜30%，每家专柜都有各自的特色。要想来此购物，最好先了解需要的物品。

9:00~19:00

东大门羊肉馆 동대문 양육관점

这是一家中国饭店，以正宗的中国烤串而出名。将羊肉串放在炭火上烤，再撒上辣椒粉等中国传统配料，烤制出来的味道特别香。这里的糖醋肉和水饺也很好吃。

羊肉串 7,000韩元，牛肉 8,000韩元，糖醋肉 12,000韩元，水饺 4,000韩元，茄子料理 12,000韩元

12:00~次日1:00　02)766-9388

动物批发商场

동물 도매상가

从观赏用的热带鱼到猴子，所有家里能喂养的动物这里都有。在此，还能买到仓鼠、乌龟、鹦鹉等宠物，以及喂养所需的饲料和笼子。

30 孕育时尚的土壤
东大门运动场周边

现在"东大门时装"已成为世界性的设计品牌。这里一天 24 小时充满活力，最早为世界时装秀注入了新鲜血液。这里的服装市场已成为享受时装的盛宴，成为触动心跳的"设计发电站"。

1 

斗山商场
두산타워

这里拥有最大的展柜和百货商店，以其独特的室内装饰而广为人知。

☎ 02)3398-3333

2 

Miglior
밀리오레

东大门最早的大型购物商城，拥有许多老客户。喜欢赶时髦的人经常会光顾这里。

☎ 02)3393-0001

3 

Cerestar
케레스타

现在主营韩服、窗帘和床上用品等，建筑内还有东门塔酒店。

http://www.eastgatehotel.kr/

4 

APM

富有青春感的服装和饰品是其长盛不衰的关键。

☎ 02)6388-1114

5 

新和平市场
신평화시장

这里有各种内衣、手巾等活动用品。

6 

东和平市场
동평화시장

这里是专售制服的地方。

7 

第一和平市场
제일평화시장

女性服装专卖商场。

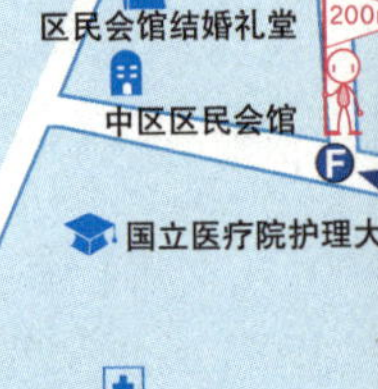

8 

青和平市场
청평화시장

普通服饰专卖商场。

9 

艺术广场
아트플라자

中年女性用品专卖商场。

10 

Area 6 에리어 식스

女性服装批发市场。

11 

UUS 유어스

家居服饰批发市场。

12 

设计师俱乐部
디자이너 클럽

女性服饰全国性批发市场。

13 

Nuzzon
뉴존

以年轻女性服装为主的商场。

14 

鞋类批发街
신발도매상가

韩国国内最大的鞋类批发市场。

15 

运动用品批发市场
스포츠용품 도매시장

从运动品牌服饰到运动器械，应有尽有。

16 统一商业街
통일상가

男性服装批发市场。

17 东华市场 20
동화시장

扣子、真丝等服饰配件专营商城。

18 南和平市场
남평화시장

皮包专卖商场。

19 光熙市场
광희시장

毛皮等皮衣专卖市场，在这里可以买到高档品牌服饰。

20 Golden Town
골든타운

服装布料市场。

和平市场旧书胡同

평화시장헌책방골목

胡同里有许多旧书店，在这里可以买到学习用书和专业图书，有些书的价格已降到五折至七折，快来碰碰运气吧。

美食胡同 먹거리골목

这里有红鱼丸、紫菜包饭和烤牛小肠等小吃，为不分昼夜忙碌的东大门市场提供着便捷的食物，简直就是“街边美食百货店”。

出行信息

乘地铁 2 号线、4 号线和 5 号线东大门运动场站第 1、2、13、14 号出口，东大门站第 8 号出口

Ⓡ广域公交 9403, 9410

Ⓑ干线公交 101, 144, 152, 261, 300, 420, 500

Ⓖ支线公交 0013, 0212, 2012, 2233

恐龙蛋的中国店

东华饭店 동화반점

20 年历史的中国饭店，厨师长是华侨。这里有味道醇正而又筋道的手工炸酱面和以“恐龙蛋”而闻名的海鲜料理（又被称为八宝丸子），都是不得不尝的特色美食。

手工炸酱面 4,000韩元，八宝丸子 55,000韩元

11:00～次日6:00 02)2265-9224

原汁原味，香喷喷

榉树牛杂汤（牛也福也）

느티나무 설렁탕（곰이복이）

宽敞的院子里支着一口大铁锅，里面煮着原汁牛杂汤，其味道得到东大门商户们的一致好评。筋道的牛胸肉汤味道十分鲜美，白切肉料理是这里有名的下酒菜。

牛杂汤 精品8,000韩元、普通6,000韩元，油煎饼 6,000韩元，牛胸肉汤 9,000韩元，白切肉料理 20,000韩元

24小时 02)2234-9713，02)2234-9799

31 一花一世界 梨泰院 I

如果说这里是小世界也不为过，这里的多样性是其他地方无可比拟的。世界各种文化交会于此，这里便是梨泰院。从平静安详的伊斯兰寺院到汇集世界艺术的美术馆，让我们一起去感受它的魅力吧。

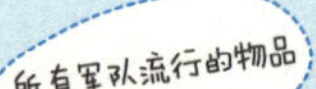

DMZ 非武装地带

军事武器专卖店，店内有小型战争纪念馆。从预备役部队军装到第二次世界大战德军钢盔，所有与军队有关的物品都能在这里买到。该店老板很喜欢军队，就连私家车都喷成国防绿，在这儿，光听老板介绍，都会觉得很有意思。

10:00~22:00 02)794-7930

Soul Train 소울트레인

在外国人眼中，颇具人气的“大尺寸”服装专卖店。看到腰围超过4尺的裤子，你肯定会好奇这么大的衣服谁能穿上，还以为自己进入了巨人国服装店。该店拥有各类的消费人群。另外，这里还能定做服装。

10:00~22:00

02)796-7962

Hamilton 购物中心

해밀턴 쇼핑센터

在这里，不仅能买到最“潮”的衣物、礼品等各种商品，还能吃到各式美食。

TINA 티나

梨泰院饰品胡同是外国人来韩国旅游必去的地方，该店就位于此胡同入口处。这里有许多传统饰品，而熟悉的传统面具、太极扇等却比较少。

8:00~21:00

阿拉丁的神毯

Siba 地毯 시바카펫

直销巴基斯坦进口手工地毯的专营店。店主是巴基斯坦人，精挑细选引进的毛毯代表了巴基斯坦最高的制作水准。这些毛毯耗费少则几个月，多则几年的时间精心制作而成，因此非常珍贵。

10:00~22:00

02)790-2003

what the book?

一看店名，就能激起你的好奇心。该店是家英文书店，店里没有一本韩文书，最为人熟知的就是《哈利·波特》等书了。这里的书直接从国外进口，有许多质优价廉的中高档书，可以预订。该店在喜欢原版书的人群中颇具人气。

10:00~20:00 02)797-2342

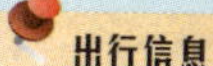

出行信息

乘地铁 6 号线绿莎坪站第 3 号出口，梨泰院站第 1~4 号出口

Ⓑ干线公交 110

Ⓖ支线公交 0013,0014,0015

梨泰院室内排档

大肚皮 배불뚝이

该店是家室内大排档，老板被人称为“朴先生”，店名取自于老板的身材。店内的各种涂鸦和照片将室内装扮得十分温馨。厨师长从业 20 年，烧得一手好菜，最拿手的就是混合菜。

炒鸡汤 25,000韩元，豆腐清汤、海鲜铁板乌冬 15,000韩元，年糕炒章鱼 20,000韩元

16:30~次日4:00

02)794-6782

三星美术馆 Leeum 삼성미술관 리움

该馆属于现代美术馆，其独特的建筑外观与周边环境浑然一体。该馆隶属于三星文化财团，有常设展馆和企划展馆，展示了书中常见的韩国传统美术作品和文化遗产，以及现代美术的珍贵作品。在这里，还能参加周四音乐会、Leeum 讲座等多种文化体验活动。

常设展示 成人 10,000韩元，青少年 6,000韩元；企划展门票另付 10:30~18:00

02)2014-6901 http://www.leeum.org

老爷之家 나리의집

25 年来，该店自制的豆瓣酱一直是梨泰院人的最爱。薄薄的五花肉配上凉拌葱深受女性食客的喜欢。

五花肉 9,000韩元，部队火锅 大份15,000韩元、小份10,000韩元，豆瓣酱 5,000韩元

24小时（周日16:00以后）

02)793-4860

和平的圣地

伊斯兰寺院 이슬람사원

伊斯兰寺院不仅是一个礼拜寺院，同时还是一处有名的观光地。在这里游览一遍肯定会让你了解更多的伊斯兰教情况。这里的氛围也让人感觉特别安详。礼拜堂内女子禁入。

02)793-6908

http://www.koreaislam.org

寻找《古兰经》

伊斯兰大街 이슬람거리

寺院周围是小伊斯兰国，有出售《古兰经》和伊斯兰书籍的书店 (02)794-0968)，还有大大小小的伊斯兰传统美食店。在超市的货架上已看不到袋装泡菜的踪影，取而代之的是咖喱、烤饼和伊斯兰香料等。此外，还有笑脸相迎的外国友人。

32 环绕世界的美食之旅 梨泰院 II

梨泰院是首尔市内最具异国风情的地方。世界上的美食齐聚于此，可以感受到地中海蓝色海洋的味道、日本后巷的清酒和墨西哥饱含深情的料理，就连印度与巴基斯坦咖喱的细微差别都能在这里品味出来。

SANTORINI 산토리니

在这里，可以品尝到享誉欧洲的传统希腊健康美食，该店充满了地中海的蓝色调，用橄榄油烹饪的佳肴更具口感。虽然这里大部分菜对我们来说很陌生，但口味非常棒。从主菜到开胃菜，让我们听着介绍感受新奇吧。

三明治和炸薯条 13,000韩元，希腊式沙拉 14,000韩元，酸奶黄瓜 6,000韩元，串烤、鸡肉卷 18,000韩元

02)790-3474

地中海代表美食

在阳台上品尝鸡尾酒

BUNGALOW 방갈로

该店给人的第一印象就像是在梨泰院看到了白色珊瑚礁一样。这里是热带风高档酒吧，准备了热带鸡尾酒和红酒，在专业DJ音乐的带动下，还可以尽情地舞动。站在露天阳台上，能将华丽的梨泰院夜景尽收眼底。

各类鸡尾酒 8,000韩元　12:00～次日4:00　02)793-2344

早上好

le saint-ex 르생텍스

法国式酒馆，与韩国的啤酒屋非常相像，店名很拗口，意为法国作家“圣埃克絮佩里”。在这里能吃到蛋卷等简单、大众化的法国食物，在中央大厅摆放的派、蛋糕、布丁等各种甜点非常诱人，快去享受这原汁原味的法国佳肴吧。

菲力牛排 32,000韩元，早午餐套餐 15,000韩元，饭后甜点 5,000韩元

12:00～24:00(15:00～16:00休息)

02)795-2465

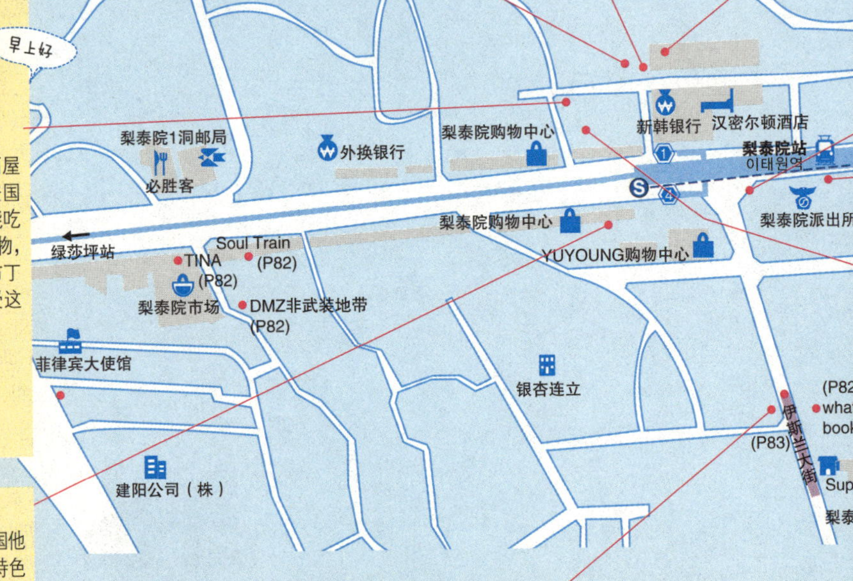

Nashville 내슈빌

正宗美国餐厅，游客虽在异国他乡，但这里让你感觉非常舒适。特色菜是100%纯牛肉制作的汉堡，这是一般快餐店所没有的，从烤炉里烤制出来的汉堡绝对能满足你一顿饭的需求。豆子和肉上抹满辣椒番茄酱，这25年传统的味道就隐藏于此。

汉堡 8,000至10,500韩元

工作日11:00～22:00，周六、周日9:00～23:00

02)798-1592

汉堡也是料理

泰姬陵的味道

TAJ PALACE 타지펠리스

正宗印度饭店，厨师长是印度人。这里严格按照伊斯兰法律规定，只使用新鲜肉。所有食物都是在点餐后才开始制作，精心烹饪的菜肴新鲜美味，也算不枉你长时间的等待。该店所有的东西都是从印度进口的，包括印度风格的装修和天然香料等，这可能就是美味的秘诀吧。

三种烤饼拼盘 6,000韩元，咖啡姜饭 9,500韩元，豆子咖喱 9,000韩元，羊肉咖喱10,000至12,000韩元

11:00～23:00　02)790-5786

出行信息

乘地铁 6 号线绿莎坪站第 3 号出口，泰院站第 1~4 号出口

B 干线公交 110

G 支线公交 0013,0014,0015

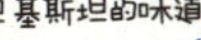

USMANIA 우스마니아

在这里可以品尝到巴基斯坦饮食，它与印度饮食略微有些不同。在高档餐厅里享用咖喱料理，别有一番风味。如今，咖喱饭店不断增多，而这里绝对称得上是“大哥级”的。每逢周末，会有自助餐，到时就可以尽情享用这里的各种美食了。

牛肉咖喱 18,000韩元，唐多里烤鸡、油鸡柳 20,000韩元，周末自助 22,000韩元

11:00~23:00 02)798-7155~7

大街上的土耳其美食

土耳其烤肉 케밥

就像卖馅饼和炒年糕的一样，蓝眼睛的外国人在梨泰院的街边卖着土耳其代表性美食——烤肉，用薄饼状的面包裹着烤制的肉串，已成为风靡欧洲南部地区的大众料理，就跟韩国的五花肉一样。路边的土耳其烤肉绝对值得一尝。

原味烤肉 3,000韩元

桑乔的胡须

Pancho's 판쵸스

在这里可以尽情享受来自热情如火的国度——墨西哥的传统美食，所有的食物全部使用天然香料，不含任何化学制剂，其味道醇美又有益健康，因此非常有名。这里有墨西哥的代表性饮食，如龙舌兰酒和面饼卷、玉米煎饼、烤肉等，都是对新口味的挑战。周末的现场演出是人人都可参与的 Pancho's 小庆典。

鸡肉玉米煎饼 12,000韩元，牛肉玉米煎饼 13,500韩元，烤肉 12,000至18,000韩元

11:00~次日1:00 02)792-4767

德国醇正香肠

deutschhouse 도이치하우스

传承两代的正宗德国餐厅，在此可以品尝到德国代表性的香肠和醇正的啤酒。喝着德国进口的生啤，吃着烤猪肘，绝对是种特殊的享受。当然，德国烤猪排也是不可错过的美食。

香肠拼盘 大份35,000韩元、小份25,000韩元，三文鱼排 20,000韩元，烤猪肘 25,000韩元，生啤(400至1,700cc) 4,000至25,000韩元

11:30~次日2:00 02)794-1313

手工派专营店

Tartine 타르틴

胡桃派、大黄派、樱桃派等美国传统手工派专营店。在派上加点冰淇淋，这种美国时髦的吃法能让香甜加倍。另外，这里还有俄勒冈州奶油蛤蜊汤、乳蛋饼等简单的食物。

果仁巧克力 2,000韩元，派类 5,000韩元，奶油蛤蜊汤 6,000韩元

10:00~22:00(周末营业到23:00)

02)3785-3400

salam 쌀람

与伊斯兰寺院建在一起的土耳其饭店，也是为寺院准备饭菜的地方。

这里环境非常好，有许多新奇美味的料理，如各类烤肉、土耳其比萨，以及把咖啡原豆磨碎后制成的土耳其咖啡和模样新奇的水烟枪。这里的会席料理也很好吃。

烤肉 6,000至9,000韩元，土耳其比萨 6,000韩元，炸羊肉饭 5,000韩元，土耳其咖啡 4,000韩元，水烟 10,000韩元，salam会席料理 18,000韩元

11:00~23:00 02)793-4323

33 理性与感性交会的地方 新村 I

纵观新村的街道，百年历史的学术殿堂与美食店完美结合。快来看看这古朴典雅的校园，品尝这独具特色的美味吧，经过这里别忘了向民主革命烈士的小型纪念碑行礼。

延世大学主楼 ☎ 02)2123-2114 🌐 http://www.yonsei.ac.kr

延世大学（延禧职业学院）主楼是以创始人安德伍德先生的名字命名的，旁边有史汀生馆和阿彭泽尔馆，这些建筑都是学校的象征。这里修建于1925年，美丽的庭院深受学生们的喜爱，校内中央是安德伍德先生的铜像。其中的露天剧场是由毕业学生捐资修建的，他们的名字都刻在每一级石阶上。

露天剧场

百年纪念馆 100 주년기념관

延世百年纪念馆因举办大型报告会和演奏会而广为人知，其内有韩国最大规模的大学博物馆，共有10余个展厅，14万件藏品，其中收藏的石壮里旧石器时代文物等对研究史前历史具有重要的意义。

广惠院——民主革命烈士纪念碑 광혜원 — 민주열사 추모비

1885年修建的广惠院是韩国最早的西式近代医院，现被复原为“延世历史的庭院”。该院为延世——世博兰斯医院前身，后成为延世大学的主体。在其前方的小山上有追忆韩国民主化先烈李韩烈的小型石碑，铭刻了烈士遇害的伤痛。

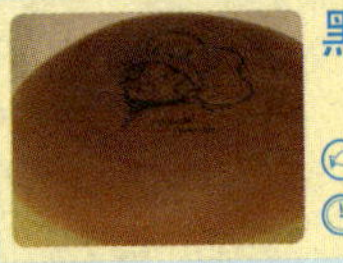

黑大叔 검은 아저씨

苏福利芝士蛋糕店，店里的芝士蛋糕和红薯面包颇具人气。

芝士蛋糕(1号) 7,500韩元，红薯面包 1,000韩元

10:30~20:00 ☎ 02)3145-2233

新村疙瘩汤 신촌수제비

浓厚而又纯粹的味道

20多年传统的疙瘩汤店。在筛骨面汤里放上大块土豆、南瓜和胡萝卜，虽然食材很普通，但一到吃饭时间，这里就会排起长龙。要是配上紫菜包饭一起吃，味道会更好。

疙瘩汤 4,000韩元，紫菜包饭 1,500韩元 ☎ 02)334-9252

出行信息

乘地铁 2 号线新村站第 1~4 号出口

Ⓡ广域公交 1300, 9708, 1000,1100, 1200, 1400,9600

Ⓑ干线公交 602, 163, 171, 270, 472, 721

Ⓖ支线公交 5711, 7611,7011,6711, 7024,6714,7024 6711,7024, 6714, 7024

论志堂 논지당

位于注重感觉和分量的新村大街，追求健康和环境的慢食店。店主非常看重环保事业，精选有机、天然食材制作出亲近自然的佳肴。虽然饭菜很简单，但用比普通菜价高 2~3 倍的有机食材，吃起来会非常安心。

韩式套餐 6,000韩元，精品套餐 8,000韩元，必须2人以上

11:30~21:00(15:00~17:00休息) 02)363-7170

蒲公英领土总店 민들레영토 본점

韩国咖啡屋文化的引领者，开创了蒲公英领土的历史，目前已开设了 100 家分店。咖啡屋本是喝咖啡消磨时间的地方，而现在已非局限于此，还可以读书、开会，这里将咖啡文化变成了文化空间，甚至创造了"蒲公英领土形式"这样的新名词。店里有许多书籍，还可以喝"蒲公英领土茶"，吃"蒲公英领土杯面"。

02)322-6069 http://www.minto.co.kr

鸡有三条腿吗

Bodram 炸鸡 보드람치킨

秉承"180 度 13 分钟"的标准，精心制作美味全鸡的地方。这里的菜品只有炸鸡一种，饮品只有啤酒。如果你点一只全鸡的话，还会额外赠送半只鸡。

炸鸡 15,000韩元 02)313-5858

绅士的时间

CHLORIS 카페 클로리스

有红茶和曲奇的茶吧，1 号店与 2 号店相距不远，其建筑风格再现了英国乡村屋和高档住宅的模样。在如同展馆般精致的英式建筑里，就像绅士、淑女一样喝着茶，吃着曲奇。

各种茶、曲奇 6,000至9,000韩元 11:00~23:00

02)392-7523(1号店), 02)312-1523(2号店)

mussel & muggle 머슬 & 머글

比利时干贝料理店，由居住在比利时和法国十几年的店老板亲自制作料理。烧酒和干贝汤已让人非常享受，而裹着奶酪烤制出来的奶油烤菜或者炖菜，其味道和形状就更让人惊奇了。店老板的老家是比利时，听了他的介绍，就更能体会到干贝料理的味道了。

贻贝 8,500韩元，贻贝比萨 7,000韩元，奶油焗通心粉 12,000韩元

12:00~24:00(14:00~17:00休息) 02)324-5919

34 一起幸福的地方
新村 II

“秃鹫茶馆”作为新村街的象征已经消失了，但怀旧的人们并没有停止他们的脚步。粉饰一新的街道上，到处都是燃着炭火、喝着烧酒的美食店。这些浪漫温馨的地方，可以寻找美好的回忆。

大街上的古董

新村黄牛牛小肠 신촌황소곱창

传承三代的新村古董级美食店，店老板亲制的牛小肠美味无比。从解忧的河蚬汤到新鲜的牛小肠和油炒蔬菜，无不显示着该店的极品美味，要是再加点胡椒作料，味道会更好。剩下的食材用来炒饭绝对是明智的选择。

牛小肠(1人份) 12,000韩元，烤生鲜拼盘 28,000韩元 14:00~24:00
02)337-2640

红酒肉之恋

梦乡 꿈터

新村街上有名的五花肉店，清新的装修使其在众多的肉店中脱颖而出，就连保管衣服的物品柜都别具特色。在梅子酒里浸泡两天的五花肉香气扑鼻，12 种酱汁任意挑选，乐趣多多。这里的即食泡菜刀切面是清口佳品。

颈肉 6,900韩元，膈膜肉 11,000韩元，拼盘 21,000韩元，即食泡菜刀切面 4,000韩元
11:00~次日1:00 02)335-3692

记住浪漫

东来葱饼 동래파전

每到雨天，浓浓的猪油香味就会遍布整个新村街。传承三代的老味道，以及古色古香的木质椅子营造出一副“浪漫新村”的景象。厚大的葱饼和香甜的马格利酒深受人们的喜爱。

东来葱饼 13,900韩元，马格利酒 6,000韩元 02)322-9483

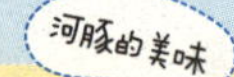

三湖豚屋 삼호 복집

30 多年历史的新村河豚名店，用河豚熬煮出的清汤在日本都非常有名气。味道醇厚的河豚火锅非常好吃，尽享多种河豚美味的会席料理也不可错过。

清汤 25,000韩元，豚粥 10,000韩元，炸河豚 70,000韩元，河豚火锅 58,000韩元
11:00~22:00 02)337-9019

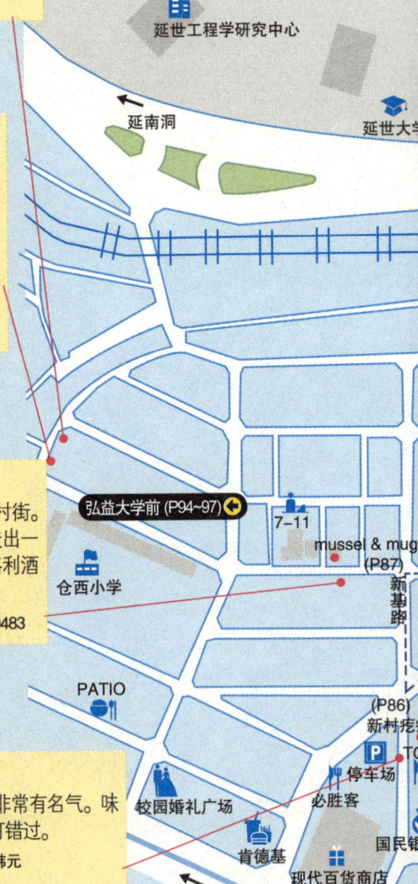

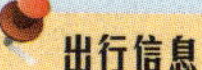

出行信息

乘地铁 2 号线新村站第 1~4 号出口

Ⓡ广域公交 1300, 9708,1000,1100, 1200,1400,9600

Ⓑ干线公交 602,163, 171,270,472,721

Ⓖ支线公交 5711, 7611,7011,6711, 7024,6714,7024

猪皮店 껍데기집

香喷喷，味津津

味美筋道的猪皮是延世大学门前代表性名品。虽然许多猪皮店倒闭了，但该店以其质优价廉的下酒菜而深受人们的青睐。抹了酱料的猪皮味道依旧，辣炒鱿鱼依然美味。

猪皮(3张) 2,500韩元，鱿鱼、蛋卷 3,000韩元 14:00~4:00

02)313-0436（延世猪皮），02)312-0857（元祖24时）

爱八带会 쭈사모

比鱿鱼更筋道

以新鲜的八带料理而闻名的饭店，店里的菜单上只有八带一种菜品。八带比鱿鱼、章鱼更筋道，辣炒八带被公认为极品下酒菜。午餐的炒八带套餐非常受欢迎。

烤八带、炖八带、八带五花肉 7,000韩元，蛤蜊汤 6,000韩元，午餐精选(11:00~14:00) 5,000韩元

11:00~次日1:00 02)362-3421

新村新鲜牛杂汤 신촌 신선설농탕

极品冷面

该店是家特许经营店，不久前韩剧《灿烂的遗产》剧组就在该店的各分店、工厂和总店取景拍摄，因此颇受韩剧迷的欢迎。这里清爽的味道和多样的菜品吸引了年轻人和老人等各年龄层的光临。

牛杂汤 6,000韩元，水饺牛杂汤 8,000韩元，干锅汤 15,000韩元，卤肉拼盘 22,000韩元 24小时 02)393-0040 http://www.sinsunfood.co.kr/

Greenogi 초록옹기

腌渍的美味

炖泡菜能成为大众饮食，该店功不可没。这里的炖泡菜曾被许多电视节目报道过。泡菜熟透的浓香，渗入到排骨和年糕里，好吃极了。用绿茶去腥后的青花鱼与泡菜绝对是完美组合。

泡菜炖排骨(2人份) 14,000韩元，泡菜炖绿茶青花鱼(2人份) 15,000韩元

10:30~24:00 02)362-2071

咸平屋 함평옥

胡同里的清爽面条

这里用漂浮着冰块的泡菜凉汤做出来的泡菜卷沙锅面非常有名。用肉、蘑菇和泡菜饺子煮制出来的饺子锅，其味道一旦尝过，终生难忘，要是再加上面条更是极品。

泡菜卷面条 4,000韩元，蘑菇饺子锅 12,000韩元

02)392-3516

兄弟排骨 형제갈비

花式肉

40 年传统的排骨店。该店选料上乘，包间多样，服务热情周到。食材选用上等韩国国产牛肉和进口牛肉，每样菜肴都很好吃，一定要去尝尝。

国产牛花式排骨 48,000韩元，生肉片 25,000韩元，生牛肉片 42,000韩元，熏排骨 26,000韩元

11:30~22:00 02)365-0001~5

延世大学主校 300m 友利银行 新村世博兰斯医院 汉堡王 金华隧道 延世大学前十字路口 800m 沧川教会 Outback 论志堂 (P87) (P87) 蒲公英领土 总店 梨花女子大学前 (P90) 新村站路 秀鹫大厦 MR.PIZZA Bodram炸鸡 (P87) 蒲公英领土 咸兴冷面 함흥냉면 名品街路 沧川洞居民中心 KRISPY KREME DOUGHNUTS 新村火窑洗浴 菲诗小铺 首尔商会 蒂凡尼酒店 星巴克 王子酒店 ARTREON 新村治安中心 弘益文库 汉堡王 梨花女子大学站 新村站 신촌역

索引地图
38 延世大学
33,34
35
新村站 梨花女子大学站

35 爱情也能重修吗

梨花女子大学前

曾经的梨花女子大学是女子的殿堂，男子禁入，但随着时间的推移，学校已经全面开放了。从修女院的小门到正门全部粉饰一新，学校前森严的气氛已经被自由开放的景象取代，就像在翻新修缮店里打磨过一样。快去淑女大街看看崭新的模样，品尝新鲜的味道吧。

大厨炒面 셰프의 국수전

该店是梨花女子大学有名的美食店，所有的菜肴都添加了韭菜，不仅营养丰富，而且非常爽口。特别是清爽的面条和各种配菜完美结合，口味绝对一流。

韭菜炒虾 3,500韩元，寿司 9,500韩元，大厨炒面 6,000韩元

02)312-2797 http://www.chefguksoo.co.kr/main/main.php

翻新达人

真诚翻新店 정 리폼

35年来，有名的翻新店，在梨花女子大学前可以称得上是翻新街的鼻祖店。店老板紧跟潮流，亲自剪裁旧衣服。相比时尚来说，这里更注重衣服与顾客体形和喜好的结合，因此拥有众多的回头客。

10:30～21:00 每周日 02)363-2782

散发着香味的肉食

基地 터

该店老板被人称为“肉博士”，店里的肉食品直接由自营农场供货。在首尔，使用横城国产牛肉做原料的店已为数不多了。这里的肉食不加盐，只靠食材自身的味道。尤其是用特级肉制作的肉酱是这里的一宝，拌饭吃绝对是极品。

排骨肉(160克) 38,000韩元，精品拼盘(160克) 35,000韩元，生肉片 25,000韩元，肉酱5,000韩元

12:00～22:00

02)312-0511

记忆中的火车之旅

新村站，migliore 신촌역，밀리오레

原先在新村铁路边修建的小站，现只是承载回忆的地方。广场上耸立着新时代的大型购物商城和多厅影院，而广场一侧留下的旧时代印迹，对于怀旧的人来说，还是充满温馨的地方。

02)6373-1500

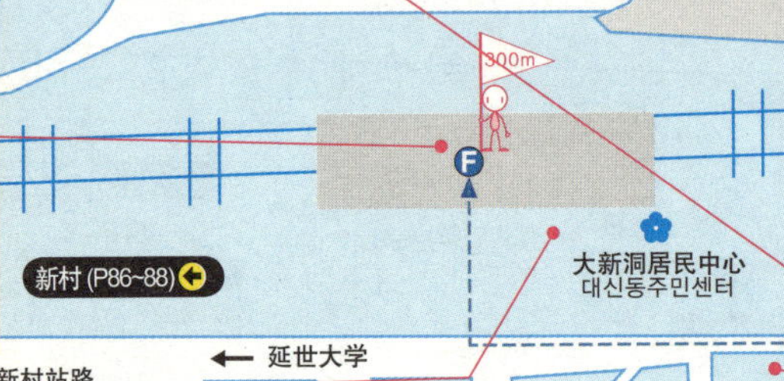

什么都可烤着试试

新疆 신강

中国烤串店。火炉上烤制的羊肉串味道鲜美，最适合做下酒菜。店老板亲赴中国习得烤肉技法，烤出来的肉串非常好吃。另外，这里的烤火腿肠、烤土豆、烤红薯也很美味。

羊肉串 7,000韩元，烤土豆、红薯、蘑菇 4,000韩元，烤火腿肠(1根) 2,000韩元

02)363-2688

皮革工艺博物馆

sing 씽

这是家皮革店，位于梨花女子大学前的时尚胡同里。这里摆放着皮包、钱包和日记本等各种手工皮革制品。来到这里，就能感受到被称为“皮革匠”的皮革工艺家个人作品展的氛围。

12:00～21:00 02)392-6909

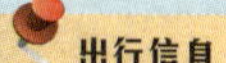

出行信息

乘地铁 2 号线新村站第1至4号出口

Ⓡ广域公交 1400,9713

Ⓑ干线公交 172, 271,472,602

Ⓖ支线公交 5712, 7011,7017,7611, 7712

城市里的自然教室

梨花女子大学

梨花女子大学自然史博物馆
이화여대 자연사박물관

1969 年开馆，是韩国最早的博物馆。这里的馆藏展品和研究能力都是韩国顶尖水平，自然史教室面向学生和大众开放。

10:00~16:00

每周日(寒暑假的周六也休馆)

02)327-3155 http://www.nhm.ewha.ac.kr

梨花的象征

梨花女子大学大讲堂 이화여대 대강당

这是梨花女子大学的象征性建筑。这里不仅是大型演出场所，平时还是学生们礼拜的地方。门前"回忆的 45 级台阶"更为这里增添了美感。

02)3277-2114 http://www.ewha.ac.kr

海芋花园 아름뜰

位于校园内的餐厅。这里用进口原豆磨制的咖啡和美味的意大利面是毕业生们最为怀念的美食。每到秋叶纷飞的季节，看着美丽的景色，吃着美味的食物，绝对让人神往。

鲜虾奶油意大利面、奶油烤菜汤 4,800韩元

7:30~21:00 02)3147-1616

奢华的大学餐厅

MIGO 미고

自 1994 年开业至今，十几年来深受梨花女子大学学生的喜爱。这里有巧克力慕斯等各种蛋糕，以及有益健康的面包。

蓝莓奶油面包 2,300韩元，巧克力慕斯 3,900韩元 7:00~22:00

02)362-6971

GYROS 기로스

注重健康和清爽的希腊料理店。用圆面饼包着蘸满调料的羊肉串和酸奶汁吃，绝对能让你感受到清爽香甜的希腊风味。

GYROS 5,000韩元，奥林匹克套餐 20,000韩元(2人)

10:00~20:30 02)312-2246

研究生馆
梨花女子大学附属幼儿园
梨花女子大学 이화여자대학교
500m
100周年纪念博物馆
幸运广场
300m
秋溪艺术大学
梨花女子大学路
梨花画廊
希珍
MR.PIZZA
星巴克
邮局
梨花女子大学站 이대역

横贯首尔的生命之水

第十位 汉江 | 한강

首尔大致可分为江南和江北两部分，而这新旧交会的中心正是汉江，它就像给首尔这棵大树供应养分和水分的树干一样，奔流不息。南汉江与北汉江合流一处横贯首尔，为人们提供饮用水和生活用水。在汉江周边修建的汉江公园是市民休闲的地方，园内的体育设施、游览船和浪漫的约会线路使其成为首尔的代表性水边公园。

汉江游览船

汉江代表性的观光线路，可以观赏演出、享用美食。在欣赏汉江夜景的自助游览船上，还可预约各种活动。当然，事先最好确认一下各处渡口和乘船的时间。位于渡口的饭店因其现场表演和汉江夜景而成为有名的约会之处。

₩ 汝矣岛至纛岛 单程:成人 11,000韩元,儿童 5,500韩元;汝矣岛至蚕室 单程:成人 13,000韩元,儿童 6,500韩元;船上自助周末(汝矣岛往返线路,航行时间 90分钟) 成人 60,000韩元, 儿童 35,000韩元

☎ 02)3271-6900(汝矣岛渡口) 🏠 http://www.hcruise.co.kr/

市民公园

过去的汉江公园是慢跑和失恋发泄地的象征，如今已彻底改头换面了。夏季，在此可以尽情享受游泳、游艇和漂流等水上休闲项目，在兰芝、纛岛和盘浦等区域的散步路和视野开阔的咖啡屋里，年轻的恋人们一直络绎不绝。

☎ 02)3780-0777 🏠 http://www.hangang.seoul.go.kr(首尔市汉江事业总部)

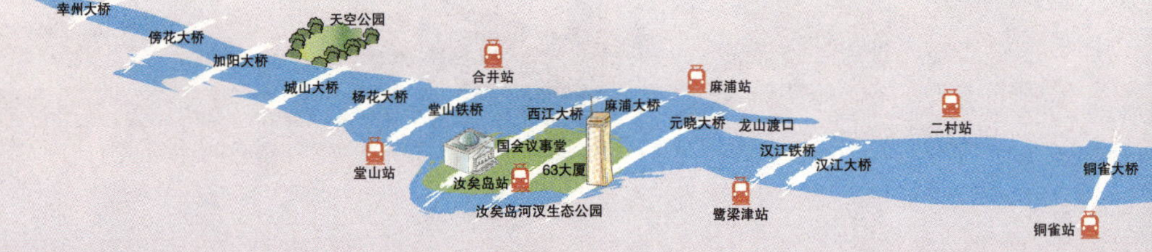

第十一位

有名的水产品集散地

鹭梁津水产市场 | 노량진수산시장

当叫卖声音回响在首尔市中心的时候，就意味着港口的清晨来临了。鹭梁津水产市场是首尔最大的水产品交易市场，具有80多年的悠久历史。全国各地打捞的海产品都聚集于此，通过批发、零售的方式买卖着。清晨，在市场里购置便宜的食材，立刻就能在附近的餐厅里做成生鱼片，这也是感受港口风情特有的方式。

02)814-2211～2 http://www.susansijang.co.kr

第十二位

护国英烈的圣地

国立显忠院 | 국립현충원

最初，这里是为纪念朝鲜战争时期死去的英魂而设立的国军墓地，后成为韩国的圣地，以祭奠逝世的国家元首、高层政要及为国捐躯的先烈们。独立运动、朝鲜战争及越南战争等韩国现代历史事件都镌刻在这里的许多石碑上。以显忠门为中心的广阔墓地，以及展示照片和遗物的纪念馆都是弥足珍贵的地方。

3月至10月 6:00～18:00，11月至次年2月 7:00～17:00

02)826-6237 http://www.snmb.mil.kr

索引地图

弘益大学入口站 33,34 新村站 36,37

36 文化发电站，文化充电站 弘益大学前 I

这里是热爱和享受艺术的场所。大大小小的工坊和工作室将街道装扮得非常独特。这里被称为“文化工厂”，而刻画在街道墙壁上的作品成了这里的里程碑。俱乐部和街道各处都充满了新潮和挑战的激情，经常被年轻人包围。

新韩银行 庆南结婚礼堂 合井站 합정역 迎宾结婚礼堂 闺秀堂结婚礼堂 西桥酒店 西宇大厦 西苑大厦 西桥洞居民中心 HOMI画坊 西桥市场 韩国大厦 戏院小剧场 떼아뜨레추소극장 600m castlepraha (P96) AGIO (P97) BUY THE WAY 平凡咖啡屋 弘名考试院 泰京大厦 有趣的雕刻家 (P97) sang sang madang BUY THE WAY TANTO TANTO (P97) ACE大厦 西凤画廊 Record Forum 上水站 璃红(P96) zenhideaway(P96) 窗外……(P97) aA设计博物馆 (P96) 三岔路口排档 图书咖啡屋

蘑菇工厂

GIO 辣味蘑菇汤＋刀切面

지오 버섯매운탕＋칼국수

这里有辣味蘑菇汤、刀切宽面和炒饭，每样菜都能让人流连忘返。吃着从蘑菇鲜汤里捞出来的面条和放满蔬菜的炒饭，简直就是美味中的美味。

辣味汤+刀切面+炒饭 6,000韩元 10:30~18:00 02)323-1093

章鱼冷面

麻浦渡口冷面

마포나루냉면

麻浦渡口作为进入汉阳的门户，以前非常繁华。该店是家怀旧的老面馆，这里的特色菜有筋道的咸兴式冷面和野生章鱼冷面。

水冷面、拌冷面 5,500韩元，野生章鱼冷面 8,500韩元，鲍鱼排骨汤 精品13,000韩元、普通8,000韩元

02)337-5568

谁都能成为歌星

秀练歌房 수 노래방

拥有高档设施的练歌房，引领着新的流行趋势。这里将位于地下一层的练歌房装扮成咖啡屋式的开放空间。整个建筑都被玻璃和画廊式的阳台包裹着，无论谁，来过一次就会喜欢上它。

02)332-5204

汤饭的幸福

山萝花汤饭（山萝花）

며느리국밥（며느리밥풀꽃）

非常温馨的汤饭店，来这儿就像进到了乡村小院一样。在这幽静的环境里吃饭，会感到家一般的温暖。牛肉汤饭是这里的特色菜，而川蜷汤能让人感到无比凉爽。

牛肉汤饭 6,000韩元，川蜷汤、疙瘩汤、泡菜汤饭 5,000韩元

10:00~24:00 02)332-2479

想念老味道的时候

美味猪排店 돈까스 참 잘하는 집

该店做的猪排绝对是美味又丰盛，店里的就餐环境整洁安静，大块的老式美味猪排非常好吃，奇味鸡排和猪排汉堡就跟它们的名字一样，也很值得一尝。

猪排、鸡排 5,900至7,300韩元 02)337-6753

乌冬

YOGI 요기

弘益大学前最好的面食名店。该店常常门庭若市，辣味的YOGI面条、清爽的泡菜卷面条和煎饺等都是独具特色的佳肴。点煎饺的时候，可千万别漏了醋酱汁。这里用的平锅碗也很有特色。

YOGI面条、煎饺 3,500韩元，泡菜卷面条 4,000韩元

16:00~22:50 02)3143-4248

寻找个性

购物街 쇼핑거리

原本这里是有名的“小吃胡同”，后来渐渐成为具有时尚感的潮流商场，深受个性青年的热捧。

弘益大学自由超市 홍대 프리마켓

每到周末，在弘益大学正门前的游乐园里就会出现跳蚤市场。在这里可以买到爱好者们自制的创意商品或奇特的饰品。

弘益大学前俱乐部日 홍대앞 클럽 데이(club day)

每月最后一周的周五 19:00，在弘益大学门前就会有十余处街舞、独立音乐俱乐部，只要交 15,000 韩元，就能在此随心所欲地释放自己的激情，同时这里还提供简易饮品。

出行信息

乘地铁 2 号线弘益大学入口站第 1、3 号出口

B干线公交 273, 602

G支线公交 7011, 7737,5712,6712, 7016,7711

设计者的力量

Paper 페이퍼

这里出售的手册和日记本都非常独特，恐怕全世界都难找到第二家。虽然该商场只销售单一品种的商品，但从这些奇思妙想的商品中，不难感到设计者的精巧构思。这些物品非常适合作为礼物送给朋友和爱人。

02)326-2750

世界的文化符号

B-boy 剧场 B-boy 극장

“B-boy 文化”以其近乎杂耍般的街舞动作吸引了人们的眼球。这种代表年轻人的文化现已走出弘益大学，走向世界，正成为广为人知的文化符号。“后巷男孩”剧场就是为那些喜欢展现自由舞姿的年轻人而专门修建的剧场。

02)323-1957

http://www.sjbboy.com

文化史馆学校

弘益大学 홍익대학교

弘益大学的“大学前”比大学本身更有名。以美术学院为中心的弘益大学，其自由的想象力和实验能力已成为城市的“文化发电站”。街区艺术和演出，俱乐部文化和街区自由超市等自由挑战活动开展得如火如荼。别具特色的大学正门如同镶嵌在建筑中的明珠一般，展现着它的实用性和实验精神。

02)320-1114

http://www.hongik.ac.kr

话剧的历史

回声小剧场 산울림소극장

该剧场从演出场馆和剧院云集的大学路搬迁至弘益大学前，如同文化的小溪一样潺潺不息。回声剧团是韩国国内唯一拥有专业剧场的话剧团，其代表剧目《等待戈多》已成为话剧界的传说，历经近 40 年的沧桑变化仍历久不衰。

02)334-5915 http://www.perform.kcaf.or.kr/Sanwoollim

↖ 索引地图

弘益大学入口站
33,34
新村站
36,37

37 独特成就舒适

弘益大学前 II

点缀街道的每一件物品都独具特色，它们争奇斗艳，为前来观赏的人们展示了美不胜收的风景。百年老桌上的红酒与满腹的经纶完美融合，尽显大街的魅力。

在城堡里享用啤酒

castlepraha 캐슬프라하

捷克传统啤酒专卖店，布拉格城堡般的外观营造出中世纪欧洲的氛围。捷克的人均啤酒消费量位居世界前列，其新鲜的啤酒和料理为世界打开了一道美味的大门。

啤酒 20,000cc 19,800韩元，650cc 6,500韩元，450cc 4,500韩元；捷克传统下酒菜 16,000至25,000韩元

12:00～次日2:00(周六 12:00～次日3:00，周日 15:00～24:00)

02)337-6644

H.brown 에이치 브라운

不多不少，正好17分钟时间，烤制出来的巧克力蛋糕热乎乎的，入口即化，非常受欢迎。这家咖啡屋环境幽雅，如同漫画中的画廊一般。

现制巧克力蛋糕 5,500韩元，美式咖啡 4,000韩元

中午至子夜 02)3141-2723

璃红 리홍

装修豪华的中国餐厅，感觉就像到了中国传统的美术馆一样。这里主营辣味十足的川菜，不论是一杯茶水，还是服务员热情的服务都能给你留下深刻的印象。另外，这里的套餐也是不错的选择。

套餐 12,000至18,000韩元，川式辣炒干贝 15,000韩元，中国冷面套餐15,000至20,000韩元 02)324-5710

zenhideaway 젠하이드어웨이

该店有各种亚洲混合菜和红酒，在民族风格的庭院周边摆放着从东南亚收集来的装饰品和家具，非常有个性。

炸牡蛎 15,000韩元，三文鱼沙拉 18,000韩元，炸南瓜丸 9,000韩元，牡蛎 15,000韩元，蘑菇奶油通心粉 21,000韩元，泰式米线 14,000韩元

23:30～次日2:00 02)3141-1461

http://www.zenhideaway.com/

历史长河中的咖啡屋

aA设计博物馆 aA 디자인뮤지엄

该咖啡屋从室内外的装饰灯到各种小的装饰品，无一不是使用老建筑里的原物件，但装饰出来的效果却令人拍案叫绝。地面上铺的是19世纪50年代的法国瓷砖，墙上挂的是20世纪30年代的菲利浦电灯，再加上店老板自己收集的各种作品，打造出了梦幻空间。在这里拿起一本“介绍书”，细细品味，你会感到无比快乐。

沙拉 10,000至12,000韩元，三明治 8,500至10,500韩元 02)3143-7312

斯里兰卡的香气

trinity 트리니티

斯里兰卡红茶直营店，有着浓郁的古典文化气息，店里有斯里兰卡人泡制的 30 多种红茶和药茶。此外，店里自制的奶油蛋糕、可乐饼和司康烤饼等糕点更能映衬出红茶的香气。

各种茶 6,000韩元，各种蛋糕 4,000韩元 02)332-2782

出行信息

乘地铁 2 号线弘益大学入口站第 1、3 号出口

B干线公交 273, 602

G支线公交 7011, 7737,5712,6712, 7016,7711

SK加油站
城山洞
성산동
弘益大学入口站
홍대입구역
VIPS
星巴克
MR.PIZZA
红草烧鸡
新村 (P86~89)
国民银行
trinity
西桥大宇公寓
麻浦平生学习馆
西桥小学
牛岩大楼
韩亚银行
弘益大学
西桥洞天主教会
涮肥肠
梦咖啡屋
Paper(P95)
富光鳅鱼汤
B-boy剧场 (P95)
电影学院
回声小剧场 70m
咖啡王子1号店
韩国美术教育院
900m
新村站

沐浴阳光的美食

AGIO 아지오

使用有机农蔬菜和新鲜肉食的慢食店，就连橄榄油、奶酪和香料等都是选用最高档的原料。你可以在室外绿色的餐桌旁，晒着太阳，听着音乐，静静等待美食的到来。

通心粉 9,000至14,000韩元，烧烤 15,000至20,000韩元，比萨 16,000至 20,000韩元

12:00~24:00 02)334-7311

预见未来的茶杯

有趣的雕刻家

재미난조각가

弘益大学前最美的咖啡屋，也被称为“四柱咖啡屋”。在这里，既能算卦，如四柱、塔罗牌和六爻等，又能品茶、就餐。店里有中国电影里常见的六爻摊等，其神通力非常有名。在此，你可以愉快地吃着美食，听着专家的建议，非常有趣。

各种卦摊 12,000韩元，各种茶、饮料 5,000韩元，就餐 6,000韩元

02)325-4543

TANTO TANTO

딴또딴또

在画廊享用美味的通心粉。在与美术馆画廊一样长的柜台里摆放着各种饰品。菜单上写满了各种通心粉料理，还有蒜蓉面包和酸黄瓜等配菜。隐藏在店里的露天阳台是老主顾们最爱的地方。

各种通心粉 12,000至20,000 韩元，沙拉 7,500韩元

11:30~22:30

每周日

02)336-6992

心灵的书籍

窗外…… 창밖을…

该店是图书咖啡屋，有红酒、咖啡和旅行故事，它的正式名称出自电影《巴黎野玫瑰/三十七度二》里经典的台词，“望着窗外，微风轻轻地吹着，一天从北面，一天从西面……”一楼有草坪和木质椅子，二楼有脱鞋盘坐的地方，三楼有可以仰望天空的露天庭院。要是你来此三次，就能交换一本书，并且在读完后，还能作为礼物送给别人。这家受大众喜爱的美丽咖啡屋，让人心情愉悦。

咖啡 5,000至7,000韩元，提拉米苏 4,000韩元 02)322-2356

索引地图

38

延世大学

33,34

38 当恐龙遇到炸酱面
延禧洞

延禧洞大街以华侨最爱的中国菜肴而闻名，现在又有新的名胜进驻这里，摆满恐龙化石的自然史博物馆使人们满怀好奇，与家人一起来参观会更有乐趣。

手工牛肉饼 수빈떡갈비

这是家牛肉饼专营店，在此还能品尝到韩式套餐。该店将牛肉手工剁碎去油后再煎炸，这样制作出来的味道非常可口。如果点套餐的话，还能享用十余种丰富的小菜。

牛肉饼套餐 19,000韩元，烤明太鱼套餐 12,000韩元，拌饭套餐 8,000韩元

11:30～22:00 15:30～17:00

02)307-9979

正宗米肠味

白岩米肠 백암왕순대

有名的米肠店，肠里装得满满的，分量很足。这里的特色菜是米肠拼盘和辣汤。要是点石锅拌饭的话，会配送辣汤。

米肠汤7,000韩元，辣汤 8,000韩元，米肠 17,000韩元，米肠拼盘 20,000韩元

10:00～22:00 全年营业

02)337-7894

新鲜的面包

皮特潘糕点店 피터팬 과자점

当村里的糕点店被连锁店取代时，该店还依然坚守在这里，广受村民的喜爱。店里每天制作 250 余种糕点，其中，蛋糕、巧克力和洋点心非常有名。

7:00～23:00

每月第一周的周日

02)336-4775

美味屋 조은집

在延禧美食街的饭店里，菜肴质优价廉，味道清爽。要是家里人在此聚餐的话，能吃得非常实惠。

韩式套餐 7,000韩元 02)323-8084

杰利富 걸리부

延禧洞一带聚居了众多华侨，因此中国饭店非常多，该店以其丰盛的套餐而广为人知。两人套餐主要有风干鸡、糖醋肉和熘三丝等，菜肴非常丰富。

套餐菜肴(2人份) 15,000～20,000韩元，午餐套餐菜肴(1人份) 20,000韩元

11:30～22:00 每月第一周、第三周的周一 02)322-9998

清水豆腐

仙恩家坡州豆腐 선은가 파주골순두부

加工出售豆腐的地方，其原料每天运自坡州长湍地区。该店制作的豆腐十分香软，每到吃饭时间，这里都会客满。此外，这里还有其他菜肴。

豆腐 午餐6,000韩元，晚餐7,000韩元，仙恩家套餐 12,000韩元

12:00～21:30 全年营业 02)325-4748

美丽教会

沙川，南加佐洞
모래내, 남가좌동

延禧派出所

延禧洞邮局

SK加油站

国民银行

企业银行

世莲儿科

延禧中央教会

外换银行

豆腐村

城市银行

弘永泽妇产科

延禧教

城山洞
성산동

大光妇产科

中国中医院

必胜客

林光公寓
임광아파트

延世大学
연세대

SK加油站

东绪中医院

弘济洞
700m
延禧监理教会
延禧3洞居民中心
延禧地下车道
延宫公寓
大林公寓
延禧2洞居民中心
GS加德士
恩典教会
300m
amaleansville
红酒别墅
韩亚银行
延禧高尔夫球场
禧小学
外国人别墅
延禧浸礼教会
瑞士别墅
南浸礼教会
现代别墅

出行信息

乘地铁2号线弘益大学入口站第4号出口，西大门区厅方向乘坐公交车

B 干线公交 110,170

G 支线公交 7720, 7017,7612,7736

西大门自然史博物馆 서대문자연사박물관

韩国最早由自治团体计划并修建的自然史博物馆。这里共有三个展馆，首先是介绍地球诞生和历史的地球诞生馆，其次是展现生命起源和进化的生命进化馆，最后是重新审视人与自然关系的人与自然馆。展馆里配有图书馆，每到周末，还专门为学生们开设教育课程。

₩ 儿童1,000韩元，青少年2,000韩元，成人3,000韩元，虚拟体验室门票另付

3月至10月 9:00~18:00，11月至次年2月 9:00~17:00

每周一 ☎ 02)330-8899

http://www.namu.sdm.go.kr/

大福庄 대복장

该店在明洞时，店老板就兼任厨师长了，40多年来专做牡蛎辣汤面。这里使用新鲜的活牡蛎，而非冷冻牡蛎，做出来的汤味非常醇正。要是想尝尝正宗的牡蛎辣汤面一定到这儿来。另外，这里还有辣椒肉末炸酱面。

牡蛎辣汤面、辣椒肉末炸酱面 7,000韩元 11:00~21:30

每月第一周、第三周的周一

☎ 02)336-6590

豆绿色 두록색

这是家天然染料坊。进到小店里，你会惊奇地发现这里的空气非常清新，其实这都要归功于天然染料制品。给各种衣服上色的时候，相比刺激性强的工业染剂来说，人们更偏爱植物固有的色彩。来到这里，可以去店里挑选几件喜欢的商品。

12:00~20:00 每周日 ☎ 016-288-7847

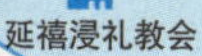

Aalsmeer 알스메르

来这儿的人常会将此处误认为茶馆，其实这是家花店。该店小而精致，里面摆放着各种漂亮的花艺作品，花与树木的香气能让人身心沉醉。这里提供个人培训及与婚礼有关的花束，订购前最好提前咨询。

10:30~20:00 每周日、公休日 ☎ 02)324-0977

la Luce

店名为"光"的家装专营店。正如牌匾上写的"Home Refresh"一样，要想将家里装潢得焕然一新，最好到这里来，各种进口材料，以及楼下工坊里自制的家装材料都能展现出这里的特色。

11:00~21:30 全年营业 ☎ 02)322-2322

延禧刀切面 연희칼국수

该店的刀切面总能吸引大量的食客光临。精炖筛骨汤，加上爽滑筋道的面条，能让你吃得饱饱的。诸位要是吃腻了海鲜刀切面，想尝尝其他口味的话，强力推荐来这里。

刀切面 7,000韩元，白切肉 20,000韩元

11:00~21:00

全年营业

☎ 02)333-3955

39 随风流逝的味道
麻浦

麻浦渡口是古汉阳地区的“国际港口”。这里是外国人经西海到达的第一个港口，非常繁华。虽然随着时间的流逝，原先的繁华空余地名，但怀旧的老店依然向人们张开着双臂。

羊肉大全

LAMB LAND 램랜드

如果因为膻味而放弃羊肉的话，那么该店绝对会让你改变原有的印象。这里制作的菜肴去除了羊肉特有的膻味，不仅肉质细腻，而且香气浓郁，吃一次终生难忘。特别是肋排和羊肉锅，味道非常鲜美。要是来这里晚餐，一定要预订。

肋排 1人份(200克) 18,000韩元，羊肉锅 大份40,000韩元、中份20,000韩元
12:00～22:00 全年营业 02)704-0223

饱经岁月的肉汤

麻浦屋 마포옥

60年历史的牛杂汤店。该店只选用筛骨、百叶和牛胸肉，经长时间熬煮，做出醇正的肉汤。这里开店时间较早，非常适合来喝醒酒汤。

牛胸百叶杂碎汤 10,000韩元，白切肉拼盘 大份35,000韩元
7:00～22:00
全年营业
02)716-6661

kobawoo 고바우

有名的盐烤店。将生肉放在炭火上烤，再加盐进行调味，这样烤制出来的盐烤制品，肉质绵软可口。要是只说吃盐烤的话，该店会把五花肉、脖颈肉等各部位的肉混合在一起烤制，因此，想吃特定部位肉的话，就要事先说清楚。

盐烤、猪排 10,000韩元，猪皮 6,000韩元
15:00～24:00
全年营业
02)712-7515

熏烤至尊

麻浦元祖熏烤店

마포원조주물럭

麻浦老字号烤肉店，以其优质的牛肉和用炭而闻名，其中，该店的熏烤牛里脊是周围熏烤店无法比拟的。此外，这里的冷面，里面加了泡菜，味道非常醇正。

熏烤国产牛里脊(1人份，180克) 32,000韩元，冷面 6,000韩元
11:30～22:30(21:30前可以订餐)
全年营业 02)718-3001

慈爱的声音

佛教广播电台 불교방송

该广播电台主要向大众传播佛教文化，以及音乐和信息，在首尔、京畿地区的频率为FM101.9。在其网站上可以了解到各种与佛教有关的具体信息。

02)705-5114 http://www.bbsfm.co.kr

崔大浦家 최대포집

麻浦有名的烤肉店，也是最先让人了解猪排这种美食的地方。该店选用国产猪肉，一人份猪排足有 300 克，非常实惠，并且味道也十分正宗，因此吸引了许多的回头客。

猪排(1人份,300克) 10,000韩元,盐烤(1人份,250克) 10,000韩元

10:00～次日2:00

全年营业 02)719-9292

出行信息

乘地铁 5 号线麻浦站第 2、3 号出口
乘地铁 5 号线、6 号线孔德站第 1、8 号出口
B 干线公交 160, 260,600,605
G 支线公交 7013, 7611,1711

儿岭站 新孔德市场 企业银行 孔德站 공덕역 孔德2派出所 孝昌公园站 麻浦邮局 一心医院 新韩银行 新韩银行 SK加油站 韩亚银行 花园酒店 道华治安中心 韩亚银行 友利银行 300m 400m

最好的煎炸品

元祖麻浦老奶奶煎饼

원조마포할머니빈대떡

从早到晚，不停地忙于制作各种煎炸品。特别是从凌晨开始准备煎饼和炸品原料，每一样都是纯手工制作，非常了不起。炸品拼盘和煎饼拼盘不仅种类繁多，而且分量十足，午餐时还特供烤海鲜配米饭，足够你饱餐一顿。

炸品拼盘、煎饼拼盘 大份10,000韩元、小份5,000韩元，烤海鲜配米饭 4,000韩元(14:00前)

24小时 全年营业

02)715-3775

中药肉食品达人

汉方猪蹄 한방족발

孔德市场里有名的猪蹄店。尽管市场里各家猪蹄店味道都差不多，但是要是从原汁原味上来说，这家店绝对是首选。每到晚饭时间，这里都会挤满等待的人群。此外，点猪蹄时赠送的米肠汤也很好吃。

猪蹄 大份20,000韩元、小份17,000韩元，米肠汤 5,000韩元(点猪蹄免费赠送)

6:30～次日1:00 每周日 02)706-2126

艺术汤

天桥餐厅 굴다리식당

虽然天桥已被拆除了，但当时在天桥下营业的时候，这里的泡菜汤就非常有名，特别是菜多量足这点，无论哪儿都比不上。另外，从里面放的大肉块也能看出店老板非常厚道。

泡菜汤 5,000韩元，炒猪肉 8,000韩元 10:00～23:00 每月第一周

02)706-0323

千元的幸福

大象面食店 코끼리분식

位于假日酒店后巷里的炒年糕店。店面虽小，但味道十足，常要在店外排队才能吃到。要是年糕卖完了，就意味着当天的营业也结束了。

炒年糕、辣味面、方便面饼、鱼丸等 1,000韩元

02)717-9061 10:00～20:00

每周日

章鱼博士之店

木浦章鱼 목포낙지

店老板是章鱼方面的专家，知识非常渊博，店里使用的食材都是新鲜的国产章鱼。这里制作的铁板章鱼和软泡汤保留了章鱼的原汁原味，非常有名。人们都说“秋季章鱼的味道最鲜美”，而这里春季制作的章鱼菜肴味道也同样出色。

铁板章鱼 15,000韩元，软泡汤 大份50,000韩元，活章鱼 25,000韩元

12:00～22:30 全年营业 02)712-1237

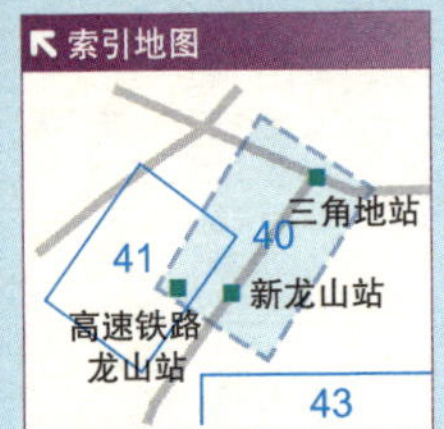

40 期待和平的街道 龙山 I

龙山地区现在是驻韩美军的司令部，因此又被称为“首尔市内的外国”，在其附近有记录苦难岁月的战争纪念馆。去看看已成为综合文化场所的龙山站吧。

龙山站和 iparkmall

용산역과 아이파크몰

龙山站是长项线、湖南线、全罗线的列车始发站，其右侧有 iparkmall、CGV 影院、易买得超市等购物中心和美食街，左侧有电子商城。在电子商城东侧有大型书店，将龙山站打造成了综合购物和文化场所。

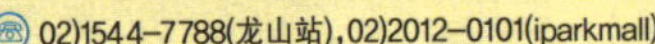

02)1544-7788(龙山站)，02)2012-0101(iparkmall)

http://www.iparkmall.co.kr

旅行、购物两相宜

Khuathai 쿠아타이

位于龙山 iparkmall 内的泰国料理店，其菜品以微辣为主，主要有泰式米线、咖喱和沙拉等。这里的特色菜有的放了贻贝和鱿鱼等海鲜，再加入辣椒粉调味的辣味米线和泰式冬荫功汤。另外，中国锅包肉式的糯米糖醋肉也得到众人的好评。

冬阴功汤 15,000韩元，米线 8,000韩元

11:20~22:00 节日当天 02)2012-0567

辣味泰国菜

耳机天堂

耳机店 헤드폰숍

位于 iparkmall 数码专卖五楼，是网上有名的耳机商店，在龙山开设了实体店。在这里，可以直接挑选喜欢的产品，甚至于市里很难买到的耳机在这儿都能买到，从三四万韩元到超过 100 万韩元，各种耳机应有尽有。

10:00~20:00

02)2012-1362

http://www.headphoneshop.co.kr

丰盛的醒酒汤

西北元祖土豆汤

서북원조감자탕

龙山站前多家土豆汤店中的老店，与其他店先把骨头炖熟不同，该店将骨头与作料放在一起炖，作料味儿完全渗入了肉里，因此，就无须蘸料了。

土豆汤 13,000至30,000韩元，骨头醒酒汤 6,000韩元，米肠汤 6,000韩元

24小时 全年营业

02)794-0008

小型艺术空间

开放画廊 열린화랑

西洋画家金秀英先生开办的工作室兼画廊，无论什么时候都可以在此欣赏或购买画作，他将这里命名为“开放画廊”，主要是想通过与其他作家的直接交流，以开放的心态对待美术。该画廊地下还有个仓库，里面放满了美术作品，真可称得上是宝物仓库。

9:00~19:00

02)793-2720

http://www.openartshop.com

出行信息

乘地铁 4 号线、6 号线三角地站第 11~14 号出口，乘地铁 4 号线新龙山站第 1~6 号出口

Ⓡ广域公交 9512

Ⓑ干线公交 110, 730,150,500,750

Ⓖ支线公交 10013, 0015,0017,5011

平壤屋 평양집

吃完泛着油光的牛胸肉，再吃点儿牛百叶和牛小肠，既饱腹又舒畅。每天，该店都会备好新鲜的牛小肠和牛百叶，以便制作晚餐菜肴，因其味道鲜美，所以一到晚上这里都会爆满。另外，这里的牛油炒饭也很好吃。

牛胸肉、牛腿肉 21,000韩元，牛小肠 19,000韩元，骨杂汤饭 6,000韩元

8:00~次日1:00　全年营业

02)793-6866

大口鱼汤胡同的鼻祖

原大口鱼汤 원대구탕

三角地附近有许多大口鱼汤老店。每天用新鲜的大口鱼，加上水芹菜等多种蔬菜熬制出的大口鱼汤深受附近国防部军人的喜爱。特别是这里的配菜大口鱼鳃酱，只有来此消费的顾客才能低价享用。

大口鱼汤、清炖大口鱼汤 7,000韩元，炒饭 1,000韩元

10:00~22:00　全年营业

02)797-4488

等候辣汤面

明华苑 명화원

该店是由华侨经营的中国饭店，只在白天营业，并且时间不长。为了能吃到这里的饭菜，门口常常会排起长龙。相比炸酱面，又辣又爽的海鲜辣汤面更具人气。另外，这里的糖醋肉也是人们常点的佳肴。

炸酱面 4,000韩元，辣汤面 4,500韩元，糖醋肉 15,000韩元

11:00~16:00

每周日

02)792-2969

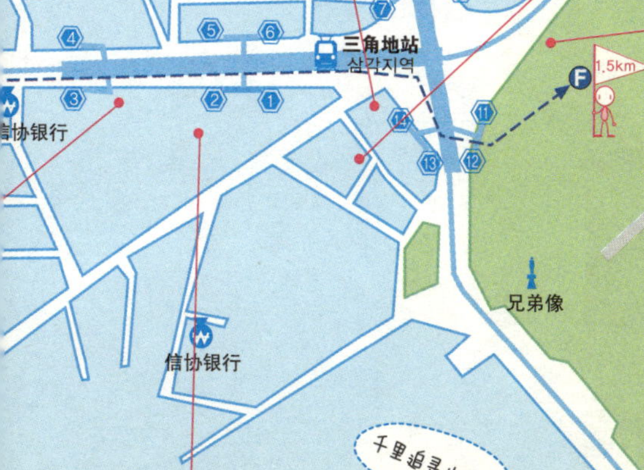

千里追寻的面条

老店 옛집

质优价廉的面条是这里的招牌菜，老奶奶亲手熬制的面汤更是让人无法忘怀。特别是店里张贴的各种奇闻趣事非常有意思，来此一定要好好看看。

全家福面条 2,500韩元，拌面 3,000韩元，刀切面 3,500韩元

6:00~23:00　02)794-8364

战争纪念馆——和平的殿堂 전쟁기념관－평화의 전당

这里展示了战争与军事方面的各种记录和遗物，有许多资料都与半个世纪前在这片土地上爆发的朝鲜战争息息相关。主馆旁边有条长廊，刻着许多死难将士的名字。在室外展馆，摆放着从朝鲜战争时期使用的迫击炮到最近退役的飞机等许多展示品。

免费　9:00~18:00　每周一

02)709-3139　http://www.warmemo.co.kr

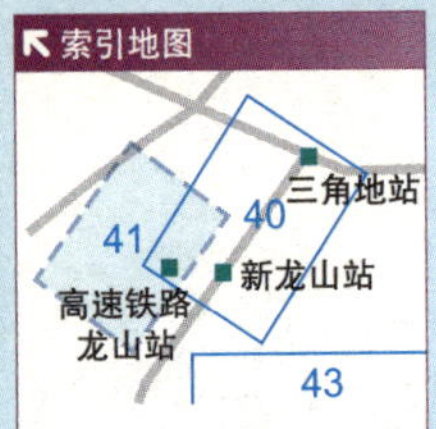

41 眺望未来的地方 龙山 II

以前，这里的电子商城主要以销售日本产品为主，现在韩国产品逐渐占据了各个柜台。为买到“韩国制造”的商品，连许多外国人都找到了这里，从中也体现出了韩国商品的价值。这里包罗万象，从小螺丝到高档机械产品，无所不有，让我们一起慢慢欣赏这电子产品的世界吧。

龙山 papadish
용산 파파디쉬

该店深受手工汉堡迷们的热捧，简约而又雅致的店内充满了温暖的气息。这里的厨房是开放式的，可以看到快餐制作的整个过程。

汉堡意大利面 13,000韩元，PAPA汉堡 5,000韩元，炸薯条 1,800韩元，精选沙拉 7,000韩元

11:30~21:30 每周日 02)706-4002

电子商城

Intel e-Stadium

在电子天地的新馆开设了电子竞技场，由游戏东亚和英特尔共同运营，在没有比赛的时候，供大众免费使用。场馆内由 84 台电脑构成，是韩国最大的电子竞技场，快来试试吧。

平时 10:00~19:00，每周二和举办活动时不能使用

02)715-5983 http://www.gamedonga.co.kr

电子天地影院 랜드시네마

电子天地是家电量贩店，在其顶楼有影院，共有 8 个影厅，可容纳 1800 多人，室内装修比其他多厅影院要更具未来气息。这里距汝矣岛较近，因此常有演艺界人士光临。

02)707-4935 http://www.landcinema.co.kr

hobbyplaza 하비프라자

这里在韩国铁道模型界的地位就如同伊斯兰教的麦加一样，有十多年的网络销售经验。在此能买到从德国、日本等地进口的各种铁道模型。要是稀缺货品的话，可以预订，也可以定做。

10:00~22:00 全年营业 02)719-0679

http://www.hobbyplaza.co.kr/

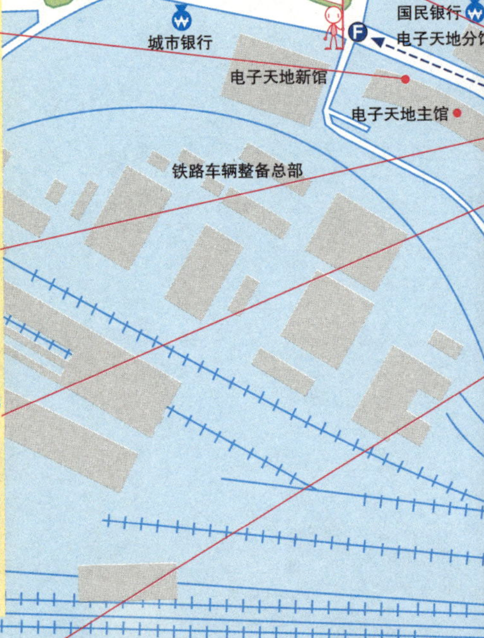

大光工具 대광공구

在这里，能以优惠的价格买到所需的工具。生活中如果强行使用不匹配的工具，容易产生危险，同时也会对产品的使用寿命造成影响，而这里工具一应俱全，很好地解决了这方面的担忧。在商城二楼设有室内卖场。

9:00~19:30 02)707-0909 http://www.toolsdep.co.kr/

出行信息

乘地铁 4 号线、6 号线三角地站第 11~14 号出口，乘地铁 4 号线新龙山站第 1~6 号出口

R 广域公交 9512

B 干线公交 110,730, 150,500,750

G 支线公交 10013, 0015,0017,5011

龙山 I (P102)

太极电器 태극전기

电池的世界

销售各种充电器、电池的地方，价格低廉，其网上购买价格会更优惠。该店位于罗津商城 11 号楼（甲座 123 号）入口处，很容易找到。

9:00~19:00 每周日 02)711-5055

http://www.asbattery.co.kr

三谷屋 미타니아

日本的感觉

有名的日本套餐店。相比韩国人来说，这里更受日本人的青睐。原先，该店位于东部二村洞，客流量非常大，后因经营规模扩大的需要，搬迁至龙山地区。这里午餐以特色餐盒为主，晚餐以套餐为主。

牛里脊餐盒 13,000韩元，天妇罗乌冬餐盒 12,000韩元，晚套餐 30,000韩元以上

午餐 11:30~15:00，晚餐 17:00~22:30 每周日

02)701-0004

街边美食 스트리트푸드

饥肠辘辘时，吃一口

在龙山电子天地周边，随处可见的街边美食。饥肠辘辘时，到零食街来是最明智的选择，这里价格低廉，1,000 至 2,000 韩元不等。

仙人广场 선인프라자

在龙山销售各种商品的大商城里，仙人商城是韩国国内最大的电脑及其配件集散地。这里有许多小店，以及大商铺和大企业的旗舰店，能以最低的价格购买到电脑配件和整机。事先通过网站了解产品的详细信息后，购买的时候会更加得心应手。在仙人商城里，有许多销售电脑零部件和组装整机的商铺，要是买整机的话，销售商会额外收取组装费。

每周日 02)701-8200

资材 자재

在龙山地铁站方向，仙人商城的一楼商场里，有许多销售电脑配件和线缆等电脑周边产品的商铺，绝对让你满意。

索引地图
新龙山站
41 40 42
二村站

42 寻找宝岛 二村洞

这里有世界最大规模的展馆——国立中央博物馆，要想游遍整个展馆，至少需要三天时间，其尖端的设施和宽敞的空间，足够自由观赏。另外，龙山家族公园的葱绿景色和二村洞美食店都是不可错过的。

美味十足的面食

二村炒年糕 이촌떡볶이

该店1980年刚开业时，只是一间大排档，经过30多年的发展，现已成为二村洞里有名的炒年糕店。就算说这里展现出了炒年糕的精髓，也一点都不过分，辣辣的、甜甜的炒年糕味被原封不动地保留了下来。喜欢吃炒年糕的话，一定要来这里尝尝。

炒年糕 2,000韩元，鸡蛋、煎炸类 400韩元，米肠 3,000韩元

每周日 02)749-5507

实干派的餐桌

eatry 이트리

该店老板给人的印象是非常注重内涵，不图虚表，在这里能吃得非常实惠。店里的墙上挂着老板夫人拍摄的照片，在欣赏的同时，还能透过开放的厨房，看着自己点的美食的整个制作过程。

各种通心粉 10,000至15,000韩元，快餐食品 35,000韩元

午餐 11:30~22:30，周五、周六 9:00~00:00，周日 12:30~20:00

每周二 02)798-0289

装扮头部的艺术

Tributto

制作和销售手工帽子的地方。制作材料直接从日本和美国进口，每种设计只做一件。

这里有各种样式的帽子，适合于各个年龄层。定做需要一周的时间。

10:30~19:30 每周日

02)790-7837 http://www.tributto.com

真味饺子

渔村 갯마을

这里的年糕饺子汤非常有名，里面有非常筋道的年糕，塞满了豆腐、泡菜、绿豆芽和五花肉等食材，以及用韩国国产牛排熬炖出来的汤汁。每到吃饭时间，就会挤满了顾客，甚至还要排队等候。

饺子汤 9,000韩元，年糕饺子汤 8,000韩元

9:30~21:00 全年营业 02)798-5655

金红 금홍

这是家中国餐厅，以黑色为主色调的室内装修突显出厚重的感觉。这里的特色菜有干煸虾、四川汤面和油淋鸡。该店位于二村洞内侧，2号店位于二村洞入口忠贤教会对面。另外，该店在二村市场的商城里经营着一家饺子店。

油淋鸡 30,000韩元，干风鸡 28,000韩元，三鲜炸酱面 5,000韩元

11:30~21:20 全年营业 02)796-0995

出行信息

乘地铁 1 号线、4 号线二村站第 2、3 号出口

Ⓡ广域公交 9502
Ⓑ干线公交 149
Ⓖ支线公交 0014, 0211,6211

国立中央博物馆 국립중앙박물관

国立中央博物馆是韩国历史文化的代表，2005 年 10 月最终落户于龙山。博物馆内共有考古馆、历史馆和美术馆等 6 个常设展馆，一天看完非常困难，因此，千万不要有全部看完的想法，最好沿着博物馆推荐的百件珍品或五十件珍品线路进行观赏，这些线路可以通过查网站或看导游光盘的方式了解。

免费　周二、周四、周五 9:00~18:00，周三、周六 9:00~21:00，周日、公休日 9:00~19:00　每周一

02)2077-9000　http://www.museum.go.kr

感觉体验

儿童博物馆 어린이박물관

有孩子的家庭来此之前最好预约。这里打破了传统博物馆局限于看的概念，可以用手去摸，去感受韩国的历史，更能加深孩子们的印象。另外，这里的构造和内容都很丰富，也适合成年人在此消磨时光。

免费

9:00~18:00，每隔1个半小时预订及现场发票后入场

02)2077-9330　http://www.children.museum.go.kr/child

美丽的散步路

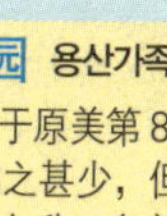

龙山家族公园 용산가족공원

该公园修建于原美第 8 军高尔夫球场旧址上，因其历史原因，致使人们知之甚少，但随着国立中央博物馆的正式运营，这里的人气逐渐上升。在宽敞的草地广场上展示着一些雕刻作品，还有散步路等迎接着人们的光临。

免费　全天　02)792-5661

博物馆的晚餐

镜莲餐厅 거울못레스토랑

该餐厅位于博物馆莲花池畔，专门制作意大利面等西餐，服务质量绝对是星级水准。虽然博物馆内还有几家餐厅，但想要吃得舒心，首选还是这里。

意大利面 8,000至10,000韩元，炒饭 7,000韩元，猪排 9,000韩元，汉堡牛排套餐 15,000韩元

11:00~21:00　每周一　02)796-1875

镜莲

国立中央博物馆正门

江天主教会

斗隆公寓

江村公寓

西冰库站 서빙고역

500m

JUMBO公寓

豪华大楼公寓

铜雀大桥 동작대교

小日本

MONOMART 모노마트

这是家日本食品专卖店，出售点心，以及冷藏、冷冻食品等多达千余种。据说，附近住着的许多日本人是这里潜在的消费群。该店的商品都来源于正规渠道，因此，可以放心购买。

平时 10:00~21:00，周日、公休日 12:00~21:00

02)749-7589　http://www.monolink.co.kr

真味手擀面

宝泉 보천

在日本人聚居的东部二村洞里有不少和食店，而该店以纯手工制作的手擀面和日本正宗面汤而颇具人气。乌冬汤面、炒乌冬面等让人一吃难忘，牛肉盖饭等盖饭类餐品非常爽口。

乌冬汤面 8,000韩元，炒乌冬面 7,500韩元，猪排盖饭 7,000韩元

11:00~21:00　每月第三周的周三　02)795-8730

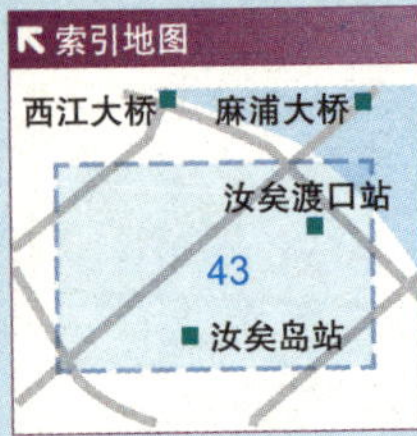

43 触动韩国的岛屿 汝矣岛

位于汉江上的汝矣岛是韩国的心脏地区，岛上的国会议事堂，以及众多的金融机构和广播电视局等部门都是引领韩国现在和未来的关键所在。这里火热的激情与汝矣岛公园的清风和汉江的绿色相得益彰。

立法的殿堂

国会议事堂 국회

韩国立法机构，其主体建筑是亚洲最大的议事堂。这里虽让人感到威严，难以接近，但只要经过一定的手续，谁都可以参观议事堂和宪政纪念馆。

9:00～17:00；参观前三天，必须先从网上预订；周末和国会总会期间禁止参观

02)788-2865，02)788-2885(参观咨询)

http://www.assembly.go.kr

宪政纪念馆 헌정기념관

9:00～17:30 公休日

02)788-3656

粥餐厅

大汝粥屋 대여죽집

开业20多年的大众粥屋。该店典雅精致，乐曲悠扬，给人一种高档餐厅的感觉，这里制作的各种美食都是有益身心健康的食品，每一种食材都精选上乘，就像宫廷御食一样。在筛骨汤里加了蘑菇和牡蛎的牡蛎蘑菇粥是这里的招牌菜。

牡蛎蘑菇粥 9,000韩元，鲍鱼粥 12,000韩元

7:00～21:00 02)783-6023

扇动翅膀的参鸡汤

PANAX 파낙스

“汝矣岛美食店”的代名词，以其浓厚的鸡汤而声名远播。该店的参鸡汤不加任何调料，保持着最正宗的原汁原味，因此，光顾这里的人络绎不绝。另外，这里热情周到的服务也是其出名的原因之一。

参鸡汤 13,000韩元，鸡粥 6,000韩元，烤鸡 10,000韩元

9:00～22:00 02)780-9037

香喷喷的绵软

冻五花烤肉店 서글렁탕

这是家非常有名的烤肉店，将抹满酱汁的五花肉放在炭火上烤制，烤出来的五花肉不仅肉质绵软，而且还香气怡人。另外，这里免费赠送的牛舌醒酒汤味道也很鲜美。

五花肉(150克) 9,000韩元，里脊(150克) 15,000韩元 10:30～24:00

02)780-8858

汝矣岛公园 여의도공원

汝矣岛广场是举办建军节庆典和竞选演说的地方，而汝矣岛公园就是沿着广场的柏油路修建而成，既可以在长约 2.4 公里的循环路上，享受骑行的乐趣，又可以在有生态莲池的绿地上，与家人一起度过闲暇的时光。公园与周边的汝矣岛河汉生态公园、汉江市民公园及栗岛相连，成为首尔代表性的绿色空间。

02)761-4078~9(汝矣岛公园管理事务处)

出行信息

乘地铁 5 号线汝矣岛站第 1 至 6 号出口，乘地铁 5 号线汝矣渡口站第 1 至 4 号出口

R 广域公交 9409,5601

B 干线公交 161,261,362,503,461,600,661

G 支线公交 5534,5633,7611

双子大厦 트윈타워

被称为“双子大楼”的 LG 集团总部是汝矣岛上非常有名的地方。在其地下一层有出售生啤的双子宫殿，二楼有民企最早组建的私立科学馆 LG 科学馆。另外，这里还有自营展馆，需要预约，才能有讲解员陪同讲解。

科学馆 사이언스 홀

周一至周五 9:15~16:00，周六 9:15~15:30，每15分钟入场30名，需要1个半小时；个人参观仅限于假期和周六，需网上或电话预约。

每周日 02)3773-105 http://www.lgscience.co.kr

双子宫殿 트윈팰리스

生啤(500cc) 3,000韩元，牛排 16,000至22,000韩元，德国式猪肉料理 25,000韩元(附加税另计)

7:30~22:00(周日7:30~20:00)

02)3773-1212

63 大厦 63 빌딩

典型的高层建筑，仅比海拔 264 米的南山低 1 米。其金黄色的外观闪闪发亮，如同插在汝矣岛上的船桅，在汉江上扬帆航行。在其地下有个非常出名的“63 广场”，各种好吃的、好玩的齐聚于此，是首尔代表性的观光地。

02)789-5663 http://www.63city.co.kr

63 天空艺术馆 63 스카이아트

乘坐电梯来到这 264 米的高空，俯瞰着美丽的汉江，通过先进的电子设备还能欣赏到首尔的全景。这里还有许多有趣的设备，能让你体会到高空行走般的乐趣。

成人 12,000韩元，儿童 13,000韩元(包括青少年和老人)

10:00~24:00(23:00前入场)

IMAX 电影院 아이맥스영화관

8 层楼高的超大银幕和顶级音响设备，让人感受到超宽电影带来的超级震撼。

成人 12,000韩元，儿童 10,000韩元(包括青少年和老人)

10:00~21:00(最后一场为20:10)

63 海洋世界 63 씨월드

岛上超大型水族馆，海狗秀、海豹秀及潜水秀等各种活动绚彩夺目。

成人 15,000韩元，儿童 13,000韩元(包括青少年和老人)

10:00~21:00(23:30前入场)

此外，还有 FOODCOURT(7:00~22:00)，制作健康面包的 63BAKERY(7:00~22:00，电话：02)789-5687)，高档自助餐厅 PAVILION(电话：02)789-5731~4) 等餐饮场所。

新的街道，新的文化

木洞 I

新建的木洞昭示着首尔惊人的变化。短短十余年时间，这里便出现了各种各样的小店和娱乐设施，从国际化的餐厅到新概念的中国馆。快来逛逛这新生的木洞大街吧。

MEAL TOP 밀탑

红豆冰专卖店

一年四季都能吃到红豆冰的冰水专卖店，每天早上在碾米厂直接加工出来的豆沙里，放上果料，制成冷饮，这里最受欢迎的是牛奶红豆冰和绿茶冰等。其中，牛奶红豆冰是将红豆沙和两小块糯米糕放在刨冰上制作而成，吃起来嘴里充满了牛奶和炼乳的香甜。要是不太喜欢甜味的话，可以另外要点儿豆沙，只要能稍微减少点甜味就可以吃了。

牛奶红豆冰 7,000韩元

10:30~21:00 百货店休息日 02)2163-1677

巴黎公园 파리공원

巴黎妇人

为纪念韩国与法国建交100周年而修建的公园，在巴黎有首尔公园，在首尔有巴黎公园。该公园里建有法式庭园，通过散步路连接在一起。每天12:00~16:00，会举行两次莲池喷泉活动。

02)2650-3395

幸福世界百货店 행복한세상 백화점

木洞购物天堂

木洞勤俭持家的夫妇们最常去的地方。在这里，可以买到质优价廉的商品，旁边还有出售新鲜农、水产品的农协唯一指定超市，以及 MEGABOX 电影院。

10:30~20:00 每月一次定期休息

02)6678-9000 http://www.haengbok.com

中国工厂 차이나팩토리

美味工厂

可以选吃美味的地方。这里以中国菜为主共有 60 余种亚洲美食，每人可以选吃三种菜肴。此外，有 6 种点心是不限量的。该店的厨房是开放式的，可以看到每个菜肴的制作过程。家庭聚会、同事聚餐、朋友相聚等，无论与谁一起都能体会到这里热情的服务和各式美味。

平时午餐 成人 17,800韩元，儿童 10,800韩元；平时晚餐 成人 22,800韩元，儿童 10,800韩元；周末和公休日 成人 24,800韩元，儿童 10,800韩元；工作午餐 15,800韩元

11:00~23:00 全年营业 02)2061-1366

http://www.chinafactory.co.kr

木洞 HYPERION 목동 하이페리온

69大厦

众所周知，韩国最高的建筑是汝矣岛的 63 大厦，但实际上，对于住宅建筑哪个是第一高楼的争论一直未休。

木洞 HYPERION A 座 69 层，共 256 米，比 63 大厦还要高 7 米。第一高楼的指向不言而喻。

广场商城
木5洞居民中心
阳川图书馆
天主教圣堂
阳川邮局
GS加德士
KT木洞分社
产业银行
木洞Paragon
木洞4园区
SBS
KT系统总部
梧木公园
国民银行
韩国传播会馆
现代百货商店
现代公寓
瑶岛2期公寓
锦湖木洞公寓
企业银行
梧木桥站
오목교역

木洞 II (P112)

出行信息

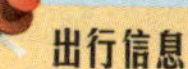

乘地铁 5 号线梧木桥站第 1、3 号出口

Ⓑ干线公交 640,650,571

Ⓖ支线公交 6648, 5012,5616,6211, 6624

My Hand' s

用手编织美丽世界的地方，店里展示了许多手工艺人亲自编织的各种布艺制品和饰品等物件，有夏季佩戴的饰品和冬天穿戴的布艺制品。特别是临近圣诞节时，一定要来这里看看充满节日气氛的各种布艺制品。

布艺饰品类 1,000至50,000韩元 10:30～22:30 全年营业

02)2646-4838

寿司店 스시노미찌

使用高档食材的回转寿司店，店里有 50 多种寿司，价格从 1,300 至 10,000 韩元不等。该店一楼是快餐寿司吧，二楼备有餐桌。从按季节分类的菜单、铁原地区的大米等来看，这里为了确保食物美味而一直不懈地努力着。

每碟 1,300至10,000韩元 节日当天

11:00～15:00,17:30～22:30 02)2647-7070

aimo e nadia 아이모 나디아

这是家意大利餐厅，总店位于瑞草，该店向人们展示了原味食材的意大利料理。室内装修以露出水泥的技法，突显出自然的氛围，在树枝和石墙的映衬下，给人一种宁静安详之感。这里的通心粉和自制的新鲜饮料非常受欢迎。

培根蛋面 21,000韩元，牛里脊排 43,000至46,000韩元

02)2061-0223 11:30～次日2:00

木洞运动场 목동운동장

市民运动场

1989 年修建的综合性竞技运动场，其主要部分为棒球场，另外还有足球场、滑冰场和射击场等。这里以业余竞技活动为主，举办一些年度性体育活动，同时还是木洞居民进行体育锻炼的地方。

02)2640-3801～8

木洞溜冰场 목동아이스링크

该溜冰场位于木洞运动场内，分为上下两层，当位于一楼的主场地举办比赛或演出活动时，就可以使用地下溜冰场了。地下溜冰场恒温 2℃ ~3℃，因此，就算是酷夏也要穿着长袖衣服，以免冻伤身体。

成人 4,000韩元，青少年 3,500韩元，儿童 3,000韩元，冰鞋租赁费(2小时) 3,000韩元

平时、周六 14:00～18:00，公休日 12:00～18:00，假期 10:00～18:00

02)2643-3057～9 http://www.mdicerink.co.kr

SkyView41

坐在与天相接的餐桌旁，欣赏着城市华丽的灯火，享用着美味的食物，这是何等高贵的享受。在这里，可以欣赏到远至南山塔，近至汝矣岛和上岩竞技场等地各式各样的灯火，同时还能吃到手艺精湛的厨师长亲手制作的比萨、通心粉，以及牛排、海鲜料理等 100 余种美食。另外，提醒诸位，这里靠窗的位置可是要预订的。

午餐套餐 17,000至29,000韩元，会席料理 25,000至70,000韩元 11:00～2:00

全年营业 02)2168-2222 http://www.skyview41.com

寻找品位与美味的空间

木洞 II

人流汇集的罗德奥大街散发的活力展现出木洞焕然一新的现在。徘徊在街头，寻找美味的人们将这里变成首尔新的名品街！

木洞时尚最前沿

木洞罗德奥大街 목동 로데오거리

在首尔市内的狎鸥亭洞、文井洞、加里峰洞和建国大学前等地有多个罗德奥大街，这里便是其中的一条。以主干道为中心，两旁林立着各种品牌商店，大街的入口处以女性服饰和休闲品牌为主，后部以名牌正装为主。这里虽然平时较为冷清，但到了周末便会热闹非凡。

音乐盛宴

古典乐器网站 국악기닷컴

这是家古典乐器专营店，位于罗德奥大街中心，提供网购服务，同时还有实体店，展示和销售古典乐器。目前，这里正在企划，要打造韩国古典乐器的代表品牌。可以来此观赏古典乐器，如果遇到中意的乐器也可以到二楼去购买。

9:00~19:00(周六9:00~17:00) 每周日、公休日
02)2699-9034 http://www.kugakki.com

纯天然的烤肉

豚和牛 도네누

这是家烤肉店，晚餐时间，只要耐心等待一会，就能吃到美味了。秸秆五花肉是将厚五花肉放于秸秆上打底，之后再用强火烤一遍，肉汁就会留在肉内，香味自然渗入，最后再用炭火烤着吃，其味非常特别。

秸秆烤五花肉5,800韩元，橡木烤五花肉 5,800韩元，腌牛肉 4,800韩元
02)2604-9285

文华园 문화원

这是家中国菜馆，20年来口味始终不变，至今仍保留着以前的方式和味道。该店有多个包间，非常适合公司或家庭聚会等。一起去品尝一下这里的美味吧。

炸酱面 4,000韩元，乌冬面 4,500韩元，套餐 15,000韩元 11:30~21:00
全年营业 02)2601-6213

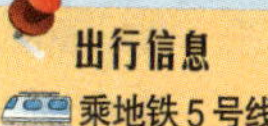

出行信息

乘地铁5号线木洞站第1、2、3、4号出口

Ⓑ干线公交 602,640,650

Ⓖ支线公交 6211,5616,6620,6715

禾谷洞
大林本田
大林大楼
弘益医院
INDIAN
建阳公寓
圣教会
木洞罗德奥大街
健牙科诊所
友利银行
韩亚银行
木洞站
목동역
木洞Ⅰ(P110)
永信教会
家庭商业中心
新亭2派出所
三千里公寓
木中学
色童幼儿园
GS加德士
进明女子高中十字路口
登村地下车道，午禁桥
邮局
400m
600m

爱的饮料

咖啡楼烘咖啡店 커피마루 커피볶는집

在此，无论何时都能享受咖啡的香气和味道。店主非常喜欢咖啡，为与人分享口感新鲜的咖啡，将厢房改造成了咖啡店。每天这里都会充满新制咖啡的香气，特别是每种咖啡都配上以爱为主题的语句，令人印象深刻。因此，一定要仔细看看这里的菜单。

咖啡 5,000至6,500韩元 11:00～23:00 全年营业 02)2699-4764

筋道的面条

日出山 히노야마

该店重现了日本关西地区的美味乌冬面。每天要花大量的精力揉制面团，做成面条，因此这里的面条非常筋道。这里用多种海鲜混炒出的炒乌冬面，以及符合韩国人口味的牛肉乌龙汤面非常有名。这里其他的食物味道也很独特。店内常有从很远的地方乘车来吃午饭的客人。

日出山套餐 15,000韩元，炒乌冬面 15,000韩元，乌冬面套餐 10,000韩元，烤鳗鱼 18,000韩元

9:30～22:00 全年营业 02)2606-6667

46 充满快乐的湖水 建国大学

宽广的绿色建国湖让人感受着市中心的自然风光。街道的多样化风格将新旧事物都囊括于同一特色文化之中，如同被宽广的湖水包容。一起在这美丽的校园中漫步，去品尝这新鲜的美味吧。热闹的街道每天都伴随着小型庆祝活动迎接着我们的到来。

隐藏的气度

长寿面食 장수분식

该店是建国大学前最有名的炸猪排店。用 2 块猪排做成的炸猪排是这里的特色菜，其量非常大，就连成年男子都吃不完。

长寿炸猪排 4,000韩元

11:00～21:30 每周日 02)467-9599

音乐是自由的朋友

伍德斯托克 우드스탁

这是一家音乐酒吧，其中的一面墙上摆放着 4000 多张黑胶唱片。这里的音乐种类繁多，有布鲁斯、组曲、爵士乐和流行音乐等多种风格的音乐，无论什么时候都能听到喜欢的音乐。

冰啤酒 4,000至9,000韩元，下酒菜 7,000至20,000韩元，龙舌兰酒(1杯)3,000至4,000韩元

02)466-6948

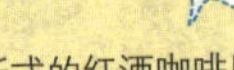

WO AIN I WO AIN I

与一般的红酒吧不同，这里是新式的红酒咖啡屋。该店位于地下，屋内充满了梦幻般的气息。在这里，可以轻松地边喝边聊。要是点烧烤的话，立即就能在户外烤制，其味与红酒完美搭配。

红酒 35,000至80,000韩元，烧烤 6,000韩元 17:00～次日2:00

全年营业 02)469-6606

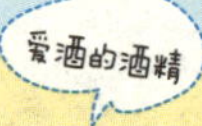

人参迪 심마니

出入自由，如同客栈一样的地方。这里备有马格利酒和烧酒等酒水和民俗下酒菜。店老板经营理念就是告诉爱喝酒的客人在建国大学也有这样的好去处。

马格利酒、咚咚酒 5,000韩元，葱薄煎饼等下酒菜 4,000至12,000韩元

17:00～次日3:00 全年营业 02)469-1113

和气蔼蔼 화기애애

该店位于建国大学附近，向人们展现了纯正的五花肉和周到的服务。店老板就是要给客人提供最好的肉食和最优质的服务，这里的员工也非常亲切。

排骨 12,000韩元，五花肉 8,000韩元 16:00～次日1:00

全年营业 02)461-7585

遮荫树 나무그늘

这里是包罗音乐、咖啡、面包、书籍、鱼面等在内的五感体验咖啡屋。

原豆咖啡和3种面包(不限量)3,900韩元

02)498-8696

晃动着肩膀

幸运 시아와세

这里是日式酒吧，菜单上有 60 多种日本酒和 50 多种日本菜肴。除店主外，其他所有员工都是日本人，所有的材料都是从日本进口的。到了这里，会误以为到了日本。

日本酒 8,000至30,000韩元，日本饮食、下酒菜 4,000至15,000韩元

16:30～次日3:00 全年营业 02)463-7001

出行信息

乘地铁 2 号线、7 号线建国大学入口站第 2、3、4 号出口

B干线公交 240,271

G支线公交 2222,3217,4212

苦涩的美丽

建国大学 건국대학교

建国大学博物馆

건국대학교 박물관

这里虽然规模不大，但古朴的外观，让人感觉像是博物馆。这里展示了学校的历史资料和史前时代的文物及资料。被指定为第 142 号国宝的"东国正韵"是这里的重点收藏品。

免费 周二至周五11:00～16:00

每周六、公休日、放假期间

02)450-3880～2 http://www.museum.konkuk.ac.kr

Good for you

建国火腿的故乡

在建国大学里，与畜牧学相关的设施和农场非常出名，自产的建国牛奶和火腿向公众销售。在新千年馆的地下二层商场，无论什么时候，民众都能买到物美价廉的建国火腿。

建国火腿/香肠

9:30～18:00(周一至周五)

02)2142-8075

鉴湖 일감호

建国大学建于首尔难得一见的平地上。此外，始于校门入口处的鉴湖非常有名，曾有这么一种说法，该湖之大足以容纳一个小规模的大学。

02)450-3114 http://www.konkuk.ac.kr

世界的名言

碑石公园 비석공원

该园位于建国大学医院入口的上虚门旁，内有许多石碑，碑上刻有包括俄国诗人普希金在内的众多名人格言，背面有解释和说明。在医院旁边，用希腊语镌刻的苏格拉底誓词非常引人注目。

建国学堂 건국글방

该学堂位于建国大学前，拥有 20 年的历史。与外面忙碌的奔走不同，这里充满了智慧的气息。稍微早点儿来此，提前进入书的海洋。

10:00～23:00 春节、中秋节日连休

02)465-5877

47 描绘自由的山丘 淑明女子大学

在美丽的孝昌公园里，沉睡着为民族奉献一生的白凡先生英灵。先烈们用崇高的生命换来的自由与繁荣显得弥足珍贵。踏着繁华的街道，感怀烈士的英灵。

孝昌公园 효창공원

纪念的场所

朝鲜时代正祖皇帝长子文孝世子的墓位于此处，高宗时，这里被称为"孝昌园"，日本侵略时期，墓地被强行移走，改建成了公园。光复后，这里再次安葬了李奉昌、尹奉吉、白贞基等人的遗骸，1949年，白凡、金九的遗骸也被安葬于此，这里成为追思殉国先烈的地方。在修饰完善的散步路边，安放了运动器械，附近的居民经常来此锻炼。

24小时 02)712-3043

肥皂厂 비누공작소

这里的肥皂是在植物油和进口的高品质油里混入中草药制作而成，干净且有益皮肤，即便吃进肚里也没有害处。这里不仅有精美的礼品肥皂，还有粗糙但很实用的肥皂。

肥皂10,000至15,000韩元 10:00~21:00 每周日

02)717-4027 http://www.binoogong.com

白凡纪念馆 백범기념관

民族的首肯

这里是纪念白凡、金九先生的地方，他们为建立自由、民主、统一的祖国而奉献了宝贵的生命。在此，可以通过白凡的一生重现韩国的近现代史，是个非常好的教育场所。另外，这里还有许多有趣的展示品和影像资料。

免费

3月至10月 10:00~18:00，11月至次年2月 10:00~17:00

每周一

02)799-3450

http://www.kimkoomuseum.org

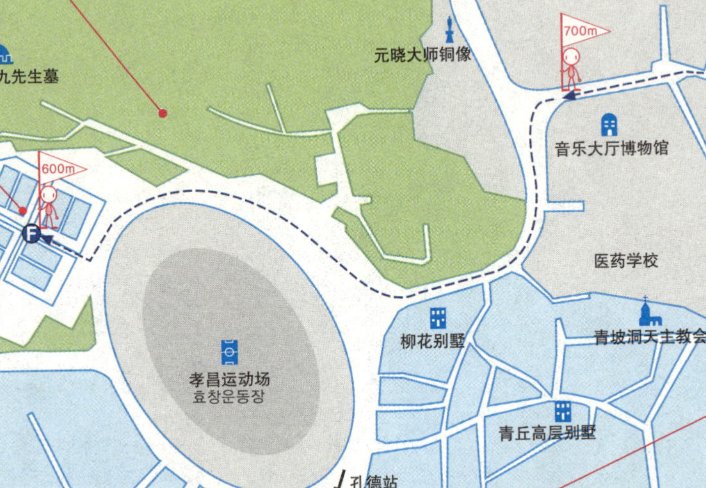

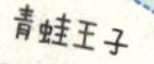

Cafe Frogggy

虽然这里的招牌很像难看的青蛙，但店内却如同宝石般耀眼，墙上摆放着项链、戒指等饰物，这可都是与主人私交甚密的工匠制作的手工艺品。这里制作的饮品饱含了师傅的感情，特别是这里的冰糕非常有特色。

咖啡、香草茶 2,500至3,000韩元，冰糕 3,000韩元，比萨 10,000韩元，红酒 15,000至30,000韩元

平时 8:00~24:00；周六、周日14:00~24:00 02)701-4684

奶蛋烘饼屋 와플하우스

该店是淑明女子大学入口处的名店，客流量非常大，自制的奶蛋烘饼清脆香浓。此外，加入草莓汁的草莓冰也非常有名。

奶蛋烘饼 1,500韩元，草莓冰 4,000韩元

11:00~23:00

全年营业 02)711-2649

真正的奶蛋烘饼

出行信息

乘地铁 4 号线淑明女子大学入口站第 5、6、9、10 号出口

Ⓑ干线公交 151,162,500,605,751

Ⓖ支线公交 0013,0211,0711,0015,0016

大杯喝酒

双台浦炭烧盐肉 쌍대포숯불소금구이

在这里取景的电视剧和电影不计其数。店内是典型的酒吧风格，在此可以尽情地玩闹嬉戏。这里 24 小时营业，无论多晚，大门总是敞开的。

颈肉、五花肉 8,000韩元，各种膳食 5,000韩元

24小时营业 全年营业 02)707-1380

圣者的祈祷

La Maison Rose

这里不仅有咖啡，还蕴涵着闲暇、品位和文化，是学生和民众的休闲文化场所。店老板非常喜欢巴黎蒙马特山丘上历史悠久的拉迈松玫瑰，因此按照那里的风格修建了该店。点餐后再开始制作的椒盐脆饼和咖啡，味道完美结合，口感非常特别。

咖啡 4,000至5,000韩元，椒盐脆饼 3,000至4,000韩元（多加1,000韩元可以买咖啡套餐）

全年营业 11:00~23:00

02)716-9996

首尔站
韩日诊所
韩日诊所
MR.PIZZA
青宇体育馆
医药药店
新韩银行
淑明女子大学入口十字路口
国民银行
新村金库
农协银行
沙锅意大利面
淑明女子大学入口站
숙대입구역
必胜客
清坡2洞居民中心
肯德基
外换银行
南营站

元祖部队汤锅

特尔保肉（音译）牛排 털보네스테이크

1968 年开业的牛排店，距今已有 40 多年的历史了。用牛肉，配上香肠、咸肉、火腿、洋葱和蘑菇等食材制作出的什锦牛排是这里的招牌菜。此外，这里用芥末、辣酱、番茄酱制成的调料也令人印象深刻。

什锦牛排大份 40,000韩元、中份 30,000韩元，沙锅（1人份）10,000韩元

营业到23:00 全年营业

02)793-0606

沙锅意大利面 뚝배기 스파게티

不久前，闻名于中央大学的“沙锅意大利面”美食店在淑明女子大学开设了分店。大沙锅里盛满意大利面备受学生们的喜爱。此外，该店还有虾、海鲜和烟熏三文鱼等菜肴。

番茄意大利面 6,000至8,000韩元，炒饭 6,000至7,000韩元

11:30~20:00

http://www.xn—hd1bn60b.kr/

02)706-2209

十字绣车间

快乐拼接 해피스티치

该店已经营了十多年，主要销售十字绣相关产品。在这里，不仅可以购买材料，还可以学习绣法、设计图案，并能将照片等带走制作图案。最近，也有男顾客到此，所以男性也一起进去观赏吧。

10:00~21:00 每周日

02)719-0149

http://www.happystitch.com

美食百货店

美星会馆 미성회관

在相连的建筑里，同时经营韩式、日式、中式料理，可供自由选择。这里的规模很大，非常适合团体聚会，也可根据活动自行选择。韩式料理有烤肉、排骨汤和石锅拌饭等。

烤肉 11,000韩元，生牛肉 32,000韩元，排骨汤、石锅拌饭 6,000韩元

11:00~21:30 全年营业 02)793-7766

充满文化气息的街道

第十三位

艺术殿堂 | 예술의 전당

位于牛眠山下的综合艺术演出场和展览馆是韩国文化艺术的圣地。这里有充满创意的歌剧院和音乐礼堂，每年举办1,500场演出，接待了200万人次观众。这里的大型歌剧院是此处的地标性建筑，共有2,500多个座位，由土月剧场和自由小剧场组成。美丽的大堂和购物商店、专门食堂等面向公众开放。

02)580-1300 http://www.sac.or.kr

设计美术馆，书法展览馆

汉家蓝美术馆与汉家蓝设计美术馆相向而立，是举办各种与现代美术相关展览活动的场所，其独特的外观本身就是一件艺术品，给人以美的享受。室内外的咖啡空间是公众的休息场所，在此能够享受到牛眠山的清风和美术。书法馆是展出具有韩国最高水准作品的特殊场所，也是世界上唯一的书法专展馆。

3月至10月 11:00~20:00，11月至次年2月 11:00~19:00 每周一

莫扎特咖啡屋

午餐和晚餐时间，可以在此欣赏到随着音乐舞动的“世界音乐喷泉”，度过美好的时光。象征着中央文化广场的咖啡屋充满了鲜花和闲暇，这里有清新的咖啡，以及喝啤酒时吃的炸薯条，建议来此观光的人一定要亲自感受一下。

各种茶 3,000至5,000韩元，啤酒（400cc）6,000韩元，各种下酒菜和意大利面条 8,000至15,000韩元

12:00~15:00，17:00~20:00 02)580-1853~4

漫步空间

艺术殿堂真正的美隐藏于周围的自然中。值得看的地方有与传统的韩国式池塘牛眠池交相辉映的户外剧场，以及布满绿色的散步路。与大成寺的一眼泉水相连的牛眠山登山路也是不容错过的线路。

第十四位

保持年轻活力的地方

良才市民森林 | 양재 시민의 숲

位于首尔的南部，面积26万平方米，里面的树龄都有30年以上，吸引着慕名而来的人们。这里是首尔最浓密的绿地公园，邻近的良才川和大型花卉市场象征着自然中的首尔。这里有为了纪念日本侵略时期的尹奉吉义士而建的纪念馆，可以进去一览。

02)575-3895 http://www.parks.seoul.go.kr(首尔市公园向导)

第十五位

对市民的健康和口味负责

可乐市场 | 가락시장

就算你认为首尔市民早餐的新鲜蔬菜和水果全部来自可乐市场也不过分。这里一天的交易量达7,000多吨，是韩国最大的综合农、水产品零售批发市场。这里大得出奇，出售的农、水产品可满足1,000万市民的需求。市场里到处都是提着小篮子购买新鲜便宜蔬菜的人和超大型运输卡车，一天24小时都会让你感受到市场的活力。

02)120 http://www.garak.co.kr

48 年轻时代的画像 首尔大学

这里是韩国领导者的摇篮，在宽敞的空间里到处都充满了浓浓的文化气息。校园沾染了绿色冠岳山的灵气，让我们一起在其周围寻找美丽的景观吧。绿豆街上有许多饭店，能让发热的头脑冷静下来。在此，还可以感受到老书店久违的魅力。

粉肠本部。

新林洞粉肠城 신림동순대타운

这是位于新林地铁站附近的4层建筑，楼里到处都散发着香辣的粉肠味道。将血肠、牛小肠和调料酱一起炒制，别有一番风味。抹上加了紫苏的醋辣酱，配着用芝麻叶包的蘑菇和鱿鱼一起吃的白血肠可千万不要错过。此外，这里还有炒饭。

血肠+牛小肠 6,000韩元，元祖白血肠 6,000韩元

11:00～次日2:00

旧书房 헌책방

旧书房和中古书店位于新林洞绿豆街两侧，现已成为难得一见的风景。直达屋顶的书堆和店内的文化氛围让人感到非常温馨，这就是旧书房的魅力。你可以在这里细细观赏，说不定还能找到罕见的古书呢。此外，中古书店的一面墙上摆满了CD。

9:00～22:00 02)886-1958(旧书房)，016)9337-0006(中古书店)

成为知识富人的地

乌冬村 서울대－우동촌

该店店名虽为乌冬村，但以猪排而闻名，特别是将芝士撒在猪排上的芝士猪排是非常有名的菜肴。餐后还提供羊羹和茶。

芝士猪排 7,000韩元，鸡排 5,500韩元，海鲜乌冬面 5,000韩元

11:30～20:50 02)888-9363

专家级的面包

贝斯蒙泰面包店

빠에스몽태과자점

该店虽然外观看起来很普通，但在展柜的一侧却隐藏着极品美味。这里的巧克力迈斯特面包曾多次代表韩国参加世界面包大赛。这里的面包都是用各种高档原料制作而成，每个都具有独特的味道。

7:00～次日1:00 02)875-8600

绿豆的象征

黄海道绿豆煎饼

황해도빈대떡

将首尔大学街道昵称为“绿豆街”，好像就是从这家店开始的。虽然雨天来此吃绿豆煎饼，喝一碗马格利酒已成为回忆，但这里绿豆煎饼的味道却始终未变。油多松软的黄海道绿豆煎饼是这里的特色。

黄海道海鲜绿豆煎饼 7,000韩元，煎饼拼盘 11,000韩元

14:00～次日3:00 02)872-8587

创造个性

Dr.core 911

该店的衣服、鞋和皮包都展现出独特的个性。所有商品都是精选的进口货和特色保税品，使得整个店里充满了个性。在其他店里难得一见的饰品吸引着学生的目光。

11:00～23:30 02)887-7979

出行信息

乘地铁4号线首尔大学入口站,3号线新林站3号出口乘坐前往首尔大学方向的公交车

B干线公交 152, 501,651,750

G支线公交 5412, 5511,6511,5516, 5528,5614,6518

文化的气息

如果那天来到 그날이오면

这是家人文社会科学专业书店，备受“冠岳人”的喜爱和珍惜。在许多专业书籍之间，青年学生围坐在小桌旁一起研讨的场景被认为是智慧的象征。在这里，能让人感受到小而精的书房所给予的美丽回忆。这里是充满书卷气息的文化厢房。

9:00~次日00:30

02)885-8290

市民的山

冠岳山 관악산

冠岳山位于首尔的南部，是市民休息的场所，与北汉山、道峰山一起环抱着首尔。山麓不大，但溪水很美，并且春日的映山红和秋天的枫叶都非常好看。圆觉寺、恋主庵等大大小小的寺院和峭壁上的连珠台都位于冠岳山登山路的终点处。

02)880-3646(冠岳山管理事务所)

智慧的象牙塔

首尔大学 서울대학교

该大学是韩国最好的国立大学，是在日本侵略时期的京城帝国大学基础上发展而来，一直稳居最高学府的位置。1975年，该大学搬迁至冠岳山下，共有100多座建筑，开设了66个学科，以及众多的研究所和附属设施。这里环境优美，而且它的校园是对市民开放的。

02)886-9502 http://www.snu.ac.kr

开放的场所

首尔大学美术馆，博物馆

서울대미술관，박물관

博物馆里收藏了许多汉江流域的高丽文物、满洲和渤海文物等许多其他地方看不到的珍贵文物。首尔大学美术馆位于大学校园内，是韩国最早的大学美术馆，其建筑本身就是一件美术作品，千万不要错过。让我们一起去参加博物馆的讲座和文化活动吧。

博物馆

10:00~17:00 每周日、公休日 02)880-5333

美术馆

10:00~18:00 每周日、公休日 02)886-9502

韩国的宝物仓库

奎章阁 규장각

奎章阁是保管世界文化遗产朝鲜王朝实录、王朝仪轨等无价之宝的宝物仓库，朝鲜时代宫廷图书馆的馆藏资料都转放到了这里。这里设有向大众开放部分资料的常设展室，以及展示实物的特殊展示会。

9:30~17:30 每周六、周日 02)880-5316~7

紫霞池 자하연

这里是由冠岳山的溪水流入校园后形成的莲池，被称为“紫色的彩虹莲池”，位于博物馆和图书馆相连的散步路中间。这里有木椅和茂盛的绿树，是约会的好地方。在莲池旁的教职员工食堂——紫霞池，其酒店式高档菜肴极大地刺激了食欲。要想来此品尝，最好避开嘈杂的就餐时间段。

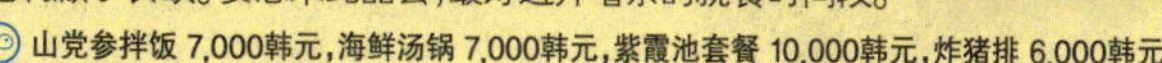

山党参拌饭 7,000韩元，海鲜汤锅 7,000韩元，紫霞池套餐 10,000韩元，炸猪排 6,000韩元

11:30~19:00 02)888-7888

首尔大学入口站 서울대입구역

然保护宪章纪念碑

700m

体育馆

首尔大学

낙성대

大运动场

社会科学学院 사회과학대학

音乐学院

文化馆

人文学院

大学总部

49 融入蓝天的地方 江南驿 I

咖啡屋和餐厅并不是江南驿的全部，作为韩国流动人口最多的地方，这里有许多供人休息的场所。从跆拳道圣地传出来的运气声响彻街道。

教保文库江南店 교보문고 강남점

教保文库江南店是江南驿大街的文化场所，拥有 200 多万卷图书。虽然最近才开张，但该店的空间布局汇集了其他大型书店的长处，让人感到非常舒适。作为韩国最大的超大型书店，该店设有“儿童乐园”、“文化活动大厅”等各种便利设施，以及最尖端的系统和休息场所等，使其具备了举办各类文化活动的能力。

9:30~22:00 02)1544-1900 http://www.kyobobook.co.kr

神秘主义的茶馆

免费咖啡屋 공짜카페

如果在此点茶的话，该店就会免费提供蛋糕，以及四柱、塔罗牌等占卜服务。店内设有独立的恋人桌，不会被旁边的人看到。该店对面有竞争对手“阿姨免费咖啡”开设的“免费兵团”。这里以其独有的氛围和多种类的茶而出名。

各种茶 6,000至9,000韩元，蛋糕 4,000韩元

10:00~24:00 02)557-7883

多样化的选择

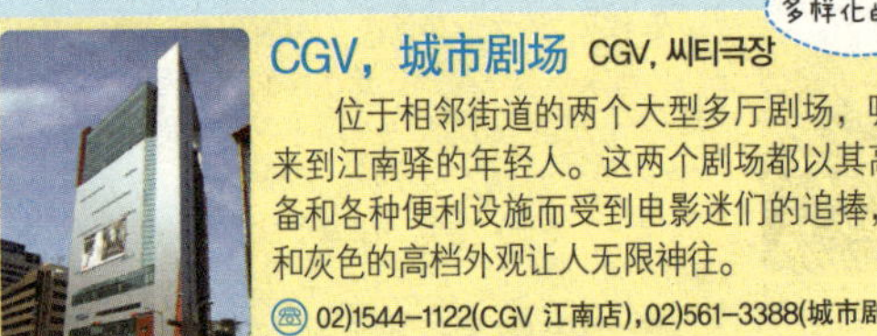

CGV，城市剧场 CGV, 씨티극장

位于相邻街道的两个大型多厅剧场，吸引了来到江南驿的年轻人。这两个剧场都以其高端设备和各种便利设施而受到电影迷们的追捧，黑色和灰色的高档外观让人无限神往。

02)1544-1122(CGV 江南店)，02)561-3388(城市剧场)

Books libro 북스리브로

该店位于旧城市文库内，是家清新典雅的图书专卖店。该店开办了名为“libro”的网店，能获取最新的信息。在此，可以咨询和购买稀缺本、绝版类等各种书籍。

02)562-5158 http://www.libro.co.kr

相见的地方

ABC 纽约面包店 ABC 뉴욕제과

如今对 30~40 岁的人来说，江南驿曾是约会场所的代名词。在这里，可以感受烤面包的香气，等待着恋人的到来。新建的咖啡屋和购物广场遮挡了这里，但粉饰一新的面包店同样受欢迎，至今仍在制作优质的高档面包。

02)3481-2236

出行信息

乘地铁 2 号线江南驿站第 5、6、7、8 号出口

Ⓡ广域公交 9404, 9411,9503,9700, 6800

Ⓑ干线公交 140, 145,360,402, 420,470

Ⓖ支线公交 3412, 4431,4312,5412

江南大街的春天.

驿三公园 역삼공원

江南驿有着大量的建筑群和韩国最多的流动人口，驿三公园就位于附近，像小型空气净化器一样给江南驿带来了新鲜空气。该公园和国技院、韩国科学技术会馆和国立青少年儿童图书馆等处共同成为文化和休闲场所。一到晚上，朦胧的灯光将公园的夜空装扮得更加美丽。

国技院 국기원

作为韩国国技，跆拳道已在世界 150 多个国家广为流传。这里是世界跆拳道的总部，整体建筑风格给人一种小而雅的感觉，对于热爱跆拳道的人来说这里就如同圣地一般。每天早上，学员们清脆的运气声都会响彻整个江南。

☎ 02)567-1058

🖥 http://www.kukkiwon.or.kr

和你成为朋友的书籍

国立青少年儿童图书馆 국립어린이청소년도서관

该馆是专为青少年和儿童开办的图书馆。这里的氛围非常好，就连一把小小的椅子都倾注了爱心。在此，能找到韩国所有为孩子们发行的图书。外国儿童资料室里有世界各国有趣的图书和课本等。这里绝对值得你带孩子前来观赏。

🕘 9:00~18:00 每月第二周、第四周的周一 ☎ 02)3451-0800

🖥 http://www.nlcy.go.kr

文化发电站

LIG 艺术大厅 LIG 아트홀

这里是位于 LIG 城地下的演出场馆，虽然只是 170 余个座位的小剧场，但坐席和舞台浑然一体。该艺术大厅上演的剧目多种多样，包括传统音乐会、实验剧等。午餐时间，在一楼广场举办的各种室外演出活动展现了江南驿的清新和活力。

☎ 02)6900-3900 🖥 http://www.ligarthall.com

江南驿地下商城 강남역지하상가

该商城位于流动人口最多的江南驿地下空间，占地面积非常大，内有流行服饰店、饰品店等 250 多家面向年轻人的专营店。与地上的大型商城相比，这里以其低廉的价格引来无数的新时代时尚人士。

☎ 02)557-6165

时尚人士的流行圣地

圣乐教会
中央日报
韩国科学技术会馆
ministop
星巴克
国民CARD
TOUS LES JOURS
驿三站

50 充满新鲜感的罐子
江南驿 II

无法忘怀的盛宴是江南驿大街给人的印象。从别具特色的餐厅到传承数十年的饺子店，整条大街都充满了选择的乐趣。感受美食，现在出发。

都柏林 더블린

这是家非常受欢迎的酒吧，在此能喝到吉尼斯生啤酒。如果遇到忙时，常要等上1小时。该店的外观极具异国情调，室内空间非常开阔，在这样的氛围里喝啤酒绝对是种享受。这里柔和的吉尼斯和浓香的豪加登啤酒颇具人气。

吉尼斯 8,000韩元、15,000韩元，豪加登 7,000韩元、13,500韩元

16:00～次日3:00 02)561-3281

豪斯啤酒的名店

10月星期四 옥토버훼스트

这里正宗的德国豪斯啤酒能让你对啤酒这一廉价酒的代名词产生新的认识。在此能品尝到各种具有原香浓味的正宗啤酒。尝一尝魏斯、拉特尔勒等不常见的豪斯啤酒品牌，让人耳目一新。此外，这里的自制香肠非常美味，是啤酒的最佳伴侣。

魏斯啤酒(300cc) 3,500韩元，拉特尔勒(400cc) 4,200韩元，香肠 10,000至24,000韩元，附加税10%另付

平时 16:00～次日1:00，周六 14:00～次日1:00，周日、公休日14:00～24:00

02)3481-8881

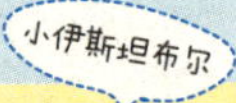

加油 빠샤

土耳其料理是世界三大料理之一，在此能品尝到它的正宗美味。该店的厨师都是土耳其人，制作出的料理原汁原味，有烤肉串，以及鱼类料理、木炭烤肉等。点餐前，最好仔细听听推荐，这样才能领略到多种风味。这里的午餐套餐非常受欢迎，主要有汤、沙拉、料理和土耳其传统茶等。

烤肉串 15,000至18,000韩元，扇贝料理 16,000韩元，午餐套餐 7,500至8,500韩元

11:30～22:00 02)593-8484

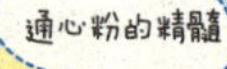

小意大利北部 노리타

这是家正宗的意大利餐厅。这里的通心粉曾被多家专业饮食杂志高分推荐。虽然现在逐渐偏向大众化，但这里的比萨、通心粉和红酒等却完美融合出独特的味道。

比萨 13,000韩元，午餐精选(11:00～14:00) 12,000韩元

11:30～次日2:00 02)596-5258

出行信息

乘地铁 2 号线江南站第 5、6、7、8 号出口

R 广域公交 9404, 9411,9503,9700, 6800

B 干线公交 140,145, 360,402,420,470

G 支线公交 3412, 4431,4312,5412

泥鳅的故乡

原州泥鳅汤 원주추어탕

这是家传承了 30 年的泥鳅汤专营店。虽然只有泥鳅汤，但味道却是独一无二的。这里将蔬菜和食材放入一人用小锅里熬制出的泥鳅汤，味道非常新鲜。此外，在这家店工作了 20 多年的厨师长，其手艺也是一绝。

精选泥鳅汤 9,000韩元，整条泥鳅汤 9,000韩元，煎泥鳅 10,000韩元

8:00～22:00 02)557-8647

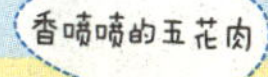

紫藤之家 등나무집

该店是首创红酒五花肉的地方，其绵软的口感绝对是一绝。将刨好的厚五花肉一片一片摊开吃，这种乐趣在外国人中都很出名。店里的墙上挂满了古时首尔风景的黑白照片，这本身也是一个看点。此外，这里的清口佳品——即食泡菜刀切面也很美味。

生五花肉 9,000韩元，脖颈肉 10,000韩元，即食泡菜刀切面 5,000韩元

11:00～23:00 02)561-1223

绿色的晚餐

克特多 꼬뜨도르

布满了紫藤的建筑让人感觉像在法国农场的小山丘上一样。该店在 23:00 之前是餐厅，之后是酒吧。在爵士乐的伴奏下，品尝着通心粉、牛排等，更增添了菜肴的美味。

牛排 28,000至30,000韩元，通心粉 13,000至16,000韩元，午餐精选 6,500韩元

11:30～次日2:00(23:00后作为酒吧营业) 02)558-0052

饺子的轻柔

草满园 초만원

该店是正宗的中国餐厅，在饭店更替频繁的江南驿知名度很高。美味的老式炸酱和饺子是这里的招牌菜，充满了蛎香的辣汤面也别有一番风味。

老式炸酱 4,500韩元，饺子 4,000韩元，辣汤面 5,000韩元

9:30～22:00 02)3481-8585

圣乐教会

中央日报

驿三公园 (P123)

国技院(P123)

国立青少年儿童图书馆(P123)

韩国科学技术会馆

Ministop

星巴克

国民CARD

TOUS LES JOURS

LIG艺术大厦(P123)

→ 驿三站

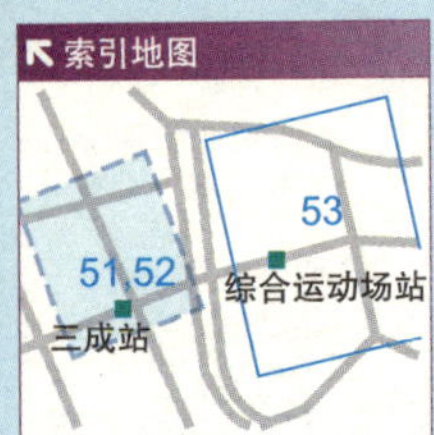

51 文化主宰命运 三成洞 I

COEX 商城的地下空间是一座小型的地下城市。永不停歇的地下世界和地上的江南新街展示出新天地的模样。而静静守望着世界的奉恩寺就如同浅湖中漂浮的莲花一般。

奉恩寺 봉은사

该寺坐落于首尔的江南，拥有1,200年的历史，是朝鲜时代汉阳最大的寺院，气势十分恢弘。殿阁的规模和风格如同深山中隐藏的寺院一般。其内的慈悲菩萨梵唱能令人心绪平静。

☎ 02)511-6070 🌐 http://www.bongeunsa.org

21世纪的少年

M-ZONE M-존

这里是亲身体验三星电子多样化尖端产品的地方。在此，能体验到DMB服务，感受家庭影院的性能。这里太空舱般的空间和最尖端的服务，深受年轻人的喜爱。

🕒 11:00~21:00 休 每周一 ☎ 02) 2151-1992

寻找萤火虫

班迪和鲁尼斯 반디앤루니스

这是家大型书店，仅看店名很容易被认为是家外国书店，实际上，该店的名字来自古代故事“萤雪之功”中的萤火虫和灯盏。这里有200万卷图书，以及儿童专用的萤火剧场等，各种服务设施便利。其中，DVD租赁服务是这里的特色。

☎ 02)6002-6002 🌐 http://www.bandibook.com

纪念浪漫的时刻

伊万唱片 에반레코드

虽然唱片被MP3挤出了历史的舞台，但这里却是唱片商场的旗帜，就连十几年前出版的唱片都让人有种新鲜感。在此，能感受到与数字声音完全不同的声色效果。

☎ 02)6002-1000

泡菜的历史

草茂园泡菜博物馆 풀무원 김치박물관

这里是展示泡菜这一韩国代表性食品的地方。在此，不仅能看到多种类的泡菜，还能详细了解泡菜这一健康发酵食品的优点。这里的传统饮食资料室和品尝泡菜的试吃室都是非常有趣的地方。

₩ 成人3,000韩元，儿童2,000韩元 🕒 10:00~18:00 休 每周一
☎ 02)6002-6456 🌐 http://www.kimchimuseum.or.kr

出行信息

乘地铁 2 号线三成站第 5、6 号出口

Ⓡ广域公交 9407

Ⓑ干线公交 600，143,301,362,401

Ⓖ支线公交 3218，3412,4428,2413,4418

COEX 商城 코엑스몰

这里是超大型的地下城市，面积相当于蚕室主竞技场的 15 倍。该商城不是单纯的购物中心，而是由十几个不同主题、各具特色的独立空间组成。除如同置身海底世界般的大型水族馆和超大型剧场外，还有引人驻足的娱乐街和美食街。另外，要是能再到与地上相连的展示空间去逛逛观光街，那就不虚此行了。

☎ 02)6002-5312 🌐 http://www.coexmall.com

水族馆 아쿠아리움

该水族馆的容水量达 2500 吨。沿着与超大型水槽连接的海底隧道前行，了解着这里的"鱼"主人。通过由 12 个主题区构成的展览馆，观赏着海洋生物，无论大人和小孩都会感受到无比愉悦的乐趣。

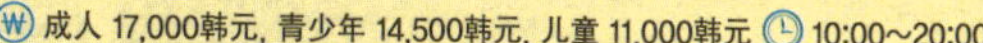

₩ 成人 17,000韩元，青少年 14,500韩元，儿童 11,000韩元 🕒 10:00～20:00

☎ 02)6002-6200 🌐 http://www.coexaqua.co.kr

Mega box 메가박스

这里拥有 16 个影院，共计 4200 个座位，年观看人数达 600 万人次，该数据在单个剧场中位列世界之最。同时这里还是介绍多厅剧场这一新概念的地方。其舒适的座椅和顶级的影像、音响设备，以及各种便利设施，无论是从规模方面还是从观众满意度方面，都得到了极高的评价。

☎ 02)1544-1600 🌐 http://www.megabox.co.kr

COEX 코엑스

国际贸易的象征

这里是综合贸易展览馆，是韩国国际贸易中心，拥有包括容纳 7,000 人的会议厅在内的数百个会议室，举办过亚欧会议等众多国际性会议。这里与引领韩国经济成长的国际贸易中心一起成为韩国出口型经济的象征。

☎ 02)6000-6114 🌐 http://www.coex.co.kr

钢铁帝国。

浦项制铁大厦 포스코 빌딩

这里是世界性钢铁公司浦项制铁的首尔总部所在地。作为规模宏大的最尖端大厦，其奇特的外观造型非常引人注目，常会被人误以为是遇难飞机的残骸。该造型从设计之初就引来许多争议，但世界著名设计师弗朗哥斯特拉这一名为《Amabel》的作品，其寓意是象征着花。大厦的一楼和二楼是门厅，有 2 个白南准大型摄影艺术作品展厅，以及钢铁画廊、浦项制铁宣传馆和定期文化演出等多个参观场所，体现出会社亲切的人文形象。

🕒 9:00～18:00(钢铁画廊),10:00～17:00(浦项制铁宣传馆)

休 每周六、周日 ☎ 02)3457-6114

索引地图
53
51 52
综合运动场站
三成站

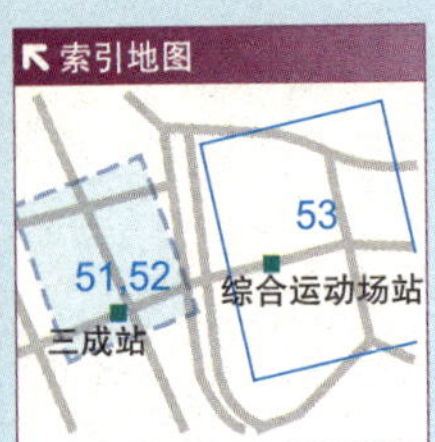

52 金刚山是饭后景，这里是万花景
三成洞 II

与COEX商城连通的美食街给人一种大型自助餐厅的感觉。这里非常实惠，花钱也成为一种乐趣，无论哪一天想起来，都会觉得很快乐。快来一起感受这新老味道交会的美食街吧！

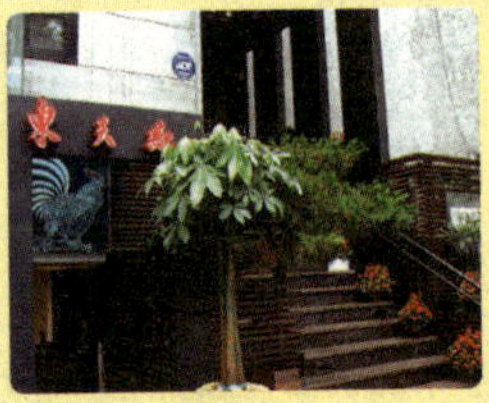

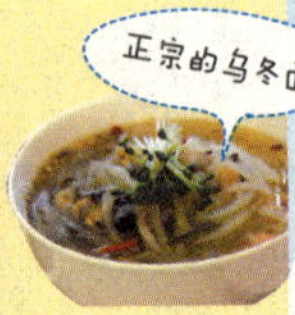

正宗的乌冬面

东天红 동천홍

这里是一家中国菜馆，因四川汤面而出名。在用鸡肉和各种蔬菜熬出来的肉汤里加上辣椒和牡蛎做出的川式乌冬面，其味道非常可口。在这里，既能感受到热闹的商场氛围，还能品尝到美味的中国菜。

四川汤面 5,000韩元，广东面 6,000韩元，麻婆豆腐饭 8,000韩元，四川糖醋肉 22,000韩元

11:30～22:00 02)516-4626

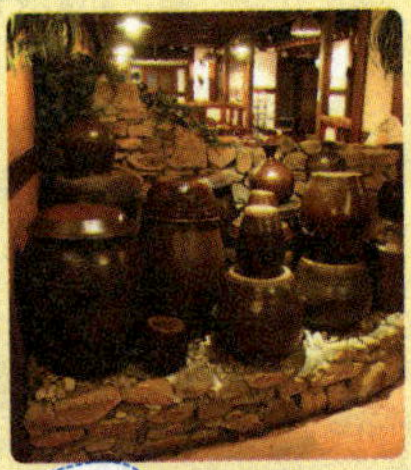

故乡的晚餐

远景屋 시굴집

该店是深受外国人喜欢的韩式饮食店。这里的咚咚酒味道非常清爽，用生鱼片、三文鱼、烤鳕鱼和烤肉等做出来的套餐是这里的招牌菜。此外，原汁原味的大麦调味酱也非常好吃。

套餐 31,000至41,000韩元，大麦调味酱、豆腐10,000韩元

11:30～22:00 02)568-7513

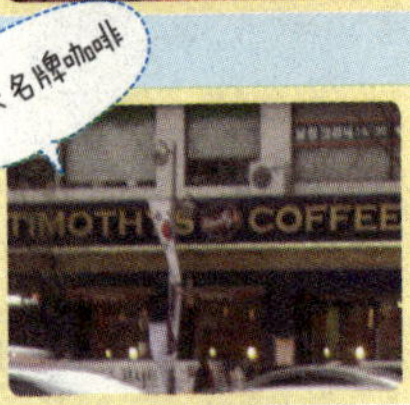

加拿大名牌咖啡
COFFEE

蒂莫西斯咖啡屋 티모시스 커피

这是加拿大的名牌咖啡屋。蒂莫西斯咖啡屋本着"咖啡贵族"的经营理念，致力于为大众提供新鲜、高品质的顶级咖啡。

拿铁贝内（定期供应）4,300韩元，卡布奇诺（定期供应）4,300韩元

大海的内涵
오징어本家

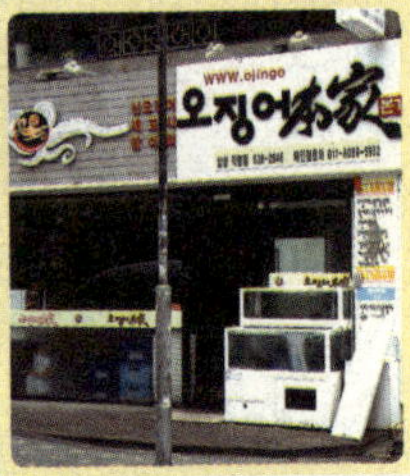

鱿鱼老家 오징어본가

该店的招牌菜是生鱿鱼片、生鱼片和炖鱿鱼。强烈推荐这里各种物美价廉的生鱼片。其中，在东海岸渔民最喜爱的醒酒用生鱿鱼片中，还能感受到大海的味道。此外，这里辣味汤的味道也很棒。

生鱿鱼片、生鱼片、石斑鱼辣味汤 10,000韩元，生比目鱼片 15,000韩元，各种生鱼片 市价

02)538-2846

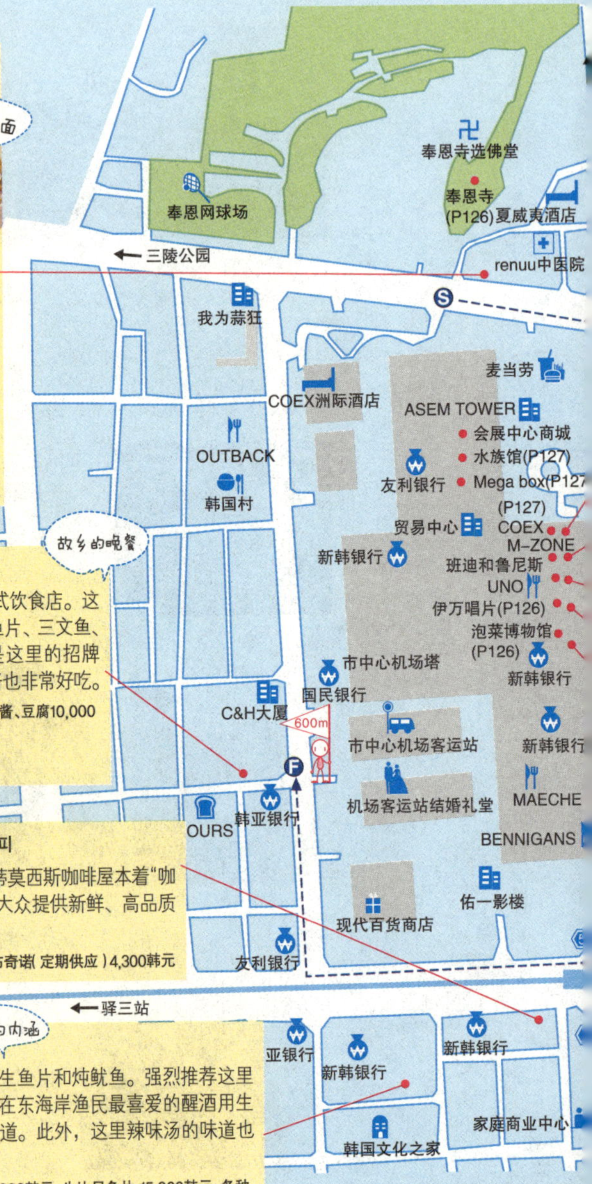

奉恩寺选佛堂
奉恩网球场
奉恩寺
(P126)
夏威夷酒店
三陵公园
renuu中医院
我为蒜狂
麦当劳
COEX洲际酒店
ASEM TOWER
会展中心商城
水族馆(P127)
Mega box(P127)
OUTBACK
友利银行
韩国村
贸易中心
COEX
M-ZONE
新韩银行
班迪和鲁尼斯
UNO
伊万唱片(P126)
泡菜博物馆
(P126)
市中心机场塔
新韩银行
国民银行
C&H大厦
600m
市中心机场客运站
新韩银行
机场客运站结婚礼堂
MAECHE
OURS
韩亚银行
BENNIGANS
佑一影楼
现代百货商店
友利银行
驿三站
亚银行
新韩银行
新韩银行
家庭商业中心
韩国文化之家

出行信息

乘地铁 2 号线三成站第 5、6 号出口

Ⓡ广域公交 9407

Ⓑ干线公交 600, 143,301,362,401

Ⓖ支线公交 3218, 3412,4428,2413, 4418

蛋炒饭的天堂

番茄蛋炒饭 오므토 토마토

无论谁小时候都吃过炒饭。该店精选优质鸡蛋和大米制作出 40 多种风味炒饭，每种都别具特色。这里充满了南瓜、奶酪、培根、大虾和沙拉等各种食材所带给我们的快乐。

香草饭 大份7,900韩元、小份6,900韩元，芽菜沙拉饭 大份8,900韩元、小份 7,900韩元

10:30~22:00 02)6002-6979

啤酒鸡的秘密

O'Kim'sBrauhaus 오킴스브로이하우스

这里是韩国最早拥有啤酒自产设备的地方。哈尔雷斯、海比瓦伊津和东库尔雷斯等名字新奇的啤酒非常吸引人。用啤酒做出来的啤酒鸡，不但味道鲜美，而且整只鸡端坐盘中的样子和限量供应使其深受欢迎。此外，每天晚上的乐队演出也非常精彩。

哈尔雷斯(400cc)4,800韩元，东库尔雷斯(400cc)5,600韩元，啤酒鸡 28,000韩元，炸猪排套餐 8,000韩元

11:30~24:00 02)6002-7006~7

既健康又美味

奥威尔宫廷韩式菜 오빌 궁중한식

在这里可以感受到传统宫廷美食家的手艺。拌饭旧称“古董饭”，是用黑楂子粥和甜米制作出的健康食品。传统拌饭用 9 种蔬菜和米饭拌制而成，营养非常丰富。此外，蒸排骨和烤鱼等宫廷菜和既不辣又不咸的烤党参也是不可错过的美味。

古董饭 7,000韩元，宫廷套膳、烤鳕鱼、烤党参 15,000韩元

02)551-0801

明星的美食

贾克斯厨房 잭스키친

这间餐厅是著名影星成龙经营的国际品牌餐厅，主营中国传统面条、饺子和点心。在用成龙照片装饰的店里，品尝着点心，还能感受到这里“轻松享用美食”的经营理念。此外，这里的叉烧炒饭非常值得品尝。

点心 3,900至5,500韩元，面食 8,500至9,500韩元，炒饭 9,500韩元，附加税另付

11:00~21:00 02)6002-7150

湖泊美食广场 호수먹거리마당

美食街

该广场位于阳光透过金字塔形玻璃天窗直射入地下城市的地方，是汇集各种饮食文化的自助式美食广场。按类型区分的菜，种类繁多，与 COEX 商城的其他地方相比，价格非常便宜。此外，舒适的就餐环境能令人身心愉快。

COEX十字路口

新川 (P130)

三成站 삼성역

鹤滩站

53 新生的土地 新川

1988 年奥运会使这里发生了翻天覆地的变化，溪水两侧的绿色桑树看起来非常美丽。新的环境召唤着新的事物，这里正在向着先进的居住园区迈进。保持着奥运热度的体育场和新川大街的美食一如往昔，令人神往。

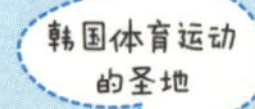

蚕室综合运动场 잠실종합운동장

这里的综合体育城耗时 10 年，于 1984 年完工，是韩国体育运动的圣地。占地面积 60 多万平方米，可容纳 20 万人。这里有奥林匹克竞技场、游泳场、棒球场等国际规模运动场，以及市民喜欢的体育设施。周末，可在此观看棒球联赛和轮滑比赛等。这里因各类体育运动的爱好者们而活力四射。

02)2250-2113

http://www.stadium.seoul.go.kr

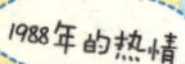

奥运会主场馆 올림픽메인스타디움

该体育场是座美丽的综合竞技场，其外观是朝鲜白瓷的卡通造型。这里曾是 1986 年亚运会和 1988 年奥运会的主场地，备受世界人民的关注。这里最多可容纳 10 万人，至今仍是韩国体育运动的象征。

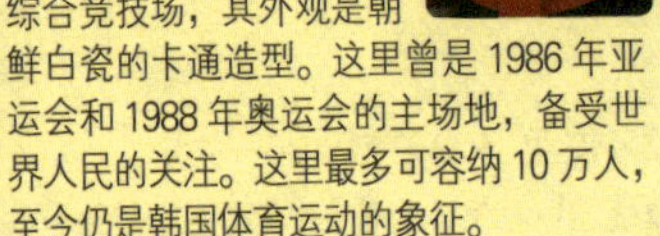

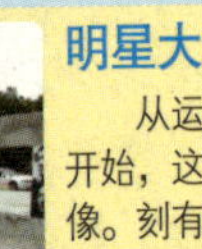

明星大道 스타스트리트

从运动员孙基祯的柏林奥运会纪念铜像开始，这里摆放着历届奥运英雄们的纪念雕像。刻有奥运奖牌榜选手照片和纪录的纪念物环绕在主体育场周围，成为名副其实的明星大道。

亚洲公园 아시아공원

这里是为纪念 1986 年亚运会而修建的公园，有着非常美丽的树木、草地，以及作为文化庆典场地的室外舞台等。矗立在公园内的“浮里岛纪念碑”，虽碑石小而简陋，但在大规模公寓园区未修建之前，由居住于此的 65 名住户合力修建而成，因此是非常有意义的象征物。

街区雕刻 거리조각

从综合体育场入口到奥林匹克公园，共有 48 件雕像，象征着这里是奥林匹克圣地。雕刻家们以奥运会各比赛项目为主题创作出具有自身特点的作品。这些作品或美丽，或滑稽，边走边看非常有趣。

出行信息

乘地铁2号线蚕室运动场站第1、6号出口，新川站第4号出口

Ⓑ干线公交 301,341,360,730,606

Ⓖ支线公交 2415,3217,3314,3411,3422

福亭饭店 복정집

虽然菜单上有炖海鲜和炖豆芽章鱼，但几乎所有的客人都会点海鲜什锦锅。该菜品不用肉汤，而是将各类海鲜放到一起炖制而成。吃着海鲜什锦锅，再加上汤饭，这味道能让人流连忘返。

海鲜什锦锅 大份65,000韩元、中份50,000韩元、小35,000韩元，炒饭2,000韩元

10:00～23:00 02)418-8181

Coffee cabin

白天喝茶，晚上喝啤酒。在此，可以享受到传统茶的清香和草本茶的芬芳。

15:00～24:00 02)4133-144

全州牛杂汤 전주설렁탕

在不断有新店开业、旧店倒闭的新川美食胡同，该店却延续了20多年的历史。该店精选优质筛骨熬制出的浓汤是深受人们喜爱的醒酒佳品，其味道已超越了时代的界限。另外，喝牛杂汤时不可或缺的萝卜味道也很清爽。

牛杂汤、豆芽汤 5,000韩元，排骨汤 7,000韩元

24小时营业 02)412-7495

咸镜冷面 함경냉면

该店用苹果、梨和葡萄等新鲜水果和各种作料调制出的冷面非常出名。将筋道的面条拌着吃，其味之辣如同口中生火一般，但人们就像上瘾一样，乐意排队等候。看着人们边吃边被辣得直呼气的样子也很有趣。如果实在忍受不了辣味的时候，喝点清汤会好些。

水冷面、拌冷面 3,500韩元，生鱼片冷面 4,500韩元，饺子 3,000韩元

10:00～22:00 02)408-4166

亚希纪 아키노유키

这是家经济实惠的日式酒馆。这里用蓝色酒壶盛装生啤酒显得非常奇特。

日式蛋卷 7,000韩元，烤鳊鱼腹 8,000韩元

平时 18:00～次日3:00，周末 18:00～次日5:00

02)420-9646

54 时间讲述的故事 奥林匹克公园

位于汉江周边的史前人类居住地，在漫长的岁月中又增添了许多生活的故事。为纪念奥林匹克修建的湖泊公园在绿色的自然中被点缀成艺术的庭院。从史前窝棚到面向未来的作品，时间随着潺潺溪水慢慢地流淌着。

人类的节日

奥林匹克纪念馆 올림픽기념관

这里是了解奥林匹克历史和体验奥林匹克的展馆。影像馆和资料室里备有丰富翔实的资料和物品。这里的运动体验馆深受孩子们喜欢，在此可以通过假想体验和游戏阐明运动的原理。

Ⓦ 免费 🕒 10:00~17:00 ☎ 02)410-1051~5

🌐 http://www.88olympic.or.kr

拥有公园的住所

奥林匹克公园酒店 올림픽파크텔

这里是宾馆式的青年酒店，将奥林匹克公园当做庭院的酒店，对与体育有关的活动或选手提供许多优惠。该酒店有各种研讨会的会场、高级餐厅和婚庆中心等配套设施。

☎ 02)421-2111

🌐 http://www.parktel.co.kr

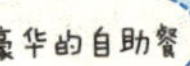

食屋 후레쉬하우스

形似鸟翅膀的建筑外观和内部空间与奥林匹克公园完美融合。这里有新鲜的海鲜、沙拉和比萨等健康的自助餐品。这里的食品种类虽不多，但都是深受人们喜爱的菜肴。

平时 午餐21,000韩元、晚餐28,000韩元，周末 午餐和晚餐 30,000韩元，小学生 16,000韩元，附加税另计

🕒 午餐 11:30 ~ 15:00，晚餐 17:30 ~ 22:00，周末11:30 ~ 22:00

☎ 02)416-0606

艺术的公园

奥林匹克公园 올림픽공원

这里是首尔的标志性公园，占地148万平方米，由运动竞技场、湖泊和自然景观组成。该公园有为举办汉城奥运会而修建的6个运动场，复原的百济初期梦村土城，以及沿梦村而下的泉水。和平广场上聚集了许多前来散步和运动的市民。

🕒 6:00 ~ 22:00(可开放至24:00)

☎ 02)410-1114 🌐 http://www.sosfo.or.kr/olpark

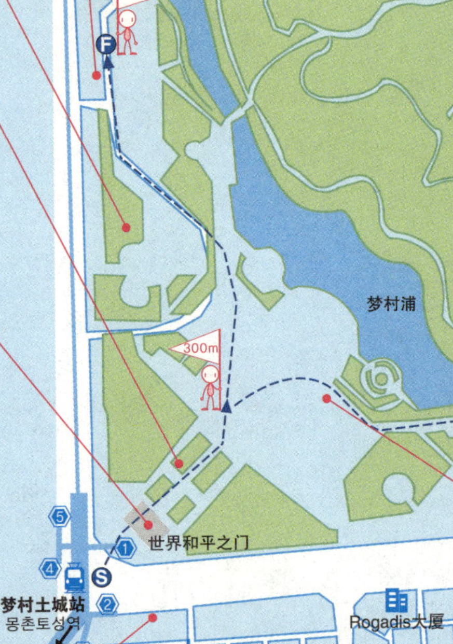

雕刻公园，湖泊公园

조각공원，호수공원

这里有为汉城奥运会专门设计的世界名家名作，在20多年风雨中，这些大大小小的雕刻作品由原先的生涩逐渐融入了自然。漫步于这些作品之中，最先感受到的是奥林匹克公园里隐藏的快乐。这里的湖泊公园是首尔最美的景观之一，让人流连忘返。

术是自然的朋友

早晨快乐

美味甜品屋 믹스앤베이크

这里是面包和咖啡相融合的新式场所。伴随着咖啡的香气，可以享受到各种香甜的烤面包和新鲜的三明治、通心粉。餐厅内挂满了设计作品和图画，如同一座现代美术馆。

蘑菇牛排三明治7,900韩元，鸡肉三明治4,500韩元

🕒 8:00~23:00 ☎ 02)425-4258

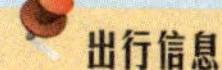

出行信息

乘地铁 8 号线梦村土城站第 1 号出口

Ⓑ干线公交 340, 361

Ⓖ支线公交 3412, 3413

1km

900m

首尔体育高中

韩国体育大学

游泳竞技场

体操竞技场

击剑竞技场

举重竞技场

自行车竞技场

网球竞技场

奥林匹克大厅

奥林匹克艺术剧场

地球村公园

庭院大厦

芳荑小学

古百济的土地

梦村土城，梦村历史馆

몽촌토성, 몽촌역사관

无须到处寻找，其实梦村土城就是你脚下的绿色公园。沿着古城河的痕迹顺流而下，百济古城随着自然地形忽高忽低，这就是 1000 多年前百济人生活的地方。在梦村历史馆里可以清晰地看到过去的模样。

3月至10月 10:00~21:00，11月至次年2月 10:00~20:00 周末 10:00~18:00

02)424-5138~9

时光穿梭之旅

窝棚 움집터

史前窝棚是公园绿地里开始时空之旅的地方，见证了奥林匹克公园的诞生传说。让我们一起去公园的树林里，看看居住在汉江流域的百济人早期生活的地方。

10:00~18:00 每周一

索玛美术馆 소마미술관

混凝土和木质结构的美术馆建筑与公园浑然一体。建造于护城河上的建筑，其本身就是一件作品。该馆与 100 多个室外现代雕刻相互辉映，构成了世界性的美术公园。这里内外相通，室内采光非常理想。在导游的带领下观赏现代美术馆是件快乐的事。

10:00~18:00 每周一 02)410-1060~6 http://www.somamuseum.org

乘车去了

游园火车 호돌이열차

要想快速领略这 148 万平方米的公园，那就乘坐可爱的游园火车吧。从公园入口到家庭旅行的野餐场，它能带着你逛遍公园的每个角落。

成人 往返1,800韩元、单程1,000韩元，青少年 往返1,200韩元、单程700韩元，儿童 往返900韩元、单程500韩元 10:30~18:00

第十六位

孩子们的天堂

乐天世界 | 롯데월드

也许有不知道南山或青瓦台的孩子，但没有不知道乐天世界的。乐天世界冒险园是韩国最大的游乐场，拥有顶级的乘坐工具和各种附属设施，就是与世界级的主题公园相比也毫不逊色。“魔幻岛”是石村湖人工岛，与室内空间自然相连，清凉的微风使人感到无比的清爽。位于室内公园中央的溜冰场也非常有名，是喜欢溜冰和凉爽感觉的人聚集的地方。

☎ 02)411-2000 🏠 http://www.lotteworld.com

购物中心

这里是由乐天百货蚕室店、乐天超级百货和专营商场等购物商城所构成的超大型购物中心。从世界高档品牌商店到儿童饰品，商品繁多，应有尽有，可以称得上购物的天堂。

☎ 02)441-2500(乐天百货店)

乐天世界民俗博物馆

这里有展示各时代文物和遗迹的展馆和各种传统建筑的微缩模型，如同将韩国的文化遗产都集中到了一处。对于想要快速了解韩国的外国友人来说，这里是最适合的地方，从儿童的历史教育到汇集了传统婚礼、演出馆和民俗饮食店的商业大街无所不有。

☎ 02)411-4761~5 🏠 http://www.lotteworld.com/Family_museum/museum.asp

石村湖

公园里，映射在水面的乐天世界华丽灯光和环绕着湖水的散步路都非常漂亮。该公园与湖边环境幽雅的餐厅共同构成了最具人气的约会线路。这里的传统演出场馆——首尔游乐园，也是非常有名的地方。

夏洛特剧场

这里是顶级的音乐剧专用剧场，已成为韩国演出文化的新标志。该剧场于2006年竣工，拥有1,100个席位，其外观就像是具有悠久历史的欧式演出场馆。

☎ 02)411-4761~5 🏠 http://www.lotteworld.com/Family_museum/museum.asp

第十七位

与自然亲密接触的地方

首尔大公园 | 서울대공원

这里是综合性公园，包括以游乐设施为主的首尔乐园和集动物园、植物园于一体的首尔公园，其占地面积和规模居韩国之首。公园周围还有国立现代美术馆和首尔赛马公园，每到周末，这里就会聚集大量的观光客，足以组建一个小型城市。现该公园正在向环保型高端新公园转变。

首尔公园 02)500-7114 http://www.grandpark.seoul.go.kr
首尔国立现代美术馆 02)2188-6000 http://www.moca.go.kr
首尔乐园 02)509-6000 http://www.seoulland.co.kr
首尔赛马公园 02)1566-3333 http://www.kra.co.kr

第十八位

拥有浪漫和回忆的地方

儿童大公园 | 어린이대공원

首尔市内最好的娱乐公园，每到休息日，这里就会人山人海。与过去的华丽相比，岁月磨砺下的绿色自然之美能让人心情舒畅。在其附近，还有消防厅运营的首尔市民安全体验馆，通过地震、风灾和水灾等事前假想体验，熟悉事故预防和应急处置方法，千万不要错过。

儿童大公园

02)450-9311 http://www.childrenpark.or.kr

市民安全体验馆

02)2049-4000 http://www.sisul.or.kr/

55 如果站在树荫下 新沙洞

新沙洞的林荫道已成为新的名品街。虽然胡同里的自由与浪漫已经消失了，但完美融合的异国情调，无论谁都想用相机记录下来。

名家牛杂汤

우신설농탕

这是一家经营了30年的老店，其牛杂汤非常清淡。尝一尝加入了泡菜和内脏的名家汤，就能感受到这里的真正美味。此外，作为下酒菜的熟肉也颇具人气。

牛杂汤 6,000韩元（大份 7,000韩元），牛尾汤 7,000韩元（大份 8,000韩元），熟肉拼盘 大份30,000韩元、小份 20,000韩元

7:00~19:00

02)542-9288

我们的江山 우리강산

这里有只能在全罗道才能品尝到的丰盛套餐。随着时代变化，饭菜的种类逐渐减少到现在的18种。其中包括烤鱼、烤党参、熏蟹或凉拌牡蛎等丰富而又合口的配菜。

传统套餐 7,000韩元，炒鸡 20,000韩元，鸭汤 40,000韩元

10:30~21:30

02)541-0773

KVAI 19 신사동－콰이 19

该店是一家中国餐馆。室内装潢以红色和黑色为主色调，显得非常有品位。三鲜辣汤面、蟹肉炒饭和水饺等是这里有名的菜肴。

11:30~14:30，17::30~22:00 周日 02)511-8119

村 촌

店如其名，这里是传统的韩式套餐店。在此可以品尝到正宗宫廷韩式套餐和50多种菜品。

韩式套餐 15,000至40,000韩元，石锅拌饭 8,000韩元

02)511-2411

阿里郎血肠 아리랑순대

这里的血肠非常干净，去除了猪肉特有的腥味。特别是又凉又辣的汤非常美味。

血肠汤 5,000韩元，血肠套餐 8,000韩元

全天营业 02)544-0222

新沙洞炖安康鱼街 신사동아귀찜거리

这里是新沙洞大街代表性的美食胡同，聚集了30多家炖安康鱼店。这些店都自称是正宗元祖马山老奶奶店，并且价格都差不多，因此都是凭口味和服务来招揽客人。据说为了竞争，都用马山安康和优质水作为原料。此外，酱螃蟹也是这里的特色菜。

炖安康、安康鱼汤 大份35,000韩元，小份25,000韩元，酱螃蟹 70,000韩元

24小时

02)512-2580(方博士炖安康)，02)547-2774(元祖马山老奶奶)，02)543-3529(酱螃蟹专营店)

出行信息

乘地铁 3 号线新沙站第 5、6、7、8 号出口

Ⓡ广域公交 9711

Ⓑ干线公交 145，148，240

Ⓖ支线公交 4212，4412，4312

狎鸥亭站
未来希望妇产科
300m
MAYO
多都画廊
草一大厦
KVAI 19
三大洋大厦
700m
卡普里酒店
东林大厦
7-11
狎鸥亭派出所
企业银行
岛山公园十字路口
S-OIL
永东酒店
农协银行
国民年金江南分社
乐天利
论岘松树别墅

公主的宫殿

5月 메이

这是家小女孩连衣裙专卖店。该店竭诚为小女孩们服务，将她们打扮成世界上最美的小公主。这里的连衣裙都是纯手工制作，相机也是使用近年来很少见的胶片相机，因此一天只接受一组预订。

10:00～20:00 02)514-0246

名品鱼丸

情——爱情屋 정－정든집

这是家酒馆兼面食店，白天经营家庭面食，晚上经营清酒和鱼丸。店里摆放着伽倻琴，备有清酒和鱼丸，如同西部电影中的场景一样。这里用大酱和酱油制作的午餐非常美味，鱼丸也非常出名。

鱼丸 一串 13,000韩元，烤米糕 4,000韩元

面食店 9:00～18:00 酒店 18:00～次日2:00 02)3443-1952

豪华的豚汤

清水豚汤 청수복국

该店以整洁的环境和华丽的菜品而出名。这里的套餐包括豚汤、芽菜拌饭、炸河豚和清蒸河豚等，同时也有为工薪族精心准备的菜品，每样菜都饱含着热诚。

真味豚汤 35,000韩元，炸河豚 25,000韩元，豚排 9,000韩元，凉拌生豚片 40,000韩元，会席料理 80,000至150,000韩元

24小时营业 02)541-1513

极品肉和大酱

田谷屋 논골집

这是家以去油的优质肉而出名的烤肉店。将用大蒜和香油腌渍的排骨肉和膈膜肉放到铁丝网上，用木炭烤制，味道非常好。要是再吃点忠清北道保银地区的大酱汤泡饭，那绝对会让你放弃瘦身的想法。

排骨肉 11,000韩元，膈膜肉 13,000韩元，豆瓣酱 5,000韩元，锅巴 2,000韩元

24小时营业 02)549-9930

古典式晚餐

Ristorante piu

리스토란테 삐우

在这里，可以听着音乐，品尝着红酒，吃着正宗的比萨。该店的老板是歌唱家，但非常喜爱意大利菜，做出来的味道连意大利人都拍手叫好。每周四的午餐音乐会和每周五晚的小型音乐会都是这里引以为豪的“特别时间”。

比萨 18,000至25,000韩元，意大利面和通心粉 15,000至27,000韩元，周四午餐音乐会 20,000韩元（附加税另付）

2:00～15:00，17:00～24:00

02)510-5555

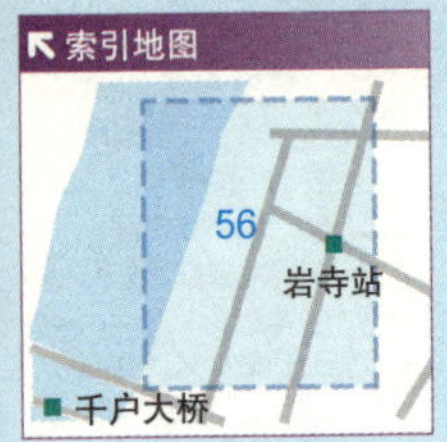

56 史前人类生活的地方
岩寺洞

在汉江美丽的沙滩上，三五成群的人们在捉鱼挖贝，他们聚集在窝棚的火堆旁，一起歌唱着艰辛但却快乐的生活。听史前人类的传说，去寻找颇负盛名的美食店。

这片土地的历史

岩寺洞史前居住地
암사동선사거주지

韩国代表性的新石器时代居住地遗址。通过考古发掘，重现了新石器时代人们建造窝棚、捕鱼和农耕时的生活场景。这里树木众多，如同公园一样，在了解史前生活的同时，还能在此休息。

₩ 成人 500韩元，青少年、儿童 300韩元 9:30~18:00 每周一
02)3426-3587 http://www.sunsa.gangdong.go.kr

展馆 전시관

1925 年，汉江大洪水导致这里的地面被冲开，使埋在地下的梳齿纹陶器露了出来，随后又经过了多次的发掘，最终才有现在的样貌。展厅里展示了以梳齿纹陶器为主的各种文物。近期，这里又有了新的展示品，最好带着孩子一起来观赏。

体验窝棚 체험움집

这是新石器时代的代表性居住方式，先挖洞埋好支柱，然后用草等材料进行编织，最后围成墙壁，现正在复原通过发掘确认后的生活场景。进入按 1.5 倍大小建造的体验窝棚内，可通过模型了解到，睡觉的坑和陶器，以及各种工具是如何摆置和使用的。

₩ 5,000韩元

窝棚建造体验 움집만들기체험

每周六、周日，在展馆前都会举行窝棚建造体验活动。交付 5,000 韩元后，你就可以领到材料进行建造。到了史前居住地后，最好先把所有景点全部观赏一遍，最后再来此进行窝棚建造体验。这里的窝棚虽小，但让人回味无穷，教育效果自然就更不用说了。

汉江市民公园
750m
先史村
棒球场
停车场
先史小学
450m
兔子窟入口十字路口
足球场
先史现代公寓
岩寺消防署
新韩银行
岩寺站
암사역
国民银行
企业银行
新岩小学
千户洞

出行信息

乘地铁 8 号线岩寺站第 1、2 号出口

Ⓑ干线公交 340

Ⓖ支线公交 3411，02、03 岩寺史前时代居住地方向（村内公交）

河南市

充满活力的食品

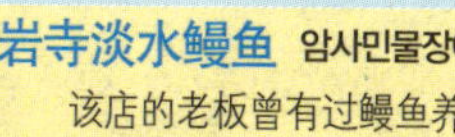

岩寺淡水鳗鱼 암사민물장어

该店的老板曾有过鳗鱼养殖经历，并在此基础上开办了商铺，已在此经营了 20 多年。这里的鳗鱼味道非常有名，其秘诀就是在于食材使用每天从高昌地区运来的新鲜鳗鱼。

现烤鳗鱼 23,000韩元，大酱套餐 5,000韩元

12:00~22:00 全年营业 02)3427-2104

寺海鲜汤 암사해물탕

这里的海鲜汤非常有名，是用章鱼、八带、虾、海螺和花蟹等 15 种海鲜共同煮制而成。这里可以称得上是附近海鲜汤店的鼻祖，每份海鲜汤量非常大，足够 3~4 人的家庭食用。此外，店老板还会悄悄告诉你夏季炖海鲜和冬季海鲜汤是最美味的。

海鲜汤 大份60,000韩元、中份49,000韩元、小份35,000韩元

炖海鲜 中份49,000韩元、小份35,000韩元

10:30~24:00 全年营业 02)441-9430

鲜美的肉味

东信牛肉饼 동신떡갈비

该店开创于东豆川，至今已经营了 40 年。这里的牛肉饼是祖传手艺，将排骨的肉剔出剁碎，再加入各种调料制成。此外，这里的平壤温饭也很受欢迎，它把鸡汤的清爽和蘑菇的清淡完美地融合在一起。

牛肉饼（1人份，300克）19,000韩元，平壤温饭 7,000韩元 24小时营业

全年营业 02)481-8892

真正的纯手工味道

岩寺手工刀切面 암사손칼국수

该店是刀切面专营店。这里的刀切面纯手工制作，让人想起妈妈的手擀面。附近的居民经常来这里。

刀切面 4,000韩元 8:00~20:00

02)428-0768

令人兴奋的地方

岩寺市场 암사시장

该市场是首尔仅有的几个传统市场之一，这里到处都是小商贩们"来吧，看吧，买吧"的叫卖声，店铺出售的商品多种多样，应有尽有，无论什么时候都会挤满了顾客。这里充满了在传统市场购物的快乐。

满满的真情

东村 동촌

该店的老板对烹饪颇有心得，制作的韩式套餐非常有名。这里不仅饭菜美味，就连碗也不同寻常，这些碗是请利川的陶艺大师亲手制作的。到了午餐时，客人会非常多，必须要预订。

大麦包饭套餐 7,500韩元，东村韩式套餐 10,000韩元

12:00~24:00

全年营业 02)429-6966

多多益善

名家饺子 명가만두

这里的饺子个头虽小，但馅很饱满，用饺子做出的饺子汤非常美味。要是去市场转转，一定要来这里品尝一下。

肉、泡菜饺子 2,000韩元，饺子汤 3,000韩元

8:00~20:00 全年营业

02)427-3654

这里是韩国的流行最前线
狎鸥亭 Ⅰ

狎鸥亭洞大街在10余年间就成了引领韩国时尚的地方。街上的衣服、鞋子和饰品成为流行的象征。让我们一起到这汇集众多风格的宝库去看看，或许内向而传统的你也会成为时尚的引领者。

麦塔 밀탑

美味冰水

这里是红豆冰专卖店，位于现代百货大厦五楼。这里的红豆冰是将红豆撒在磨制的豆沙上，无论何时都能吃到。

麦塔冰 7,000韩元　10:30～21:00

02)547-6800

VIN-GA 뱅가

这是家红酒吧，位于设计理念与红酒息息相关的葡萄广场内。该店的环境幽雅，是约会和纪念日的好去处。

红酒 70,000韩元起

18:00～次日2:00

02)516-1761

许炯万的狎鸥亭咖啡店

不是漫画家

허형만의 압구정커피집

这里是咖啡专家许炯万先生经营的咖啡店，在此能享受到每天清晨现磨咖啡的香气和味道。从每周三上午和晚上开办的咖啡教室可以看出店老板想要分享咖啡香味，提升咖啡文化的良苦用心。

狎鸥亭咖啡 5,000韩元　9:00～20:00(周六、周日、公休日 9:00～19:00)

02)511-5078

韩国化妆博物馆 코리아나 화장박물관

化妆的历史

这里是展示韩国传统女性文化遗产的专门博物馆。楼下与美术馆合营，通过与化妆博物馆相连的企划展，将传统和现代有机地结合起来。

成人 3,000韩元，青少年、儿童 2,000韩元
(最近与美术馆分开)

02)547-9177　http://www.spacec.co.kr

出行信息

乘地铁 3 号线狎鸥亭站第 1、2、3 号出口

Ⓡ广域公交 9407

Ⓑ干线公交 147, 148,601,240,301, 361,472

Ⓖ支线公交 4419, 2411,3422,4312, 4418,4422

品位的世界

现代百货商店狎鸥亭总店

현대백화점 압구정 본점

该店是现代百货商店的总店，修建于 1985 年。在各层的品牌商铺里，可以享受到高品位购物的乐趣。楼顶配有供休息用的庭园和小型书店。

🕒 10:30~20:30 休 02)547-2233

☎ 02)547-2233 🌐 http://www.ehyundai.com

现代公寓　鸥亭中学　鸥亭高中　汉堡王　湖山医院　YUNHO医院　新丘中学　江湖洞678 (P143)　星巴克　火田民 (P143)　饺子家 (P143)　S-OIL　NEW YORK FRIES　卤面 bistrod　中央高层公寓　清潭洞(P144~147)　OBLADI (P143)　汉阳塔　650m　950m　城市剧院　国民银行　必胜客

Accessorize

这是英国饰品品牌店，主要经营蕴涵悠久城市传统的各种饰品。除服装类和鞋类外，还有皮包、项链、戒指、耳环、手链、胸针和小物件等商品，不仅好看，还极具个性。

💰 饰品类 10,000至80,000韩元

🕒 周六 11:00~22:00，周日 12:00~21:00

休 全年营业 ☎ 02)516-4657

阅读时尚

时尚书籍 이레서적

在此可以看到以时尚杂志为主的多种类型外国杂志。该店吸取 20 年的路边摊经验，始终坚持最低价，要是定期订阅，还能享受折扣优惠。在首尔市内的外国杂志书店中首屈一指。

🕒 10:00~22:00 休 每周日 ☎ 02)515-3990

城市的绿洲

岛山公园 도산공원

该公园是为纪念岛山安昌浩先生而建，这里有安先生与其夫人李慧莲女士合葬的墓地，以及岛山纪念馆、铜像等。在高大的树林之间有条较短的步行路。这里虽小，但如同矗立于市中心的绿洲一样，让人感到绿意和清新。

🕒 24小时，10:00~16:00(岛山纪念馆) 休 每周一

☎ 02)541-1800 🌐 http://www.ahnchangho.or.kr/

Les Baux 레보

这是家环境幽雅舒适的法式餐馆。这里的甜点很受欢迎。

Ⓦ 面食15,000至25,000韩元，牛排20,000至35,000韩元，甜点7,000至12,000韩元

🕒 11:00~次日2:00

☎ 02)3444-4226

58 美食造就了文化 狎鸥亭 II

也许新时尚喜欢新鲜的感觉吧，无论是在唱片里，还是在冰淇淋中，都蕴藏着新鲜感，就连大众化物品都能被打造出特色。在此，美味也成为一种新的流行时尚。

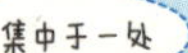

浮掌烤肉店 떼부짱

这里的整块脖颈肉被称为千层。虽然该店只提供泡菜和洋葱等简单的菜品，但精心准备了优质的新鲜肉，以味道作为取胜之道。

脖颈肉 12,000韩元

11:30～次日4:00（周日16:00～23:00）

02)517-0997

安东面馆 안동국시

这里的筛骨汤清新爽口，在汤里加上面条制成的安东面，相比年轻人来说，更受中老年人的喜爱。在此可以选择用建进、安东和首尔等地小麦制成的面条，再与筛骨和牛血放在一起熬制出清新爽口的面汤。此外，这里的荞麦冻也颇具人气。该店在首尔各处都设有分店。

安东面条 小份7,000韩元，建进面条 8,000韩元，猪肉 小份19,000韩元，荞麦冻 12,000韩元

11:30～22:00 节假日 02)548-4986

Peter, Paul and Mary

想听音乐的时候，这里是个好去处。这里有最好的音响装备，能带给你很强的乐感。店内的一面墙上摆满了6,000多张唱片，如同装满了过去的记忆。要是有想听的、怀念的音乐，随时都可以掉换。

冰啤酒 6,000至15,000韩元 18:00～次日2:00 全年营业

02)6409-5865

满心灵的音乐

朝日啤酒餐厅 아사히 오리엔 비어 레스토랑

白色的泡沫柔顺地流过咽喉，这种感觉如同享受生啤酒一样。在日本国内，朝日啤酒的市场占有量位居第一，快来这里感受一下吧。店里还有比萨、年糕等下酒菜拼盘，绝对是畅饮时的最佳伴侣。

朝日啤酒（定期供应）5,800韩元，下酒菜拼盘 38,000韩元

16:00～次日2:00（周六 14:00～次日2:00，周日 14:00～24:00）

全年营业 02)515-9595

互助面馆 두레국수

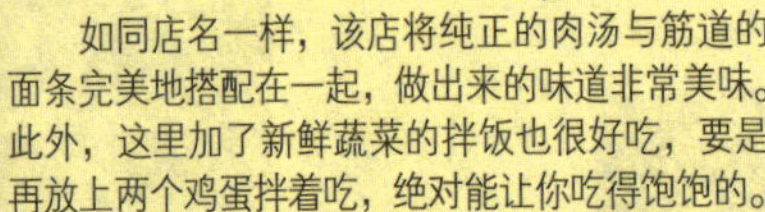

如同店名一样，该店将纯正的肉汤与筋道的面条完美地搭配在一起，做出来的味道非常美味。此外，这里加了新鲜蔬菜的拌饭也很好吃，要是再放上两个鸡蛋拌着吃，绝对能让你吃得饱饱的。

卤面、拌面、拌饭 5,000韩元 10:00～23:00

每周六，公休日 02)3444-1421

TIMEOUT GELATO

该店是韩国首家意式冰淇淋店，由JYJ组合成员朴裕仟母亲经营。店内装饰有朴裕仟的照片和相关物品，已成为国内外歌迷的观光名地。这里的酸奶冰激凌和曲奇冰激凌等非常受欢迎。

家庭装（5种口味）19,800韩元，普通装（2种口味）4,500韩元

11:00～23:00 02)3448-0604

出行信息

乘地铁3号线狎鸥亭站第1、2、3号出口

Ⓡ广域公交 9407

Ⓑ干线公交 147, 148,601,240,301, 361,472

Ⓖ支线公交 4419, 2411,3422,4312, 4418,4422

天下壮士的餐桌

江湖洞 678 강호동육칠팔

该店选用最好的烹饪工具和韩国国产食材，确保了肉的最佳口感。喜欢吃肉的人一定要来看看。

生五花肉 11,000韩元，牛肉 29,000韩元，肋骨肉 45,000韩元(每150克)

11:30～次日4:00　全年营业　02)540-6678

造吃的乐趣

火田民 화전민

想在狎鸥亭吃韩式料理吗？该店是专门经营豆制品和饼类食品的地方，以清面酱为主，平时供应自助餐，能让你吃得饱饱的。此外，这里的煎制品绝对是种与众不同的美味。

韩式自助餐、清面酱等5,000韩元，煎制品拼盘 15,000韩元

11:00～23:00
(自助餐 周一至周五)

每周日，公休日

02)3444-3022

林匹克大路　现代公寓　鸥亭中学　鸥亭高中　汉堡王　湖山医院　YUNHO医院　狎鸥亭站 압구정역　新丘中学　KT新沙分社　星巴克　S-OIL　900m　清潭洞(P144~147)　清潭洞　800m　(P140) 韩国化妆博物馆　时尚书籍 (P141)　Accessorize (P141)　中央高层公寓　岛山公园 (P141)　汉阳塔　利银行　鹤公寓

不变的味道

饺子家 만두집

该店位于狎鸥亭中心区域，是一家拥有28年历史的饺子专营店。专门制作豆腐、豆芽、葱、牛肉和猪肉等各种馅的平壤式饺子。此外，这里用牛骨熬制的饺子汤也很美味。在这里，只要6个饺子就能吃得饱饱的。

饺子汤 8,000韩元，绿豆煎饼 14,000韩元，饺子沙锅 35,000韩元

12:00～21:00

每月第二周、第四周的周日

02)544-3710

女性的咖啡

cafe space *c

该店是位于化妆博物馆一楼的音乐咖啡厅。在化妆博物馆的一侧，备有女性化妆间和化妆品。此外，在不同的时期，还能看到多位作家的作品。

咖啡 4,000至6,500韩元

10:00～22:00

全年营业　02)512-6779

OBLADI OBLADI

在店内梦幻般的氛围里吸着水烟，喝着红酒，同时还能感受美妙的披头士歌曲，体验印度风情。店里备有舒适的座椅和多种红酒，以及独有的不含尼古丁的水烟。

红酒 30,000至50,000韩元，下酒菜 10,000至20,000韩元，水烟每桌 10,000韩元

02)517-2664

舒适的地方

主角是炸薯条

NEW YORK FRIES

虽然炸薯条一直被当做配菜，但在这里却是主角。与快餐的炸薯条不同，该店选用韩国产的生土豆，切好后放入葵花子油里进行油炸，因此不含任何反式脂肪酸。炸好后，抹上奶酪、辣椒、咸肉、奶油和葱等制成Works，这道菜非常受欢迎。

炸薯条 4,300至8,900韩元，Works 4,900韩元

10:00～22:30

全年营业　02)516-9718

59 恶魔寻找的清潭洞

清潭洞 I

“清潭洞文化”正逐渐成为奢华品牌的代表，是韩国上流社会代表性的购物街区。但这并不是批判人们追求最高享受的愿望。在这里，哪怕一个小汤匙都体现出千锤百炼的匠人精神。

大陆的味道

八珍 PALZIN

店名取自很早以前从中国传入的八种如同珍宝一般的食材，从“八珍”这个名字中也能看出该店的经营理念。这里的混合中式菜肴是以清淡为主的健康菜肴。这里的海鲜原料来自水族馆，招牌菜是比目鱼和新加坡龙虾。此外，墨汁面和江瑶贝辣汤面也非常有名，其中墨汁面是用鱿鱼墨汁和面制成，江瑶贝辣汤面是用一个江瑶贝煮制而成。

比目鱼 22,000韩元，新加坡龙虾 24,000韩元，墨汁面、江瑶贝辣汤面 10,000韩元

午餐11:30～15:00，晚餐 18:00～22:30

02)3442-0087 每周日

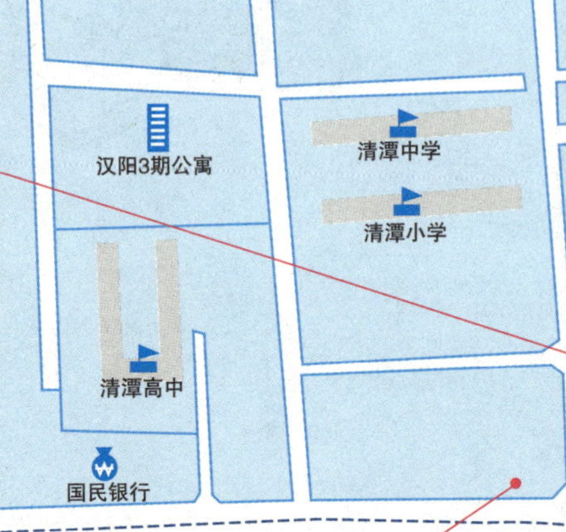

红酒名店

CASA del VINO

该店有 600 多种红酒和顶级侍酒师，是韩国最大的红酒专营网站“BEST 红酒”的实体店。店内有宽敞的大厅和举办小型聚会的包间，让人感觉舒适。此外，这里侍酒师会根据聚会的规格和意义来推荐红酒。特别是这里与红酒融为一体的多种菜肴更增添了红酒的口感。该店特色菜有海鲜量十足的 2 人份醒酒面，虽然与整个店的氛围不太相符，但美味无比，千万不可错过。

各种红酒、沙拉、水果 15,000至20,000韩元，西班牙料理 15,000至25,000韩元，醒酒面(2人份)15,000韩元

18:00～次日2:00 02)542-8003

http://www.bestwine.co.kr(BEST红酒)

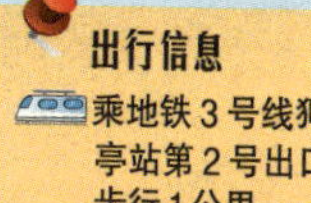

出行信息

乘地铁 3 号线狎鸥亭站第 2 号出口，步行 1 公里

Ⓡ广域公交 9407

Ⓑ干线公交 143, 240,362,410

Ⓖ支线公交 4418,4419,4212

城市2期公寓
清潭洞西大厦
三湖别墅
清潭高层别墅
明爱修女院
清潭第一市场
李嘉子形象设计中心
维那画廊
友利银行
韩亚银行
城市银行
永东大桥
SC加油站
清潭十字路口
ridrill
SC第一银行
农协银行
明星城
企业银行

面向亚洲的窗口

公园

该店位于市中心，是提供休息和享受的地方，名为"公园"。这里是在普通住宅的基础上改建而成，内有情调各异的包间，可以根据自身喜好，选择相应的房间。该店制作以泰国菜和中国菜为主的亚洲菜肴，包括传统菜和混合菜等各种菜色佳品。

泰式沙拉面 25,000韩元，咖喱蟹 55,000韩元，泰式花蟹料理 40,000韩元，午餐套餐 15,000至35,000韩元，晚餐套餐 25,000至 51,000韩元

午餐12:00～15:00，晚餐 18:00～次日1:00

全年营业 02)512-6333

想要品尝顶级肉食

HANOK 하녹

该店是家韩式餐厅，是让韩国传统饮食走向世界的根据地。这里通过精湛的烹饪手艺，用顶级精品肉制作出美味的盛宴。从限定预约客人享用的特别会席料理到小锅烤肉，都能让人感受到细腻而又悠长的味道。这里的排骨汤每天限售 10 人份，如同特别礼品一般的佳肴。快来这里尝一尝吧。

牛肉(1人份) 23,000至40,000韩元，排骨汤 15,000韩元，午餐精选 A餐40,000韩元、B餐25,000韩元

02)3446-4405

60 享受品位，感受美味
清潭洞 Ⅱ

铜盆里装满了蔬菜和辣椒酱，这样拌出来的美味正是拌饭的魅力所在，坐在舒适的地方，从热瓷碗里一勺一勺舀着吃的样子也很让人享受。清潭洞的美食以最热忱的心迎接着喜爱它的客人。

敞开心扉的地方

A.O.C

看到该店敞开窗户的阳台，就会禁不住想要进去。该店比正统餐厅的氛围更舒适，比自助餐厅的菜品更美味，就算解开领带就餐也未尝不可。这里主要制作法国菜和不甜的糕点，这些食物与红酒完美搭配。特别是用多种海鲜煮制的贻贝料理，味道又辣又爽，非常适合韩国的口味，因此广受人们的喜爱。

中午（周一至周六）通心粉 13,000韩元，汉堡、沙拉 10,000韩元；晚上 通心粉 17,000韩元，牛排 35,000韩元，红酒 60,000韩元起

02)541-9260

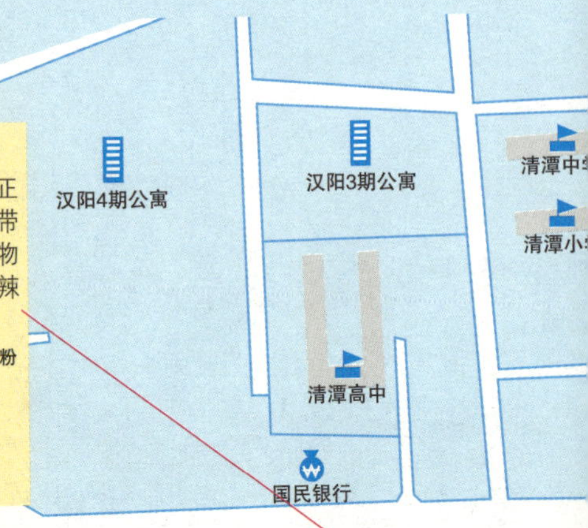

绿色的音乐海洋

Once In A Blue Moon

在流动的音乐声中，慢慢闭上眼睛，随着节拍自然地摆动身体，不知不觉间就全身心地融入了音乐之中。Once In A Blue Moon是韩国代表性爵士乐吧之一，从设计、施工到装修始终都贯彻最佳现场感的宗旨，打造出激情四射的爵士乐现场。坐在二楼能够俯视舞台，因此广受恋人们的喜爱。此外，还可以通过网站了解演出安排。

会席料理 65,000韩元，红酒 60,000韩元，单品菜 40,000韩元，鸡尾酒 15,000韩元

17:00~次日2:00（周日 17:00~24:00）

全年营业 02)549-5490

http://www.onceinabluemoon.co.kr

露水泡制的咖啡

Cafe-T

这里充满了早晨的清新，能坐在舒适的沙发上，吃着新鲜的三明治，享受早午餐的快乐。看着厚厚的三明治，心里会感到无比畅快。选用上等食材制作的三明治和午餐供应的汉堡都是这里的特色菜。

沙拉 14,000韩元，三明治类 14,000至16,000韩元，各种咖啡、茶 8,000至9,000韩元，午餐（汉堡、三明治）7,000至8,500韩元

10:30~24:00 全年营业 02)2107-5999

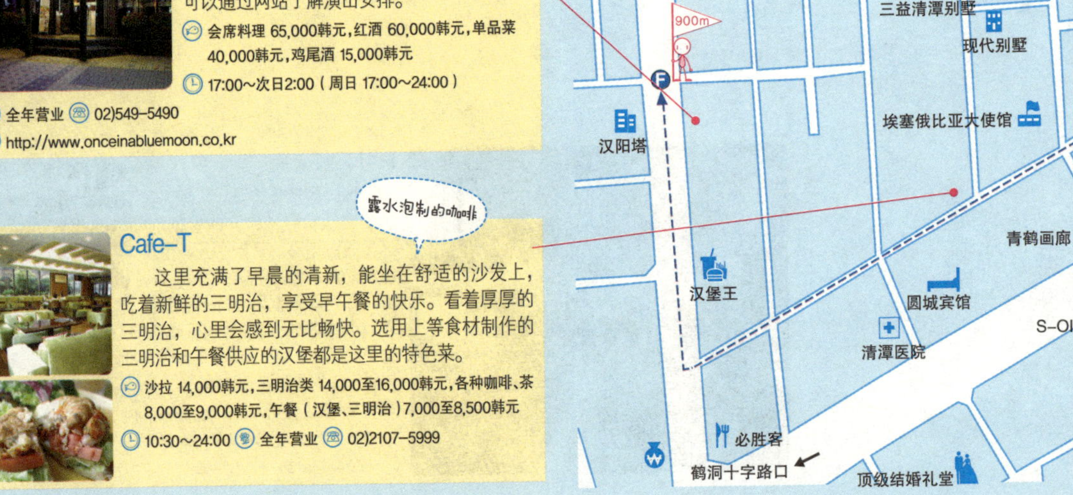

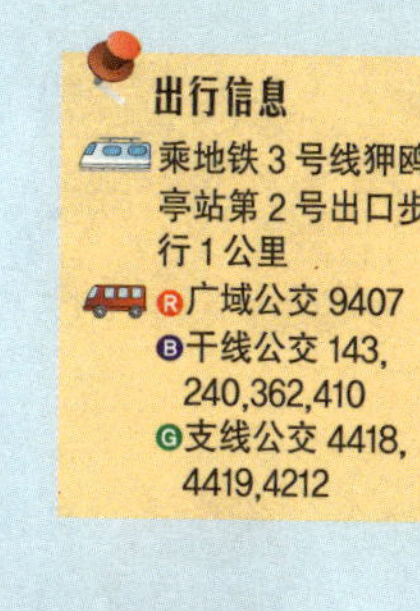

出行信息

乘地铁 3 号线狎鸥亭站第 2 号出口步行 1 公里

Ⓡ广域公交 9407

Ⓑ干线公交 143，240,362,410

Ⓖ支线公交 4418，4419,4212

城市2期公寓

清潭洞西大厦

三湖别墅

清潭高层别墅

明爱修女院

清潭第一市场

PALZIN 八珍 (P144)

HANOK (P145)

(P144) CASA del VINO

李嘉子形象设计中心

城市银行

维那画廊

公园 (P145)

友利银行

韩亚银行

永东大桥

城市银行

清潭十字路口

富贵城

SC加油站

农协银行

SC第一银行

清潭现代别墅

明星城

企业银行

清潭婚礼广场

mi piace

미피아체

mi piace 相当于 I like~，是意大利语“我喜欢~”的意思。这是家略带法式风味的意大利料理店，店内的氛围如同家一般的舒适。该店的一楼在午餐和晚餐时营业，而二楼只在晚间营业，23:00 前还可以订餐，21:00 后备有红酒的配餐。mi piace 最大的特点就是笑迎客人的服务员，给人一种宾至如归的感觉。

午餐精选 27,000至35,000韩元，开胃菜拼盘25,000韩元，通心粉 19,500韩元

一楼 午餐 12:00~15:00，晚餐18:00~次日2:00，二楼晚餐18:00~次日2:00

全年营业（一楼），每周日（二楼）

02)516-6317

制造爱情的人

蕴藏世界的烤炉

烤炉 H 그릴 H

吃完牛排后，是不是又想吃冷面了？那就来烤炉 H 吧，这里有各种韩式和西式菜肴，绝对能满足各年龄层的口味。这里最大的特点是使用最好的无烟烤炉，吃完后依然保持洁净。

牛排42,000至90,000韩元，韩式（里脊、烤肉、排骨）30,000至55,000韩元，冷面、排骨汤 11,000韩元，早午餐 32,000韩元

午餐 12:00~15:00，晚餐 18:00~22:00

全年营业 02)3446-5547

http://www.grillh.com

第十九位

环绕首尔的山

北汉山国立公园 | 북한산국립공원

长期居住在首尔的外国企业家曾说，“世界上没有哪个城市能拥有像北汉山这样美丽的山”。北汉山距首尔市中心20分钟车程，是韩国第15个国立公园，占地面积8万平方公里，内有净化首尔空气的绿色森林，是市民周末的散步路，还有以北汉山城为主的众多历史遗迹。从东大门沿着连接南大门的山城，途经普贤峰、文殊峰和碑峰的登山线路是攀登北汉山的最佳选择，它将山、天、人完美地整合到一起。新罗真兴王的巡狩碑就位于碑峰峰顶，当时以此作为领土的分界线，该碑见证了流传千年的北汉山故事。这里有道诜寺和朝鲜行宫等不少景点，其中道诜寺是千年古寺，内有受道诜国师点化的菩提树。从攀登仁寿峰岩壁的专业登山者，到牵着孩子手郊游的家庭，这里广受首尔市民的喜爱。

北汉山国立公园寻访导游处

日本侵略时期，朝鲜总督府官吏们疗养的清水庄就位于美丽的贞陵洞清水峡谷。在老建筑原址上修建的寻访导游处是了解北汉山的珍贵资料室。在此，能获取有关北汉山生态、历史，以及动植物的信息。这里虽然面积不大，但却是让来访的孩子们和北汉山成为朋友的地方。

3月至10月 10:00~18:00，12月至次年2月 10:00~17:00

每周一

02)909-0497~8 http://www.bhkhan.knps.or.kr

第二十位

自然和音乐交融的地方

弥沙里近陵公园 | 미사리근린공원

长 2.5 公里的巨大人工湖是举办划船和赛艇比赛的运动场。这里不但有好看的团体龙舟比赛，还有赛艇比赛，只要看一眼就会令人神往。湖泊周围的草地球场和绿地十分惬意。聚集在弥沙里公园周围的许多咖啡店，有知名歌手的吉他弹唱和美味的食品，现已成为音乐咖啡屋的代名词。

031)790-8270 http://www.kboat.or.kr/ (赛艇运营总部)

第二十一位

实用型时尚潮人必去之处

文井洞罗德奥大街 | 문정동로데오거리

这里是韩国有名的购物中心，最早的折扣商城就位于此。在百货商店里，可以半价购买到名牌服饰和鞋子等，各种高档时尚商品整齐地摆放在商场里。在购物街后面有许多美食店，从街边的大排档到有名的饮食店，都是时尚潮人们就餐的好去处。

http://www.rodeo1.co.kr/

涟川郡
抱川市
乌山市
华城市
安城市
平泽市

环抱着首尔的绿色

京畿道故事

京畿道的形状就像是环绕首尔这个桃核的桃肉。明朗的天空就像新鲜果汁一样给首尔带来了清新的绿意。让我们看看面向大海的仁川市，充满生活气息的高阳市和城南市，以及与首尔长相厮守的京畿道各地吧。

61 迎接和平的红柱子
仁川·中国城

大街上，到处都能听到中国话，看到红色的商店。100 多年前，华侨们从外地的港口聚集到了这里，经过一个世纪的打拼，终于成为这片土地的主人，并得到了认可，逐渐形成了“中国城”所独有的文化和饮食特点。

华夏良瓷 화하량자

随着中国城成为观光胜地，这里也逐渐成为购物商店，以前是为华侨服务的杂货店，现在成了向游客提供瓷器、手工艺品和玩偶等商品的地方。这里无论是小钥匙圈还是价值数百万韩元的超大型瓷器都充满了“小中国”的味道。

10:00~22:00 032)777-1638

牌楼 패루

牌楼是全世界中国城的象征，就如同韩国的红箭门一样，代表的是一个区域的界限。现仁川中国城中共建有 3 个牌楼，雕梁画栋，沧桑依旧。

紫禁城 자금성

虽是最普通的大众饮食，但这里的炸酱面却是难得的美食。一个世纪前，该饭店老板的祖父曾是大佛饭店中华楼的最后一任厨师长，从他那儿传承下来的炸酱味被称为“仁川乡土炸酱”，可以根据个人的口味调制。炸酱里融入了竹笋、蘑菇和土豆的味道，真是一绝。

仁川乡土炸酱 4,500韩元，炒面 8,000韩元，中国冷面 6,000韩元 11:00~21:30 032)761-1688

月尾岛公园 월미도공원

月尾岛公园有环仁川前部海域的观光船渡口，园内遍布以文化街为中心的娱乐设施。这里不仅有吸引了四方来客的月尾岛游乐场，还有点亮夜空的众多美食店和咖啡屋。千万不要错过观光导游处前的石碑，朝鲜战争时期，这可是“仁川登陆作战”纪念碑。

032)765-4131

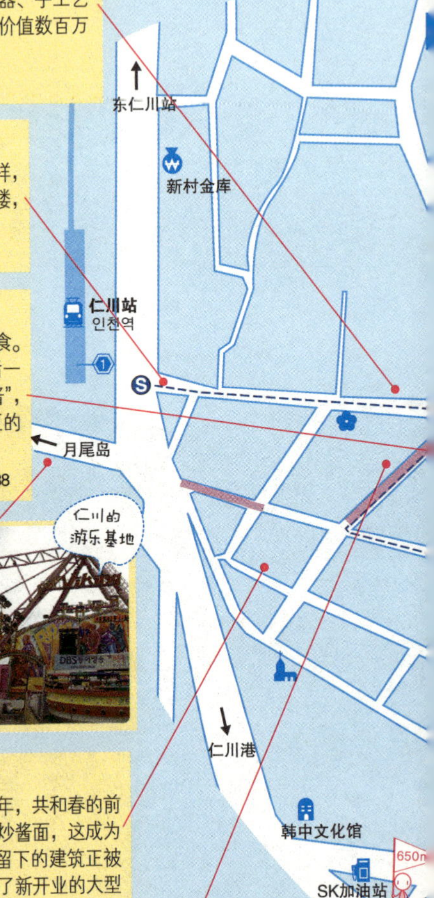

共和春 공화춘

2005 年，这里举办了炸酱面诞辰 100 周年纪念活动。1905 年，共和春的前身山东会馆开业，该店将中国甜面酱炒制后，浇在面条上做出了炒酱面，这成为新口味炸酱面的起源。1984 年，兼营住宿的老共和春关门，遗留下的建筑正被改建成炸酱面博物馆。现在的共和春是借用了老招牌的名字，成了新开业的大型中国饭店。

炸酱面 5,000韩元，牡蛎辣汤面 8,000韩元 10:00~22:00 032)765-0571[(新) 共和春]

元宝 원보

该店是品尝中国山东地区传统饺子的地方。与近期流行的点心不同，这里有着小孩拳头大小的饺子，如同中国家庭制作的味道一样。饺子皮裹着肉汁的味道非常棒。此外，要是没喝美味饺子汤的话，绝对会留下遗憾。

大饺子(3个)4,000韩元，煎饺 4,500韩元，美味馄饨 5,000韩元，五香酱肉 大份15,000韩元、小份 10,000韩元

9:00~21:00 032)773-7888

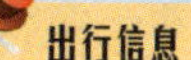

出行信息

乘地铁1号线仁川站第1号出口

R 广域公交1600、1601

韩美建交100周年纪念馆

韩美建交100周年纪念塔

自由公园

八角亭

南部教育厅

仁川广域市历史资料馆

城市银行

月尾观光宣传院

日本第一银行

历史的创伤

万国公园（自由公园）만국공원(자유공원)

这里是韩国最早的西欧式公园，修建于1888年，曾是西方列强拥有治外法权的租界区域，当时被称为“万国公园”，在日本侵略时期，用做神社的地方被称为“东公园”，其他地方则被称为“西公园”。朝鲜战争仁川登陆作战之后，为表示对麦克阿瑟将军的感谢而改称为“自由公园”，时至现在又重新启用了“万国公园”这个名称。每年4月，这里的樱花路上樱花盛开，是从山顶八角亭眺望仁川港风景最美的地方，但同时也是韩国现代史上的苦痛长存的地方。

☎ 032)761-4774(公园管理事务所)

三国志壁画街 삼국지벽화거리

在中国城150米长的大街上，用大型壁画的形式表现了小说《三国志》中100多个主要场景。要按顺序慢慢欣赏这些用东洋技法画出来的“桃园结义”、“三顾茅庐”等耳熟能详的场景。

100年的味道

福来春 복래춘

这里是传承4代，具有100年历史的老店，专营中国传统的月饼和酥饼。在相同的地方，历经100年的时间制作相同的食品，这该会有怎样的传奇故事，要是有过个人经营史的人，都能理解其中的奥秘。商店里忙碌于制作面包和点心的景象，估计只有在电影里见过。百年来，手工制作出的美味才是其生存的“根本之道”。

月饼3,500韩元、4,500韩元，酥饼700韩元，糯米糕2,500韩元

9:00~21:00 ☎ 032)772-3522

守望这片和平的地方

清日租界分界阶梯 청일조계지경계계단

现在温文尔雅的孔子像矗立于大理石石灯路中央，俯视着这里和平而又美丽的阶梯，但在1883年，这段阶梯是分割日本和清政府占领地的分界线，至今仍保留着左侧的中国风建筑和右侧的日式建筑。

62 鲜活的朝鲜半岛教科书

仁川·江华岛

从史前时代的墓支石到近现代史的痕迹，江华岛可以称得上是真正蕴藏朝鲜半岛历史的“博物馆”。一天时间，根本无法欣赏完隐藏在江华岛各地的文物、遗迹和传说。这里西海岸美丽的景观、美食，以及江华人参、白萝卜等特产，使得江华岛成为旅游胜地。 032)932-5464(观光导游处) http://www.ganghwa.incheon.kr(江华郡厅)

来到韩屋的上帝

圣公会圣堂 성공회성당

该圣堂修建于1900年，是韩国最早的圣公会圣堂，如果屋顶没有十字架的话，很容易被误认为是寺院。或许是为了消除民众对基督教建筑的反感，因此在传教初期，修建了刻着十字架的梵钟和两层楼阁结构的礼拜堂等别处难得一见的传统韩式建筑。

032)934-6171

高丽宫地 고려궁지(高麗宮地)

江华岛曾是高丽王朝的首都，并且作为都城的历史有39年。当年，为躲避元朝入侵，高丽王室迁都至江华岛，并在这里修建了高丽宫。在之后的朝鲜时代里，这里还有行宫、外奎章阁等重要的皇室“宝库”，但在法国的“丙寅洋扰”中全部被毁。现在复原的建筑只有朝鲜王朝时代的江华官衙。

成人900韩元，儿童600韩元

江华的饭桌

友利屋 우리옥

50年来，江华地区一直用家常菜迎接着客人，用大锅做出的米饭非常美味。虽然都是家常菜，但这里的江华萝卜泡菜原汁原味，香甜的锅巴汤让人感到十分温馨。此外，这里的大口鱼汤非常清爽，生银鱼片和生牡蛎味道也很独特。

家常菜5,000韩元，大口鱼汤 大份5,000韩元、小份3,000韩元，生银鱼片9,000韩元，生牡蛎10,000韩元

7:00～21:00

032)932-2427

遥望夕阳的佛祖

普门寺 보문사

该寺有一尊巨型菩萨像，刻在所谓“眉岩”的岩壁上。这里有闻名韩国的海水观音祈祷处、在天然洞窟里修建的罗汉殿，以及国内最大的5吨重梵钟等。每到西海落潮时，这里就会被染成红色。

032)933-8271

http://www.bomunsa.net

孕育新鲜的山峰

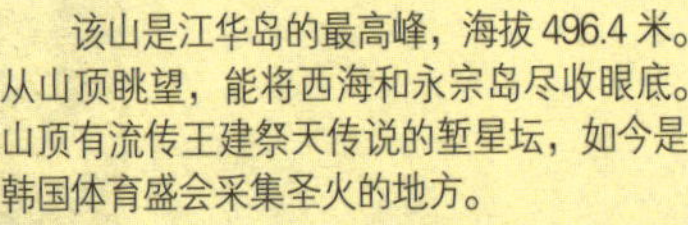

摩尼山 마니산

该山是江华岛的最高峰，海拔496.4米。从山顶眺望，能将西海和永宗岛尽收眼底。山顶有流传王建祭天传说的堑星坛，如今是韩国体育盛会采集圣火的地方。

光秃秃的罗汉在哪儿

传灯寺 전등사

该寺历史悠久，内有大雄宝殿、药师殿等殿阁。在大雄宝殿的四角，支撑屋顶的雕像非常引人注目。三郎城东门与传灯寺和三郎城之间相连的狭窄山路是一览江华岛广阔田野的快捷登山线路。

成人2,500韩元，儿童1,700韩元 032)937-0125

http://www.jeondeungsa.org

8km

史前的痕迹

富近里墓支石

부근리 고인돌

江华岛是世界上北方式墓支石的聚集地。在遍布于江华全境的墓支石中，富近里墓支石是规模最大的，超过了50吨。在其周边有复原的窝棚等，由此可见史前时期江华岛的模样。

从史前时代到近代

江华历史博物馆

강화역사관

这里应作为江华岛旅行的起点或终点。展馆按时代分类摆放江华岛历史文物，虽然规模不大，但作用非常重要。在历史馆的院子里，摆放着从江华岛各地收集而来的石碑，记载了许多传说故事。

成人1,300韩元，儿童700韩元，历史馆、高丽宫地、广城堡、草芝镇、德津镇套票

3月至10月 9:00～18:00，11月至次年2月 9:00～17:00

全年营业 032)930-3528

出行信息

在地铁2号线新村站第7号出口附近的市外公交客运站，乘坐去江华的公交车，需要1小时30分

飘荡着手风琴声的教室

德浦镇教育博物馆 덕포진교육박물관

走过草芝大桥，来到德浦镇，镇里有收藏了20世纪六七十年代学校用品的教育博物馆。馆内有老式手风琴、窄小的课桌和古铜色的校钟等物品。这里还有馆长为了教学中失明的妻子而接过教鞭的感人爱情故事。如果游客较多的话，还可以参加简短的音乐教学课，重温美好的学生时代。

成人2,500韩元，儿童1,500韩元

10:00～18:00 031)989-8580

http://www.dpjem.com

4km 3km 江华区厅 江华大桥 48 金浦市 安养大学江华校区 仁川天主教大学 8km 15km

国王的药水

药岩红盐泉 약암홍염천

朝鲜王朝后期，第二十五代王江华道令（哲宗），就是用这里的水治好了眼疾。这里的水富含铁和矿物质，呈红色。在此洗浴可令全身轻松，这可是许多人总结出来的。

成人 6,000韩元，儿童 3,000韩元

031)989-7000 http://www.yakam.co.kr

辛未洋扰的苦痛

广城堡 광성보

这里是辛未洋扰时朝鲜军与美军舰队进行激烈战斗的地方，朝鲜军指挥官鱼在渊将军麾下200余名士兵全部在此殉国。在广城堡与金浦海岸之间有条狭窄的水道，这是朝鲜时代汉阳的防御重地，镇、堡、墩台等军事设施随处可见，有龙头模样的龙头墩台、水路环绕的孙乭木墩台和草芝镇等设施。

成人1,100韩元，儿童700韩元

63 问候世界的海鸥

仁川·仁川机场

宁静的永宗岛沙滩已成为历史。伴随着东北亚最大的仁川国际机场的建设使用和国际新都市的诞生，这里成为海上新文明的发源地。迎着海风，行驶在永宗大桥上，感受着码头的新变化。凉爽的海水浴场是永宗岛奉献给我们的礼物。

仁川国际机场 인천국제공항

该机场是超大型东北亚中心机场，占地5,610万平方米，可同时停靠60架大型飞机。这里有许多的工作人员、乘客和相关设施，构成了一座综合性城市。等到了2020年，全部设施建设完工，预计接待旅客量将达1亿人次，其规模可想而知。

☎ 032)1577-2450

🖳 http://www.airport.or.kr

上网休息区 인터넷라운지

要是在候机或接人时需等较长时间的话，就可以在此免费上网打发时间。这里被评为世界上“最好的露宿机场”，随处可见休息用的长椅。

机场百货商店 공항백화점

出国前，如果发现有忘带的东西，那就到这里来吧。这里备有许多常见的物品，就连辣椒酱、紫菜、烧酒等食品都能进行包装，方便携带。

乙旺里海水浴场 을왕리해수욕장

MT的回忆

该海水浴场的海面和沙滩非常平缓，最适合家庭集体戏水了。沿着沙滩，还建有许多诱人的餐厅，用海鲜炖的辣味汤是这里有名的美食。

☎ 032)760-7124(仁川中区文化馆)

舞衣岛 무의도

集登山与海钓为一体

该岛有去电影《实尾岛》实地的游览船，但每天航道只开放2小时。此外，还有洁净的沙滩和去国师峰虎龙骨山的登山路，其中，国师峰被称为“西海阿尔卑斯”。

☎ 032)751-3354~6(舞衣岛海运) 🖳 http://www.muuido.co.kr

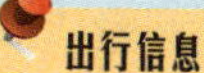
出行信息

地铁 5 号线，乘坐从金浦机场站前往仁川国际机场方面的地铁直达车 7,900 韩元，普通车 1,300 韩元

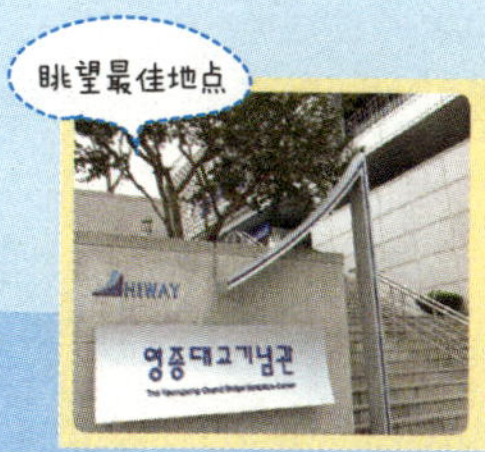

永宗大桥纪念馆 영종대교기념관

该馆展示了依靠尖端科技修建仁川机场高速公路和永宗大桥的过程和资料。在纪念馆的瞭望台上，可以远眺永宗大桥和西海，还能吹着凉爽的海风，喝一杯咖啡。

10:00~17:00 每周一 032)560-6400

永宗旧邑渡口

영종 구읍뱃터

该渡口是永宗岛居民前往仁川唯一的出行途径，随着仁川机场道路的建成，周末人们往来就更频繁了。而海鸥翱翔和活鱼市场遍地的旧邑渡口则是永宗岛开始的地方。

永宗岛—月尾岛汽车轮渡

영종도－월미도 카페리

宝成海运

成人3,000 元，小型车 7,500韩元

7:00~17:00(冬季19:00)

032)762-8880~2

活鱼市场

10:00~17:00

032)746-0546

龙宫寺 용궁사

位于白云山脚的龙宫寺是具有千年历史的古刹。从距永宗岛渡口约 100 米的汽车站出发，乘车至此约需 15 分钟。该寺前身为新罗文武王时期元晓大师创造的白云寺，寺内有高 11 米的弥勒佛像和树龄高达 1300 年的榉树。

032)746-1361

64 享受历史的家庭旅行

城南·南汉山城

位于南汉山的南汉山城原是 2000 多年前高句丽时期的土城，现在城内遍布遗址和寺院。登上城内的最高峰日长山，可以一览仁川及首尔一带的景色。山城内的“南汉山城 12 景”与山城美食一起迎接游客的到来。

☎ 031)743-6610(南汉山城道立公园管理事务所) 🌐 http://www.namhansansung.or.kr

行宫，枕戈亭

행궁, 침괘정(宫, 枕戈亭)

这里是朝鲜时期皇帝在战争等非常时期或巡视地方时临时居住的行宫，虽然规模较小，但按皇室规格建造的左祖、右社的临时宗庙和社稷坛，突显出当时严明的纪律和权威。而在其附近的枕戈亭是负责制作武器的地方。

守御将台

수어장대(守禦將臺)

该将台位于南汉山城的最高峰，可以眺望附近全貌，是山城的瞭望台，战时作为布阵指挥的地方。这里是东西南北 4 座将台中唯一保留下来的地方。

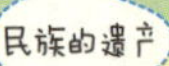

万海纪念馆 만해기념관

这里是私人博物馆，馆长一生都致力于搜集和研究有关万海韩龙云先生的资料。该馆曾位于城北洞寻牛庄，后迁至南汉山城光照最好的小山丘上。这里是万海代表诗集《你的沉默》初刊本和亲笔墨宝等万海思想最优秀的研究室。

₩ 成人2,000韩元，儿童1,000韩元 🕒 3月至10月10:00～18:00，11月至次年2月10:00～17:00

☎ 031)744-3100 🌐 http://www.manhae.or.kr

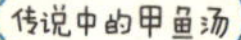

青瓦亭 청와정

该店是能尝到传说中极品补身龙凤汤的地方，将甲鱼、乌骨鸡和人参、大枣、蘑菇放在一起炖出来的美味，非常强身健体。点餐后，大约需 1 个小时才能炖好，因此最好在预订后，先去山城漫步保持身体清爽。

青瓦亭套餐(1人份) 15,000韩元，清蒸土鸡 45,000韩元，龙凤汤 150,000韩元

☎ 031)743-6557

银杏树屋 은행나무집

在百年银杏树荫下，能品尝到香浓大酱汤的地方。虽然做工较粗糙，但自然健康是这里的特色。此外，用大块土豆炖出来的鸡汤也非常美味。

野菜套餐 10,000韩元，炒鸡汤 35,000韩元

☎ 031)743-6549

半月亭 반월정

在百余年的韩屋里品尝野菜套餐的地方。该店传承了两代，是南汉山城美食店的元祖店。这里有 20 多种饭菜和野菜套餐，不添加任何调料，虽无华丽之感，但口口留香。

野菜套餐18,000韩元，清蒸鸡45,000韩元

11:00~24:00

031)743-6562

橡子山庄 도토리산장

这里的橡子凉粉虽然看起来粗糙，但真味十足。汤味清爽的橡子凉粉饭很好吃，与新鲜蔬菜一起做出拌饭的粉碗也很美味。在阴凉的树荫下就餐，更增添了味道的清新。此外，该店还备有羊肉料理和鸭肉料理。

橡子凉粉饭5,000韩元，橡子凉粉碗 6,000韩元，白切羊肉(1人份) 22,000韩元，鸭 45,000韩元

10:00~24:00　031)746-5155

出行信息

地铁 8 号线，从南汉山城入口站步行需 30 分钟

从天湖站乘坐 30，30-1 号南汉山城方向公交

演武馆 연무관(演武館)

这里是朝鲜时期防卫山城的兵士进行武术训练的场地。据说武艺出众的人将会被送往汉阳。

望月寺 망월사

这里是南汉山城内九个寺庙中历史最悠久的一个。朝鲜时代，太祖皇帝拆除了汉阳的寺庙，将佛像移到了这里，而现在寺院的模样是近期复原而成的。此外，这里还有供奉着佛祖真身舍利的寂灭宝宫塔。

031)743-6612

南汉山城历史馆 남한산성역사관

该馆虽规模不大，但能听到解说词中有关山城历史文化的详细讲解。在参观山城之前，让我们一起来此寻找隐藏的传说故事吧，这里已成为了解南汉山城历史的窗口。

10:00~16:00(文化解说词播出时间 10:30、13:30、15:30)

031)746-1088

城门（东门，北门） 성문(東門，北門)

从光州市到南汉山城的驾车线路是首尔周边最美的线路之一。从山城的边界能眺望东门，该门是研究朝鲜时代建筑样式最宝贵的资料。沿着寂静的散步路前行，就能看到北门，这可是电影和电视剧常用的拍摄地。

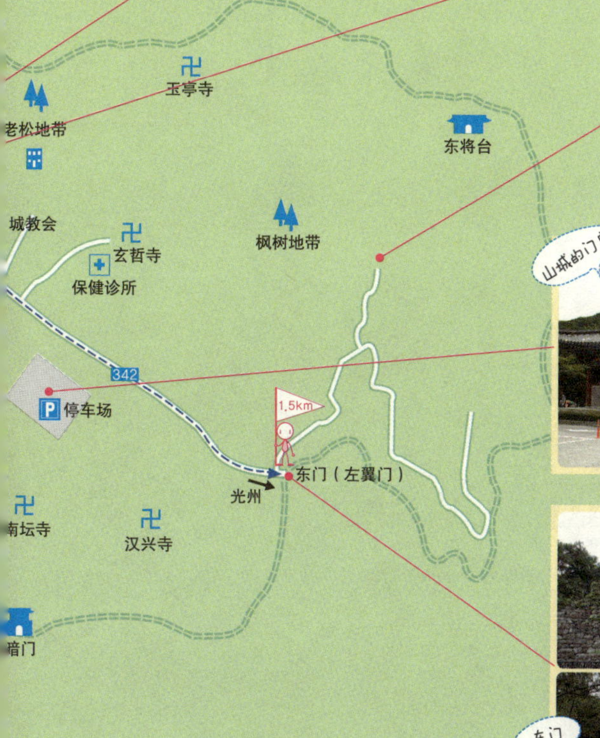

65 有趣的盆唐之旅

城南·盆唐

城南市是韩国京畿道中央的一个市，位于首尔的江东区以南，是韩国的新兴城市。城南的盆唐区遍布公园和湖泊，盆唐线地铁站旁的美食店各具特色，让游客尽享各种美味。

书岘驿，周边饮食店 서현역, 주변맛집들

“盆唐的钟路大街”以AK大型购物中心为主，汇集了众多的购物商城、美食店和商店。每到周末，这里就会挤满前来购物的人们。独具特色的美食店刺激着人们的食欲。

☎ 031)779–3300(AK购物中心) 🌐 http://www.akplaza.com/

SAMAKHAN 사마칸

这是家印度料理店，另有一个独特的名字叫“百次相亲的男人”。相比传统的印度料理，年轻人更喜欢以咖喱为主的混合料理。22:00 后，这里就成了酒吧。

唐多里烧鸡饭 14,500韩元，咖喱香肠 18,000韩元

🕒 11:00～次日2:00 ☎ 031)703–1996

花水木 화수목

这是家集泰式和日式为一体的火锅店，店里的食材保留了原有的鲜味。这里的生酒很出名，不经过任何加热处理，非常有益健康。

火锅拼盘 18,000韩元，生酒 7,000韩元 🕒 11:00～23:00

☎ 031)703–7313

美味面食 꼬르륵 분식

该店是书岘驿历史最为悠久的面食店，丰盛的炒米肠和热腾腾的鱼丸汤是最佳组合。在高档饭店林立的书岘驿，面食馆里充满了怀旧的温暖。

炒粉肠(1人份) 4,000韩元，年糕 2,000韩元，米肠2,000韩元，蒸饺 25,500韩元

🌐 http://www.ccorrc.com/

斗山公寓
水车十字路口
同信公寓
丰林公寓
进兴公寓
鲜京公寓
二梅站
이매역
二梅桥十字路口
晓星公寓
二梅高中
松林高中
阳岘十字路口
양현사거리
韩信公寓
二梅十字路口
书岘站
서현역
示范园区三星韩信公寓
盆唐区厅
분당구청
书岘十字路口
书岘高中
盆唐宇成公寓
盆唐十字路口
示范园区宇成公寓
金湖公寓
孝子村现代公寓
草林三岔路口
孝子村十字路口

出行信息

地铁盆唐线书岘站、二梅站

共同墓地

城南艺术中心 성남아트센터

该艺术中心是融入自然美景中的文化演出场馆。这里是城南市民的文化摇篮，主要有音乐会、音乐剧等演出，以及各种展示会，同时还以其先进的音响设备而成为有名的演出光盘录制现场。此外，这里还拥有宽敞的停车场和公园般的散步路，是家庭出游的好去处。

031)783-8000 http://www.snart.or.kr

栗洞公园 율동공원

该公园拥有宽广的湖水、散步路，以及耸立于高空的蹦极设施。这里占地264万平方米，以天然湖为中心，环绕修建了许多便利设施，被称为“最好的公园”。站在45米高的蹦极场上，可以一览美丽的湖水，要想测试胆量的话，一定要尝试一下。书主题公园是韩国最早以书为主题的公园，拥有几何图形般的多媒体视听室、资料室等展示场馆，通过举办以书为主题的多种活动，不断改变着人们的思想。此外，公园周边还有许多风味咖啡店和特色美食店。通过公园漫步、蹦极和特色美食使这里成为最理想的约会线路。

031)702-8713(公园管理事务所)

蹦极

一人 25,000韩元

10:00~18:00(周六、周日及公休日10:00~20:00)

031)704-6266

书主题公园

10:00~18:00 每周日 031)708-3588

中央公园 중앙공원

该公园位于盆唐新城的中心。这里被散步路环抱，拥有再现了景福宫庆会楼的突马阁、墓支石墓碑、韩山李氏家族老宅和独特石雕造型的韩山李氏墓地等许多文化遗产。漫步于公园中，欣赏着保存完好的自然景观，会感到非常有趣。盆唐环境市民团体举办的周末历史生态学习活动是不可多得的学习机会。

031)729-5704(中央公园管理事务所)

盆唐环境市民会（盟山萤火虫自然学校）

031)702-5610 http://www.bandi.or.kr

生态学习活动

每周六 16:30 (中央公园管理所前，12月至次年3月休息)

排水管道场

66 高阳 12 景，1 德阳地区

高阳是首尔的卫星城，而德阳是其中一个分区，德阳区的元堂种马牧场和西三陵是 100 万高阳市民最好的休闲地点。这里有远离城市的喧闹、享受闲暇时光的动物园和香草庄园，以及领略传统美味的美食店。护国精神长存的幸州山城是非常有意义的参观学习场所。

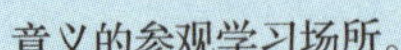

主题动物园 ZOO ZOO

테마동물원 쥬쥬

该动物园是有名的体验动物园，可以与动物近距离接触，进行体验观察。这里准备了许多孩子们参与的节目，包括脖子缠蛇、给草食动物喂食、骑坐迷你马等，这些都是在大型动物园里无法体验到的。在位于松林之中的野餐场，可以享用自带的便当，尽享周末家庭之旅的快乐。

₩ 成人9,000韩元，儿童(高年级学生)7,000韩元

☎ 031)962-4500

http://www.themezoozoo.or.kr

西三陵 서삼릉

西三陵是指中宗时期章敬王后尹氏的禧陵、儿子仁宗的孝陵，以及哲宗的睿陵。这里的树木郁郁葱葱，像覆盖了整个西三陵一样，常会激发起人们无限的感叹。千万不要错过入口处的文化解说词讲座，听着朝鲜末期历史主人公们的故事，会让西三陵之旅更具意味。此外，附近还有西五陵。

₩ 成人1,000韩元，青少年500韩元

🕒 3月至10月 9:00~17:30，11月至次年2月 9:00~16:30

休 每周一 ☎ 031)962-6009

舟桥酒博物馆 배다리 술 박물관

该馆是五代传承，如同"舟桥客栈"模样的酒铺。众所周知，韩国前总统朴正熙最喜欢喝高阳米酿造的马格利酒，该酒属于生马格利，不上头，且保留了乳酸菌，2005 年被评为"京畿优等商品"。这里有观看传统酿酒工具和酿造过程的展馆，以及品尝舟桥酒、故乡酒等马格利酒的试饮馆。

🕒 10:00~18:00(周末10:00~19:00)，试饮馆开放时间 10:00~22:30

休 每周一 ☎ 031)967-8052

http://www.beadari.co.kr

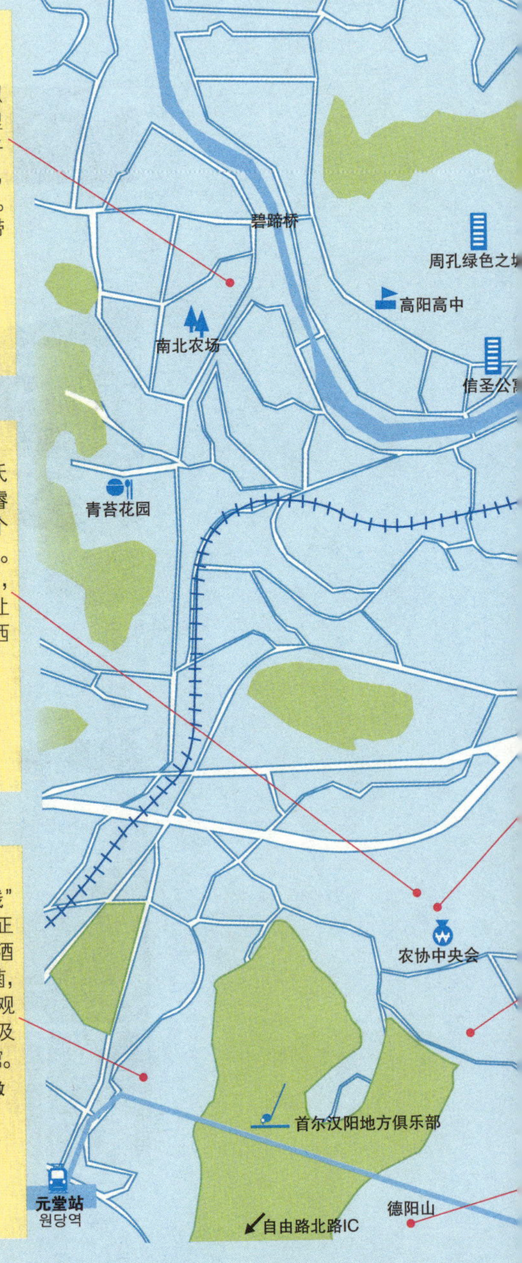

元堂种马牧场 원당종마목장

占地面积 36 万多平方米的牧场是个令人心旷神怡的地方，当年曾是汉城奥运会的马术障碍赛场，现作为赛马的培育基地和马术选手的训练场地。无论是沿着白色的栅栏，观赏着绿色的草坪，还是家庭野餐，这里都是首尔周边游最好的选择。进入牧场的道路与西三陵相连，路边茂密的树木之美是给予来客的馈赠。然而这里并不是观光景点，因此没有便利设施和停车场。

9:00～17:00 031)966-2998

元堂香草庄园 원당허브랜드

在占地 9,900 余平方米的香草农场里，培育了 200 种香草，其香气令人神清气爽。这里有各种香草制品和体验馆。位于展馆外的香草咖啡屋等地与周边的西三陵和种马牧场一起成为家庭旅行的最佳线路。此外，这里还有香草医院，如果家中培育的香草出现异常，就可以来此治疗，治愈后还会重新归还主人。

7:00～22:00 031)966 - 0365

http://www.wondangherbland.co.kr

幸州山城 행주산성

壬辰倭乱时，因权律将军在此击溃 3 万名倭寇取得幸州大捷而广为人知。从三国时期开始，汉江的隘口就是防卫首尔的主要军事要冲，现在从山城周边遗留下来的栏栅中还能看到当年的影子。该山城环抱着德阳山，眺望着汉江，位于茂林之中的散步路和羊肠小道景色宜人，非常有名。

成人1,000韩元，青少年500韩元，儿童300韩元

3月至10月 9:00～18:00，11月至次年2月 9:00～17:00

全年开放 031)961-2581

高阳 12 景，2

67 一山新城

一山新城是韩国首尔附近的经济开发区，充满新意的新城市被宽广绿色的湖水公园环抱，就如同躺在母亲怀中的孩子一样，成为有趣的游乐场。在此，可以观看音乐剧、购物、游览展馆，晚上还能欣赏音乐喷泉，这灯光和音乐演绎出的美丽震撼着人们的心灵。

LAFESTA 라페스타

该购物中心的名字在意大利语中意为“庆典”，由 6 个大型购物中心组成，购物中心之间通过天桥相连，形成了一个长为 300 米的独立整体。这里汇集了时尚购物商城、世界各国的美食店、多厅剧场和便利设施等，就算逛一逛也都不虚此行。位于其入口处的一山中央公园，聚集了许多自行车、旱冰等休闲运动爱好者。

031)920-9600

http://www.lafesta-ilsan.co.kr(现正在使用中，以后会变为 http://www.lafesta-ilsan.com)

唱歌的喷泉 노래하는 분수대

喷泉能唱歌吗？随着音乐的节拍，各式各样的水柱和奇妙的灯光将这里变成“夜之光华”。这里的水柱和灯光变换不是由电脑控制，而是由专业人士一个一个操作形成的作品。周末晚间举行的喷水表演成为许多人美好的回忆。即使是没有表演的时候，这里清凉的喷泉和人工莲池也会成为人们休憩的场所。

4~5月、9~10月(周六和公休日表演)
19:30~20:30，6~8月 16:30~21:30

031)924-5822

http://www.music.gys.or.kr

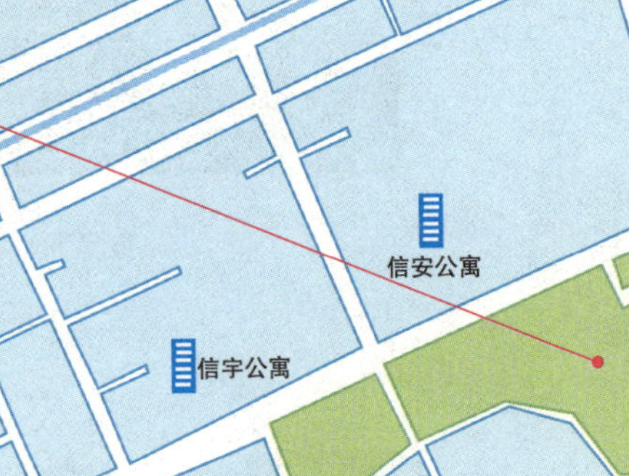

KINTEX 킨텍스

这里是韩国最大规模的国际展馆，位于一山新城西区。展馆采用无柱支撑设计，以重设备等大型工业设备展示区和各种国际性活动而备受瞩目。此外，在 151.8 万平方米的土地上，还有第 2 展馆、宾馆、体育运动中心、中国城和水族馆等大型文化空间。这里必将成为代表韩国的新地标。

031)810-8114 http://www.kintex.com

高阳 Aramnuri 고양 아람누리

这里以容纳 2000 多人的 ARAM 剧场为中心，汇集了风笛音乐堂、破晓鸟剧场、鹿颈露天演出场、ARAM 美术馆等艺术空间，充分满足了高阳市民的各种文化需求。这些耳熟能详的名字让人感觉很舒服。此外，这里与 OulimNuri 艺术中心一起成为高阳市民引以为豪的综合文化空间。

031)960-0000

http://www.artgy.or.kr

WESTERNDOME 웨스턴돔

这里是开放式圆顶结构的超大型购物中心，以神奇的魔法师和五种花的精灵创造的空间为主题修建而成，非常引人关注。其室内空间不受天气影响，300 多家购物商店和美食店在华丽的灯光装扮下，不停地举办各种体验活动和庆典，牢牢抓住了顾客的心。此外，在多厅剧场里还有超大屏幕的 IMAX 专用馆。

031)932-8400 http://www.westerndom.com

一山湖水公园 일산호수공원

这里是一山新城市的标志景观，总面积超过 1000 平方米，拥有韩国最大的人工湖。从汉江流进来的清水经自然净化循环，使得广阔的湖水像莲池一样清澈。与湖边相连的散步路和自行车道令人倍感清新。该公园以每年举办的高阳花展和三年一届的高阳世界花卉博览会为中心，加上高射喷泉和传统庭院，有着独特之美。

031)906-4557 http://www.lake-park.com

Walk Holic 推荐线路查看方法

徒步迷推荐的线路都是主题游线路，也是首尔旅游名胜所组成的线路。特别是为那些只能在周末或休息日才能带孩子出来游玩的家庭精心打造的一日游线路，只要找到出行的主题，沿着指定的线路活动，就能享受到好吃的、好玩的！在推荐线路中，用蓝色标志的地方是作者强力推荐的必去之地。另外，沿着线路前行，要是想节省时间的话，乘坐公共交通工具也未尝不可。至于美食，所有的寻访地附近都标注了有名的饭店，只要沿着线路走，就能遍尝美味，尽情去享受才是最好的。

1 世宗路、景福宫、三清洞线路

2 仁寺洞、昌德宫、宗庙线路

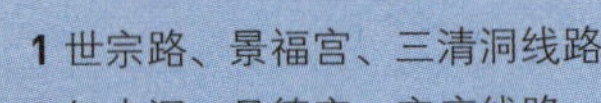

3 首尔广场、德寿宫、贞洞路、首尔历史博物馆线路

4 清溪川、东大门市场、大学路、城北洞线路

5 明洞、南山、奖忠洞、忠武路线路

6 梨泰院、龙山、二村洞线路

7 新村、神游岛公园、切头山殉教圣地、世界杯公园线路

8 乐天世界、汉江游览船、汝矣岛线路

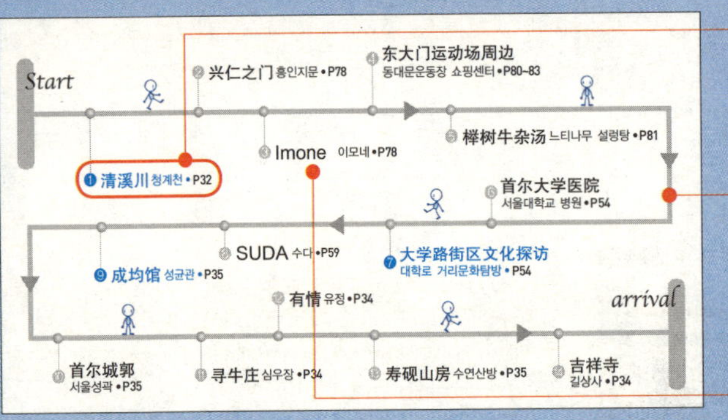

作者强力推荐的必去之地！

出行时，前往各景点的交通工具都在介绍各景点的所在页里详细标记了。

表示景点附近有名的美食店。

Walk Holic 首尔推荐线路

首尔中心街探访 I

世宗路、景福宫、三清洞线路

自1392年朝鲜汉阳迁都后，朝鲜中央官厅——六曹就位于现在的光化门至世宗路这片区域。如今，这里已成为包括政府中央办公厅在内的韩国行政中心。在世宗文化会馆和教保文库，可以感受到文化的气息，欣赏到朝鲜王朝的正宫——景福宫。宫殿内的古宫博物馆更为细致地介绍了勤政殿、庆会楼等韩国宫殿建筑。三清洞路与民俗博物馆方向的出口相连，其中的画廊和博物馆向人们昭示了街道文化的开始。在新旧文化交织的三清洞美食店里尽情享受美食带来的快乐，再去资料丰富、环境幽雅的正读图书馆一游，会让你沉浸在书的海洋里。沿着三清洞的起点——三清公园，登上北岳山，一览首尔全景，享受首尔的美丽风光。

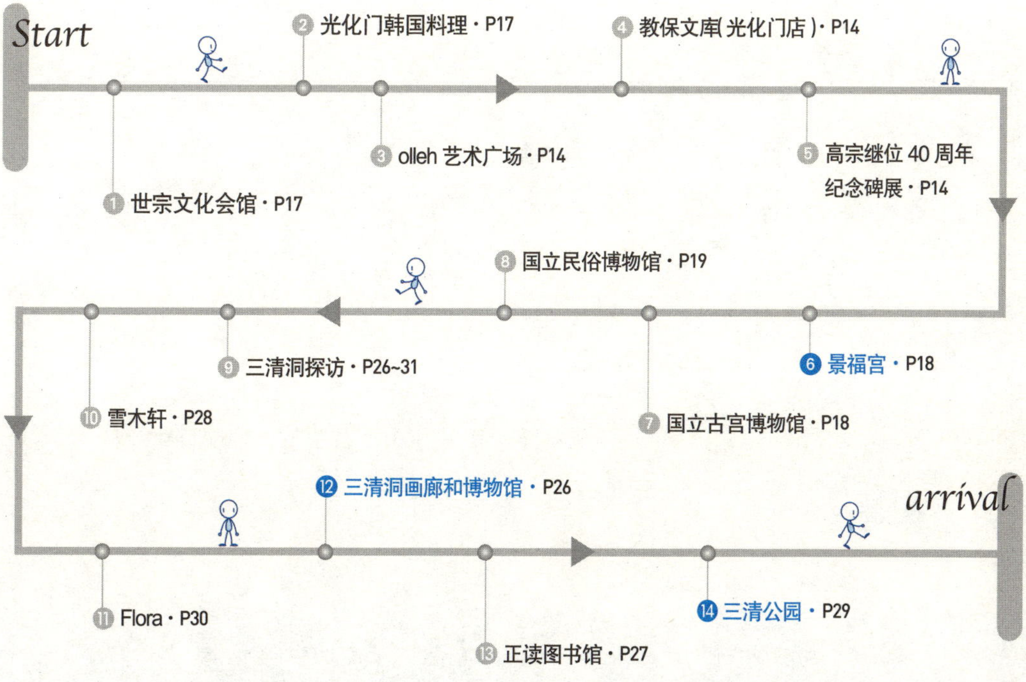

Start

① 世宗文化会馆 · P17
② 光化门韩国料理 · P17
③ olleh 艺术广场 · P14
④ 教保文库(光化门店) · P14
⑤ 高宗继位40周年纪念碑展 · P14
⑥ 景福宫 · P18
⑦ 国立古宫博物馆 · P18
⑧ 国立民俗博物馆 · P19
⑨ 三清洞探访 · P26~31
⑩ 雪木轩 · P28
⑪ Flora · P30
⑫ 三清洞画廊和博物馆 · P26
⑬ 正读图书馆 · P27
⑭ 三清公园 · P29

arrival

Tip

- 位于三清洞的美术馆和博物馆，定时会有游览活动，或者有导游员讲解。通过网站等方式可以事先确认导游讲解时间，千万别错过了介绍作品的时间。边听讲解边欣赏，能让你对作品有更为深入的了解。
- 景福宫和世宗文化会馆等地均有停车场，但三清洞街区停车空间不足。为确保有充足的观赏时间，建议最好乘坐地铁或循环公交。

Walk Holic 首尔推荐线路

首尔中心街探访 II

仁寺洞、昌德宫、宗庙线路

仁寺洞作为感受韩国传统文化的集中区，深受外国友人的喜爱，成为首尔代表性的文化探访线路。胡同里的旧书店和传统茶馆整洁端庄，来此探访的人络绎不绝。仁寺洞里有许多异国商店和创造街区文化的艺术家，到处都是好吃的、好玩的。在这里，既可以享受新仁寺洞的魅力，也可以像寻宝一样，找寻那些隐藏在记忆中的老店。俗话说，“经过号令朝鲜的兴宣大院君私邸云岘宫，就能看到韩国宫殿之美最完整的昌德宫和拥有市中心原始森林的宫殿后苑；经过云桥就能找到祭奠朝鲜皇帝和皇妃的宗庙”。这条线路是最能感受到韩国文化之韵和宫殿建筑之美的探访线路。

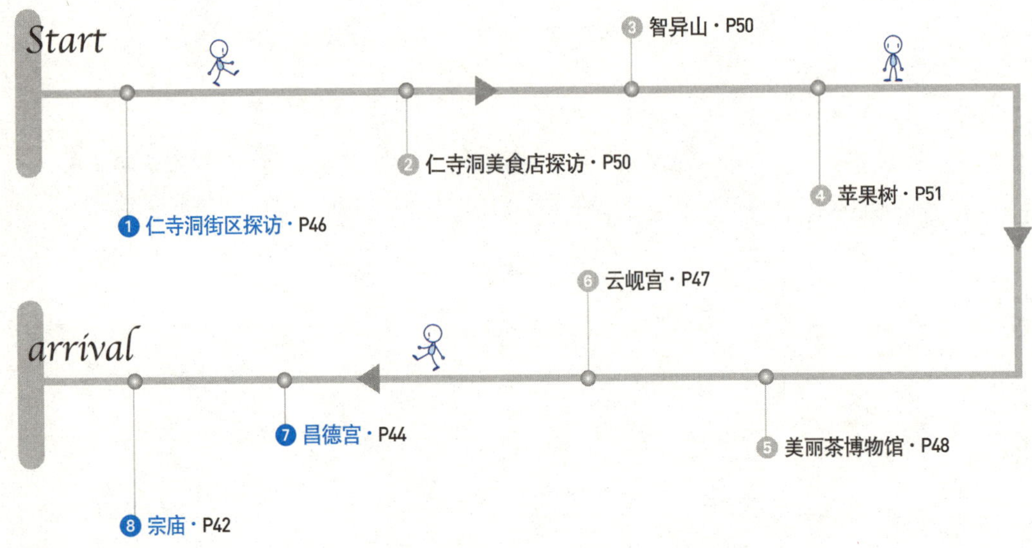

Tip

- 从周六下午至周日，仁寺洞大街上就再也没有车辆出入了，这里成了文化的街区。每到周末，这里就会有庆祝集会，上演各种街道文化表演，以及出售别具个性的饰品。要是想要清静、人少的环境，最好选择平常的日子过来。
- 昌德宫及其后苑区域没有列入一般观览项目，昌德宫严格限制参观人数，实行导游陪同制。如果参观这里的外语活动项目和游览后苑之美，必须事先确定好是否有参观限制。
- 昌德宫和宗庙没有餐饮店，建议最好在观赏完仁寺洞、美美地饱餐一顿之后再去游历昌德宫和宗庙。

Walk Holic 首尔推荐线路

首尔近代历史探访

首尔广场、德寿宫、贞洞路、首尔历史博物馆线路

在日本侵略时期，首尔市厅是当时的京城府，现在正计划修建新的办公大楼，市厅前的首尔广场是如今用来举办庆典活动的。2002年，市厅广场成为韩日世界杯街区声援的中心，也是代表性的近代历史探访线路，从德寿宫开始，一路展现了古汉阳地区的风貌。沿着德寿宫的石墙路，可以观赏首尔市立美术馆和与梨花女子高中、重明殿和俄罗斯公使馆相连的美丽街道，这里还有一段被外国侵略的历史和以柳宽顺烈士为代表的民族抗争史。京桥庄就是为韩国独立而献出生命的金九先生居住的地方。在被日本破坏的庆熙宫旧址上修建的首尔历史博物馆，记载着首尔的过去，展望着首尔的未来。

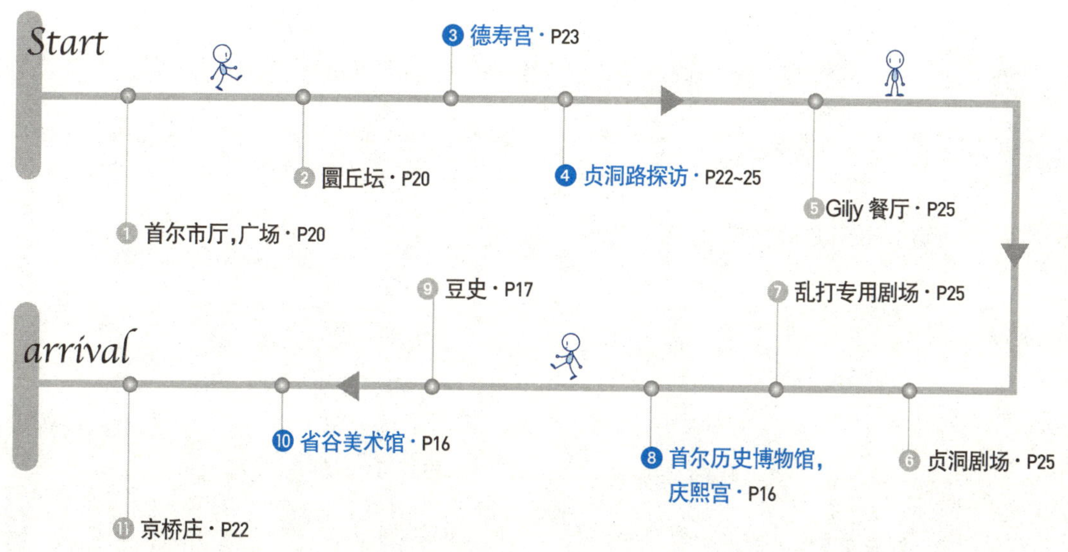

Tip

- 位于朝鲜酒店后院的圜丘坛是韩国皇帝祭天的地方，现只保留下了皇穹宇等一部分建筑，虽然交通不太方便，但作为街区探访故事的开始，建议最好还是去看看。
- 德寿宫的石造殿和别馆虽是朝鲜时代末期未完工的建筑，但记载了日本侵略时期的血泪史。现当做市立美术馆的别馆，主要举办一些特别展。
- 贞洞路上有两个代表世界级水准的演出场馆，一个是贞洞剧场，另一个是乱打专用剧场。以四物打击乐为主，展现传统乐器和舞蹈的贞洞剧场，以及上演世界有名乱打表演的乱打专用剧场，成为向外国友人展示韩国风采的地方。

Walk Holic 首尔推荐线路

首尔水路游

清溪川、东大门市场、大学路、城北洞线路

被柏油路和高架路环绕的清溪川，以其清溪流淌的新面貌成为首尔的象征。广通桥等清溪川的旧貌与以清溪广场为新开端的清溪川共同将首尔装扮得焕然一新。在清溪川高架桥荫蔽下的传统商城周边都已披上了新装。东大门运动场附近的大型购物中心的夜间景观将夜晚照得犹如白昼，成为打造时尚韩国的文化发电站。在这时尚和流行元素汇集的街道上，逛逛都会觉得很快乐，特别是在与兴仁之门相连的大学路上，各种演出场馆将街道装扮得亮丽异常，而这里的新老美食店更为此增添了愉悦。从朝鲜时代最高的教育机构成均馆到城北洞老路，现已成为一条幽静的散步路，可以在此远眺连接北岳山的旧城郭，享受隐匿于自然的文化气息。

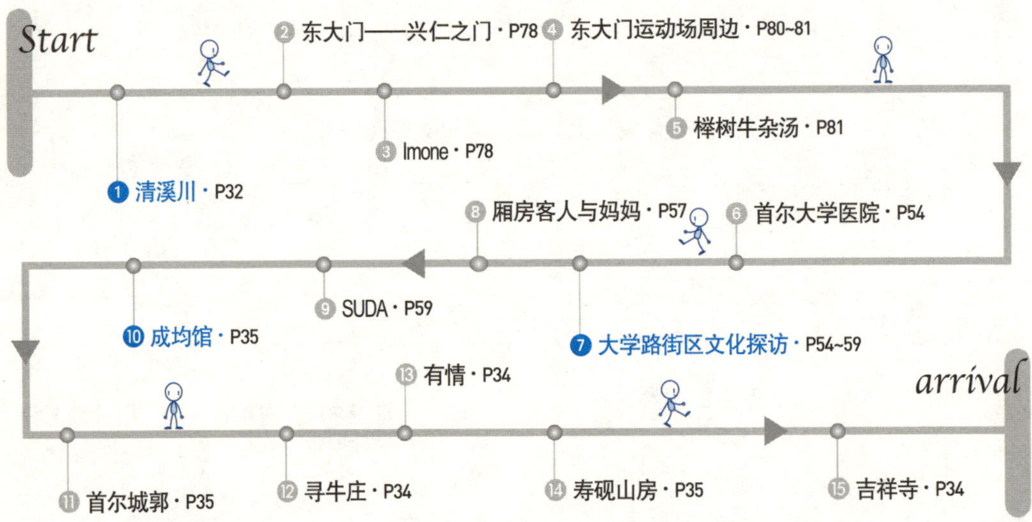

Tip

- 清溪川与城北洞相连的道路，半天时间都很难走完。建议选择最想去的景点或者分街道慢慢欣赏。
- 夏季，沿着清凉的水路畅游清溪川是件非常有趣的事，圣诞节前后的一个月时间里，清溪广场上将安装20万个灯泡，上演“光之庆典 Lucevista”，将清溪川变成无法忘怀的美好回忆。
- 2008年，东大门运动场周边开始了拆迁工程。这里的足球场、棒球场和繁华的传统商城构成了首尔代表性的大型广场和公园。

Walk Holic 首尔推荐线路

南山游

明洞、南山、奖忠洞、忠武路线路

明洞作为流行的风向标，虽然其光彩逐渐被华丽的江南街区所掩盖，但就像老衣服给人感觉最舒服一样，只有在明洞才能有这种舒适之感。沿着从最高处投射下来的明洞圣堂之光，去寻找那些老店和记忆中的场所吧。如果要去首尔中心的南山，最舒适、最快捷的方法就是乘坐缆车，坐在上面可以鸟瞰整个市中心的景色。山顶矗立着象征首尔形象的N首尔塔，在此可以昼夜观赏美丽的景观，如果沿着清新的南山散步路，还能在山脚观赏充满文化和艺术气息的国立剧场，欣赏小而雅的奖忠坛公园，这样走起山路来也会感到轻松。可以去韩国电影的故乡忠武路大街，看一看宠物狗和摩托车，去的路上还能欣赏到守望600年首尔历史的韩屋村，以及其传统庭院和家宅之美。

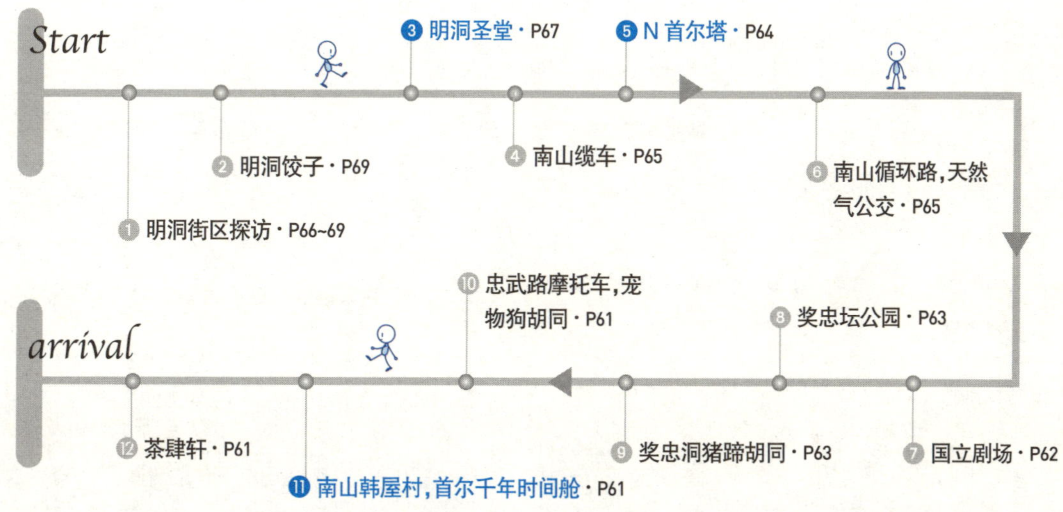

Tip

- 在乙支路的明洞入口处,坐落着以中国大使馆为中心的首尔中国城,能吃到中国传统点心——月饼,以及美味的中华菜肴。
- 前往南山的道路会有通行限制，只能乘坐天然气循环公交或者观光缆车。如果想步行去南山游玩的话，可以沿着安重根纪念馆前的台阶路，也可以顺着国立剧场或南山图书馆的循环路。
- 周末或节日等休息日，韩屋村会举办各种人们喜闻乐见的文化活动。如果通过网站等手段了解到韩屋村举办的文化活动计划，那么南山探访会更有意义。

Walk Holic 首尔推荐线路

汉江周边文化探访

梨泰院、龙山、二村洞线路

随着城市的建设发展，汉江和附近的梨泰院地区形成了新的文化氛围，现已成为世界各种文化交织的首尔地球村。从伊斯兰寺院到墨西哥建筑，可以欣赏到世界各地的风貌，还有记录战争、企盼和平的纪念馆。此外，这里的电子商城出售的韩国先进电子产品性能强、造型美，吸引了不少的外国人。与龙山站购物中心相连的景点有公园和博物馆，还有美食店，最适合家庭一起来会餐。

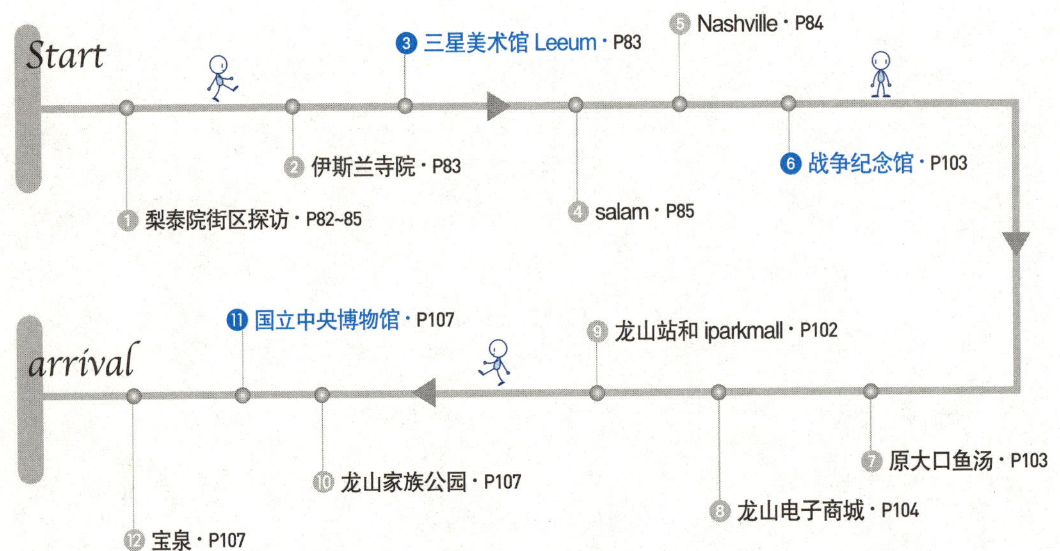

Tip

- 梨泰院的美食店有许多是由居住在韩国的外国人经营的，甚至于有些是由完全不懂韩语的外国人经营的。不仅是菜肴的味道，就连吃饭的礼节和特有的香料等都需要用“肢体语言”来表达，非常有意思。
- 伊斯兰寺院位于眺望汉江的小山上，其内的神职人员总是热情地迎接着人们的到访。在导游处，神职人员都会彬彬有礼地分发准备好的韩语导游小册子。
- 国立中央博物馆的规模非常大，细细观赏的话，需要一周的时间。可以通过自动语音导游器来观赏博物馆内的重要遗产。要是能碰上定时举办的讲解活动，观赏效果会更好。

Walk Holic 首尔推荐线路

寻找青春热情之路

新村、神游岛公园、切头山殉教圣地、世界杯公园线路

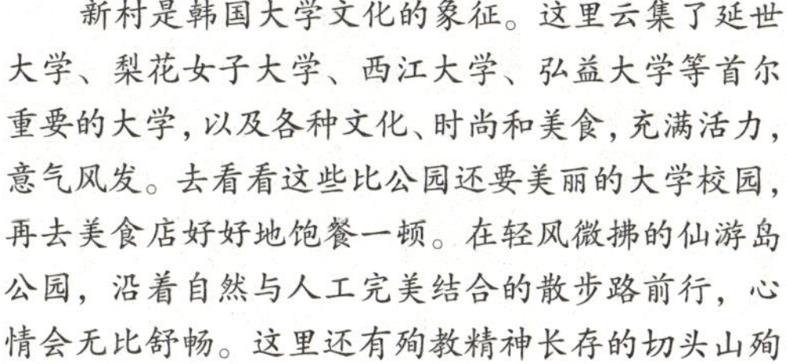

新村是韩国大学文化的象征。这里云集了延世大学、梨花女子大学、西江大学、弘益大学等首尔重要的大学，以及各种文化、时尚和美食，充满活力，意气风发。去看看这些比公园还要美丽的大学校园，再去美食店好好地饱餐一顿。在轻风微拂的仙游岛公园，沿着自然与人工完美结合的散步路前行，心情会无比舒畅。这里还有殉教精神长存的切头山殉教圣地，先烈的足迹仍历历在目。要是喜欢体育的话，还可以去观赏2002年韩日世界杯的世界杯足球场和蓝天公园，该公园包罗了汉江的美丽景观，特别是公园在当年垃圾山的基础上重生的美丽，一定会让来访的人们叹为观止。

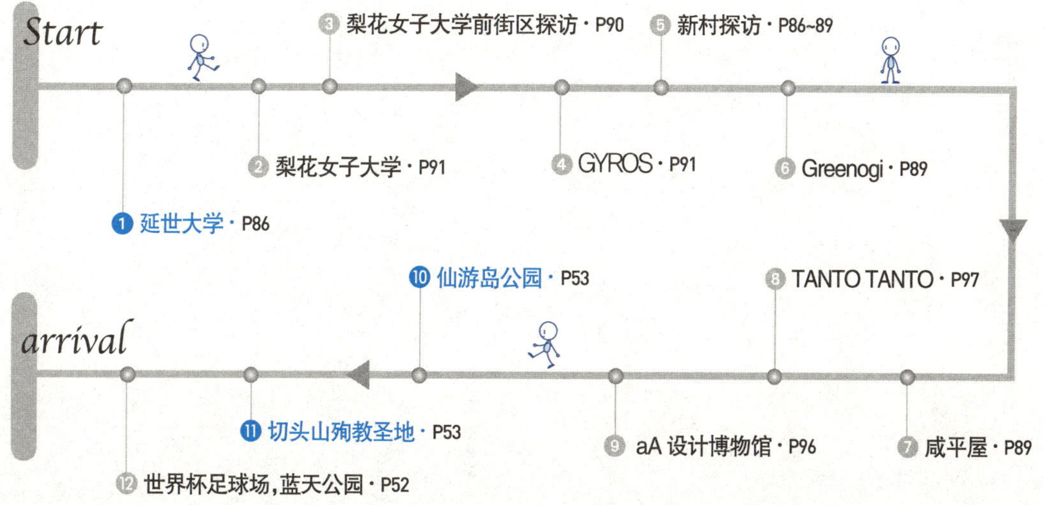

Tip

- 新村站和弘益大学入口站周边的餐厅一般都是下午营业。看看这平民百姓都可自由进出的大学博物馆，午餐时间，校内的餐厅都准备了哪些物美价廉的菜肴？要是有选择地去吃会更有乐趣。但是，假期中，展馆和餐厅的运营时间需要事先确认。
- 晚上，仙游岛公园在各种灯光的照射下会显得异常美丽。要是想运动的话，可以在白天进行水上活动，要是去约会的话，晚上的时光是最美好的。
- 没有比赛和演出的时候，可以去世界杯足球场里面转转。看着这整洁的草坪和先进的设施，能感受到一种与众不同的情趣。

Walk Holic 首尔推荐线路

汉江游

乐天世界、汉江游览船、汝矣岛线路

蚕室站附近的乐天世界是由世界最大的室内游乐场，以及国际水准的溜冰场和购物中心组成。在这里不仅能享受游戏的乐趣，还能沿着散步路浪漫约会。乘坐游览船从蚕室渡口到汝矣岛，是观赏汉江和首尔风光最好的线路。汝矣岛是囊括自然与传统庭园之美的公园，岛上森严的国会议事堂面向市民大众开放，可以细细端详一下韩国立法的核心机构。眺望着汉江，高高矗立的63大厦，丰盛的美食和丰富的景点迎接着人们的光临。从63天空艺术馆俯视整个首尔的夜景简直就是一次奇妙的旅行。

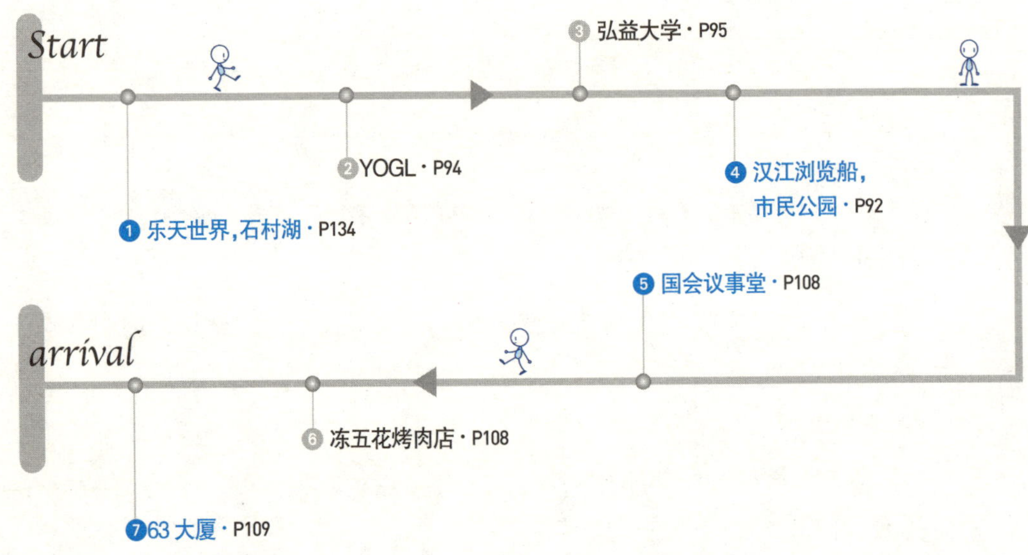

Tip

- 汉江游览船的各种线路和船上举办的活动增添了观光的乐趣。选择合适的日程安排，会更有趣味。
- 汝矣岛公园的直径比想象的要长。在汝矣岛渡口周边，租辆自行车，沿着道路骑行，能享受到一种自由骑行的乐趣。
- 去国会议事堂参观，事先必须要确定好国会日程。按照参观活动安排，避免赶上会议召开禁止参观内部设施。

责任编辑：陈冰
装帧设计：红方众文咨询有限公司
责任印制：闫立中

图书在版编目（CIP）数据

徒步玩首尔／（韩）郑敏镛编著；夏皖晋译.--北京：中国旅游出版社，2011.6
ISBN 978-7-5032-4171-0

Ⅰ.①徒… Ⅱ.①郑… ②夏… Ⅲ.①旅游指南-韩国 Ⅳ.①K931.269

中国版本图书馆CIP数据核字(2011)第086704号

北京市版权局著作合同登记号：01-2010-5240
图审字[2011]第507号

书　　名：徒步玩首尔

原　　著：郑敏镛
译　　者：夏皖晋
出版发行：中国旅游出版社
（北京建国门内大街甲9号　邮编：100005）
http://www.cttp.net.cn E-mail:cttp@cnta.gov.cn
发行电话 010-85166503
印　　刷：北京金吉士印刷有限责任公司
版　　次：2011年6月第1版 2011年6月第1次印刷
开　　本：720毫米×970毫米 1/16
印　　张：11
字　　数：245千字
印　　数：8000册
定　　价：29.00元
ISBN 978-7-5032-4171-0